DEPOIS DO URSO

Dan Bigley
Debra McKinney

DEPOIS DO URSO

Como Aprendi a Viver e a Amar Depois de Ser Brutalmente Atacado

Tradução
DRAGO

SEOMAN

Título do original: *Beyond the Bear*.
Copyright © 2013 Dan Bigley e Debra McKinney.
Copyright da edição brasileira © 2017 Editora Pensamento-Cultrix Ltda.
Texto de acordo com as novas regras ortográficas da língua portuguesa.
1ª edição 2017.
Todos os direitos reservados. Nenhuma parte desta obra pode ser reproduzida ou usada de qualquer forma ou por qualquer meio, eletrônico ou mecânico, inclusive fotocópias, gravações ou sistema de armazenamento em banco de dados, sem permissão por escrito, exceto nos casos de trechos curtos citados em resenhas críticas ou artigos de revistas.
A Editora Seoman não se responsabiliza por eventuais mudanças ocorridas nos endereços convencionais ou eletrônicos citados neste livro.

Editor: Adilson Silva Ramachandra
Editora de texto: Denise de Carvalho Rocha
Gerente editorial: Roseli de S. Ferraz
Preparação de originais: Luciana Soares
Produção editorial: Indiara Faria Kayo
Editoração eletrônica: Fama Editora
Revisão: Bárbara Parente

Dados Internacionais de Catalogação na Publicação (CIP)
(Câmara Brasileira do Livro, SP, Brasil)

Bigley, Dan
 Depois do urso : Como Aprendi a Viver e a Amar Depois de Ser Brutalmente Atacado / Dan Bigley, Debra McKinney ; tradução Drago. — São Paulo: Editora Seoman, 2017.

 Título original: Beyond the bear
 ISBN: 978-85-5503-049-9
 1. Acidentes — Complicações e sequelas 2. Bigley, Dan — Biografia 3. Vítimas de acidentes com animais — Reabilitação — Alaska I. McKinney, Debra. II. Título.

17-03026   CDD-920.71

Índices para catálogo sistemático:
1. Bigley, Dan : Biografia 920.71

Seoman é um selo editorial da Pensamento-Cultrix.
Direitos de tradução para o Brasil adquiridos com exclusividade pela
EDITORA PENSAMENTO-CULTRIX LTDA., que se reserva a propriedade literária desta tradução.
Rua Dr. Mário Vicente, 368 — 04270-000 — São Paulo, SP
Fone: (11) 2066-9000 — Fax: (11) 2066-9008
http://www.editoraseoman.com.br
E-mail: atendimento@editoraseoman.com.br
Foi feito o depósito legal.

Sumário

Prólogo: "É terrível, simplesmente horrível" 7
1. Até aquele dia 17
2. O rio dos ursos 36
3. A última luz 49
4. Isto não pode estar acontecendo 67
5. Aguentando firme, no escuro 74
6. O chapeuzinho da Chapeuzinho Vermelho 89
7. Armando as defesas 98
8. Técnicos de futebol de poltrona 113
9. A vigília 121
10. Sonhos opiáceos 131
11. A tribo de dois 141
12. Agitado em meio ao nevoeiro 152
13. É terrível desperdiçar um binóculo 164
14. Mergulhando com o capitão Nemo 171
15. As sessões de arboleda 182
16. A volta da vitória 197
17. Plano de vida, tomada dois 205
18. Barba Negra e os ceguinhos 217
19. De volta para o futuro 227

20. Minas terrestres unguladas e esgotamentos estatísticos............ 248
21. Encontro às cegas com um cão 258
22. Pai de família no escuro 274
23. Observando baleias às cegas.. 288

Agradecimentos... 302

Prólogo:
"É terrível, simplesmente horrível"

O *pager* sobre o criado-mudo do Dr. James Kallman tocou muito cedo naquela manhã de verão em 2003, arrancando-o do sono como se alguém o tivesse golpeado na cabeça com uma cotovelada. Ele levantou a cabeça do travesseiro de maneira brusca, e seus olhos se arregalaram. Depois, estreitaram-se.

O cirurgião de 39 anos de idade, com cabelos e olhos escuros, que gostava de vestir-se com as roupas casuais das lojas J. Crew, não tinha nenhuma dificuldade para cair em um sono pesado, do qual era muito difícil despertá-lo. Quando sua primeira filha nasceu, no tempo em que ele ainda era médico residente, Kallman conseguiu dormir em meio a um ruidoso acesso de cólicas da menina, mesmo depois de sua esposa colocar a recém-nascida — berrando a plenos pulmões — sobre o peito dele. Mas o *pager* jamais falhava. Ainda na cama, ele apoiou-se sobre um dos cotovelos e tateou em busca do aparelho. Ao reconhecer o número na tela iluminada, retirou as pernas de sob as cobertas, sentou-se, inclinou-se sobre a beirada da cama e telefonou para a sala de emergência do Providence Alaska Medical Center.

Normalmente, ele se dirigiria em silêncio ao banheiro no intuito de realizar a chamada sem perturbar a esposa, mas Sara e as meninas haviam viajado à Filadélfia a fim de visitar os familiares dela. Na companhia do médico, Sara já havia passado por uma quantidade suficiente de semanas em que ele esteve de plantão para saber o transtorno que esses períodos podiam representar, de modo que a viagem dela e o plantão dele haviam sido muito bem planejados. Para o Dr. Kallman, estar de plantão significava, com frequência, ter de sair às pressas, vestido como estivesse, mal podendo alimentar-se enquanto se preparava para sair, e ter de tomar muito café em copinhos de isopor. Bastava cobrir o líquido com um pouco de creme e jogar um sachê de açúcar na mistura para já chamar aquilo de almoço. As coisas de fato podiam ser ruins a esse ponto, por isso ele se preparou para o pior.

Eram quatro e meia da manhã, e Kallman — um otorrinolaringologista e cirurgião plástico — tinha pela frente um dia cheio de pacientes agendados. Embora chamadas pouco importantes no meio da noite o deixassem furioso, desta vez ele esperou que se tratasse de uma dessas ligações, um problema que pudesse ser rapidamente resolvido pelo telefone e que ele pudesse voltar a dormir, algo como o clássico "a agulha da medicação intravenosa do paciente caiu; devo recolocá-la?".

Mas aquela não era uma chamada desse tipo. A Dra. Kathleen McCue estava na linha, e ele jamais tinha ouvido uma médica acostumada a atender casos de emergência soar tão abalada. A médica falava algo sobre um pescador ter sido atacado por um urso pardo nas proximidades do rio Russian. Múltiplas feridas causadas por garras e mordidas. E o rosto do sujeito...

"Trauma facial devastador", Kallman se lembra de tê-la ouvido dizer. "É terrível, simplesmente horrível."

Ele esperou que a médica descrevesse os ferimentos, mas, como ela não fez isso, Kallman a pressionou a fim de se inteirar dos detalhes. O cérebro havia sido comprometido? Se esse fosse o caso, um neurocirurgião também teria de ser chamado. No entanto, o rosto do jovem havia sido mutilado de tal forma que ela não conseguia descrever. As palavras raramente faltavam à Dra. McCue, mas o que ela via diante de si não fazia sentido, era algo "incompatível com a vida".

— Não podemos ver nada — ela disse. — Por favor, precisamos que você venha aqui agora mesmo.

Especialistas tendem a ser indelicados com atendentes de emergência que os tiram da cama. Kallman sabia disso e não queria ser assim, mas chegou a precisar pensar: "Guarde essa rudeza para si mesmo". Ele ainda tentou insistir com mais algumas perguntas, mas, enfim, desistiu. A contragosto, desligou o telefone e suspirou.

No piloto automático, ainda muito sonolento para pensar, foi até o guarda-roupa e vestiu uma camiseta e uma calça *jeans*; então pegou uma banana no balcão da cozinha e saiu. Engrenou a marcha a ré em seu Toyota Highlander, saiu da garagem e dirigiu pela vizinhança — um conjunto de casas majestosas —, deparando-se com caixas de correspondência que ostentavam nomes de famílias e gramados perfeitamente aparados. Devido à hora, a estrada estava praticamente deserta, enquanto dirigia pelo sopé das montanhas Chugach, rumo ao hospital Providence, no centro da cidade de Anchorage, um centro urbano habitado por cerca de 296 mil pessoas. A estrada se estendia entre uma barragem de montanhas imensas e os bancos de areia — sempre mutáveis, de acordo com as marés — da enseada Cook. Em outras circunstâncias, essa rota seria usada caso ele tivesse em mente uma expedição de caça, mas ele nem sequer tinha ideia do tipo de problema com o qual teria de lidar, além do fato de ser algo ruim. Ruim o bastante para chocar uma médica experiente, especialista no tratamento de traumas severos. Então ele permitiu que sua mente vagasse.

Por ser o Alasca um lugar tão belo quanto traiçoeiro, os médicos temem ser chamados pelo dever profissional em dias ensolarados de verão, como aquele 14 de julho de 2003 viria a ser. Não apenas aviões caem, barcos afundam e montanhistas desaparecem, mas, depois de um longo e opressivo inverno, a possibilidade de voltar a sair à luz do sol pode ter um efeito sobre as pessoas semelhante ao causado pelo consumo de anfetaminas. Em um estado mental frenético, elas buscam o ar livre sem se lembrar de utilizar cintos de segurança, capacetes ou o bom-senso, levando cirurgiões como Kallman a enfrentarem alguns de seus casos mais terríveis. Mas ser atacado por um urso — com a possível exceção de algum idiota que praticamente pedisse para isso acontecer — era um caso de extrema falta de sorte.

Embora aquele fosse o primeiro caso de um paciente atacado por um urso que Kallman atenderia, ele já havia lidado com casos de traumas severos, alguns tão complicados que foram necessárias equipes inteiras de especialistas a fim de resolver os problemas. O caso mais recente que ele havia atendido ocorrera quando um caminhão que rebocava um *trailer* atravessou a linha central de uma estrada escorregadia, devido à neve derretida, e colidiu com a *van* de um presídio, matando quatro prisioneiros e um agente penitenciário. Algemado e sem cinto de segurança, o presidiário atendido por Kallman parecia ter mergulhado de cabeça sobre a lâmina de um machado.

Graduado pela Dartmouth College e bolsista da Fulbright,* Kallman se tornou cirurgião um pouco tarde em sua vida, depois de se desiludir com a carreira abraçada de início. Ainda que tivesse se graduando em Química, ele foi contratado, logo ao terminar a faculdade, pela Bain & Company, uma empresa de consultoria estratégica cujos negócios estendiam-se pelo mundo todo — o que não era uma conquista sem importância para um rapaz de 21 anos de idade. A Bain ainda o manteve empregado durante um ano, enquanto ele completava o curso em Freiburg, na Alemanha, patrocinado pela Fulbright. Porém ele logo se deu conta de que trabalhar com dados, em vez de com pessoas, o deixava entediado. Assim, experimentou sua crise de meia-idade muito precocemente, aos 25 anos, quando ficou evidente que o gerenciamento financeiro, embora lucrativo, não o satisfazia. Vivendo em San Francisco àquela época, ele buscou fundo em sua alma antes de ter um momento de epifania. Kallman se lembra da esquina e do ponto exato em que isso se deu, enquanto corria pelo Distrito de Marina: "*Bingo! Você poderia ser um médico!*". Essa opção havia sido descartada quando, ainda na adolescência, havia visitado a Escola de Medicina da Universidade de Stanford, e a visão de um refrigerador cheio de bolsas de sangue quase o fez vomitar o almoço. Dessa maneira, aos 28 anos — idade em que a maioria dos estudantes de medicina ingressa no mercado de trabalho — ele apenas iniciava o novo curso.

Permaneceu neste caminho por onze exaustivos anos: cinco na Escola de Medicina da Universidade da Pensilvânia, outros cinco na residência médica e mais um na especialização em reconstrução facial. Como havia começado a clinicar havia apenas um ano no que considerava "o mundo real", ele ainda não se achava maduro e experiente o bastante. Aliás, considerava-se ainda mais verde quando tinha de consertar os estragos que os alasquianos costumavam

---

* A Dartmouth College é uma universidade, fundada em 1769, que se localiza na região nordeste dos Estados Unidos, na cidade de Hanover, no Estado de New Hampshire. Ela integra a célebre coligação acadêmica conhecida como *Ivy League*. A Fulbright é uma instituição considerada porta de entrada para uma das mais prestigiosas redes de ensino superior e pesquisa do mundo e mantém um programa de concessão de bolsas de estudos para as quais podem candidatar-se estudantes ou graduados do mundo todo, em várias áreas do conhecimento. [N. do T.]

causar a si mesmos, como voarem de quadriciclos e arrebentarem a cabeça em uma árvore ou atropelar alces a toda velocidade, lançando meia tonelada de músculos e ossos através dos para-brisas do carro para o colo do motorista e dos passageiros. Ou mesmo cruzarem o caminho de ursos desgarrados. Ele nem sequer deveria estar de plantão naquela noite, era o turno de seu colega, o Dr. Dwight Ellerbe, muito mais experiente, mas ambos haviam trocado de horário.

Ao estacionar o carro no pátio dos médicos no Providence, a adrenalina já o dominava. Ele caminhou até uma entrada lateral, retirou o crachá de identificação da bolsa, passou por uma porta dupla e depois por outra, e manteve um passo firme e regular ao percorrer um longo corredor sem janelas, banhado por uma luminosidade bege.

Um desvio para a sala de leitura de radiologias permitiu-lhe ver o que havia sob a pele do paciente. Sozinho na sala, acionou o *scanner* de tomografia computadorizada. A imagem tridimensional de um crânio surgiu com um brilho verde no monitor. Os dentes estavam à mostra na boca que se abria em um grito silencioso. A base anterior do crânio estava dilacerada. Toda a parte central do rosto, da base do nariz até o meio da testa, estava achatada como um confete.

"Que porcaria é essa!", Kallman pensou enquanto se deixava cair pesadamente sobre a cadeira. "Como, diabos, espera-se que eu conserte isso?"

Seu coração disparou, mas ele se conteve até recuperar o autocontrole. Então deixou a sala, fechando a porta atrás de si. Percorreu o corredor que levava à emergência, parou diante das portas de segurança e passou o crachá pelo leitor eletrônico. As portas duplas se abriram, Kallman passou à seção de enfermagem e dali para uma sala maior e mais bem equipada, destinada ao atendimento de traumas no Providence — uma sala bastante iluminada e com reluzentes superfícies de aço inoxidável. Com o paciente estabilizado, a equipe de emergência procedia a um exame minucioso, no intuito de assegurar-se de que nada escaparia à observação — um erro facilmente cometido quando os ferimentos principais são tão catastróficos. Todos os olhares voltaram-se para Kallman quando ele entrou no recinto.

Antes de entregarem o paciente aos cuidados da equipe médica do hospital, que estava a bordo de um helicóptero de resgate, os técnicos médicos de emergência que retiraram o jovem da floresta já haviam conseguido estancar os sangramentos mais críticos, além de lhe administrar duas doses de medicação por via intravenosa e colocar um colar cervical em torno de seu pescoço. Ele estava lúcido o bastante para dizer que seu nome era Dan Bigley, que tinha 25 anos de idade e que era alérgico a penicilina. Bigley começou a vomitar no interior da ambulância e continuou a vomitar depois de a equipe médica de evacuação iniciar o voo. Ao chegar à sala de atendimento de emergência, ele engasgava com o próprio sangue. Sua pele estava fria ao toque. Sua fala era clara em um dado momento, mas se tornava ininteligível no instante seguinte, e ele alternava seguidos desmaios com instantes de recuperação da consciência. Quando consciente, aparentava profundo sofrimento e tentava tocar o rosto com as mãos. Contudo, ao contrário de muitos pacientes de traumas severos, que gritam, xingam e se debatem, ele permaneceu calmo e agradeceu à Dra. McCue por ajudá-lo. A médica, então, sedou-o e inseriu um tubo de respiração na garganta dele, para que não se engasgasse.

Exceto isso, sua aparência era a mesma com que o urso lhe havia deixado semioculto pelo mato alto nos arredores do acampamento do rio Russian, na península de Kenai, a poucos metros de uma trilha intensamente percorrida, dia e noite, por milhares de pescadores a cada verão. Bastou uma olhada para que Kallman compreendesse por que a Dra. McCue havia soado tão desesperada ao telefone. Além de lacerações profundas e sujas, como se Bigley tivesse sido atingido por estilhaços de granada, toda a metade superior de seu rosto parecia ter sido arrancada. O caso mais parecido que Kallman já havia visto era o da desastrada e horrenda tentativa de suicídio de um homem que colocara o cano de uma escopeta na boca e inclinara a cabeça antes de puxar o gatilho.

"Ponta do nariz, olhos e testa anatomicamente irreconhecíveis", era o que constava do relatório do pessoal médico que havia providenciado o resgate aéreo.

Coberta por sangue seco, pedaços de pele e resquícios de vegetação florestal — tudo misturado em uma pasta indistinta —, a parte superior da cabeça de Bigley pendia para o lado esquerdo. Seu escalpo tinha sido aberto à altura da testa e, do lado esquerdo do crânio, um grande pedaço de pele estava suspenso como uma bandeira, expondo uma massa de tecidos, farpas e ossos. Ao avaliar o exame de tomografia computadorizada, Kallman soube que a *dura mater* — membrana que protege o cérebro — havia sido dilacerada. Ele podia, até mesmo, ver o tecido cerebral exposto ali onde havia sido o nariz.

E ainda havia o problema dos olhos. A princípio, a Dra. McCue não pôde encontrá-los em meio a todo o sangue e os resquícios de terra e vegetação. A força aplicada pelas presas do urso havia feito os globos oculares saltarem de suas órbitas, seccionando os nervos ópticos e deixando um dos globos dependurado por um filamento da conjuntiva e o outro pendente apenas de alguns filamentos a mais. Ambos os globos oculares pareciam intactos, mas se encontravam do mesmo lado do nariz dilacerado de Bigley. Era óbvio que ao menos um deles estava perdido de modo irremediável. O outro talvez conservasse tecido conectivo suficiente para sobreviver, embora com o nervo óptico seccionado jamais pudesse voltar a enxergar. Se Bigley sobrevivesse, sem dúvida ficaria cego.

De todos os ferimentos, a dilaceração da base anterior do crânio provavelmente era a mais capaz de levá-lo à morte. Sem nada que a contivesse, a parte inferior de seu cérebro sofrera uma herniação, saindo pelo nariz e expondo-se ao mundo exterior.

Bigley estava consciente, mas, com um tubo inserido na garganta, não podia falar. Kallman inclinou-se para bem perto dele e perguntou:

—Você pode me ouvir?.

Bigley assentiu debilmente com a cabeça, e o Dr. Kallman apresentou-se.

— Ouça, você tem alguns ferimentos muito severos no rosto. Você compreende?

Ele assentiu.

— Vou levá-lo à sala de cirurgia para cuidarmos disso.

Bigley apertou a mão do médico no intuito de demonstrar que compreendia.

Por volta das seis e trinta da manhã, Kallman despertou Sandy Glaspell, a gerente operacional do consultório particular em que ele clinicava, ao telefonar para a casa dela a fim de inteirá-la da situação.

— Vou precisar que você reagende as consultas de todos os meus pacientes — disse-lhe. — Não poderei comparecer ao consultório hoje. Fui chamado para atender a vítima de um ataque de urso. O rosto do rapaz foi totalmente mastigado.

Mais tarde, naquela manhã, com uma equipe cirúrgica mobilizada e um anestesista a postos, tudo estava pronto para o Dr. Kallman dar início ao procedimento. Vestindo um avental azul, com as mãos devidamente higienizadas e metidas em luvas de látex, ele entrou na sala de cirurgia onde Bigley se encontrava deitado de costas sobre uma mesa de aço inoxidável, preparado e envolto em uma manta que o manteria aquecido. O médico contemplou o caos diante de si e congelou.

Não havia nenhuma descrição de algo semelhante àquilo nos manuais de medicina que pudesse orientá-lo. Ataques de urso são muito raramente es-

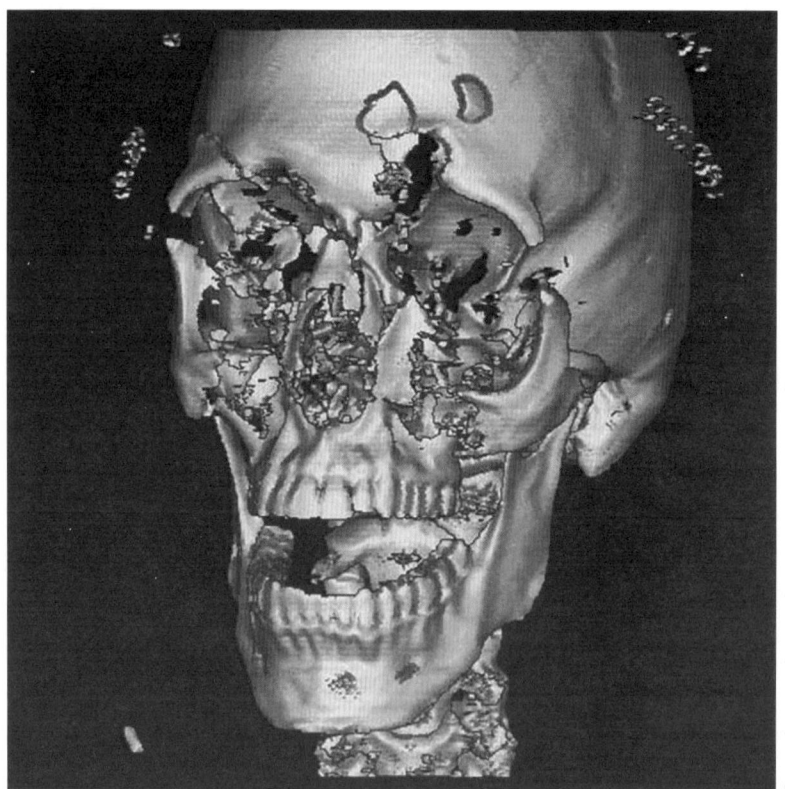

Foto do exame de tomografia computadorizada de Dan Bigley após sua remoção por helicóptero para Anchorage.

Prontuários médicos de Dan.

tudados nas faculdades de medicina da Costa Leste, pois não são um tipo de trauma que se encontra ali para que justifique o estudo pelos residentes. Por onde começar? Kallman se deu conta de que parecia mesmo perdido quando uma das enfermeiras mais experientes da sala de cirurgia pôs a mão em seu ombro e perguntou:

— Doutor, o senhor gostaria que os cabelos fossem raspados?

Kallman voltou-se para ela e disse:

— Sim. É por aí que vamos começar, raspando os cabelos.

CAPÍTULO 1

Até aquele dia

O homem semimorto deitado sobre a mesa cirúrgica era eu, Dan Bigley. Um dia que havia começado de maneira tão promissora terminar daquele modo era algo além da compreensão.

A pessoa que eu havia sido nos primeiros 25 anos de minha vida morrera perto da meia-noite. Fui atirado ao solo, golpeado por garras e mordido. Com os dedos entrelaçados sobre a nuca e os cotovelos firmemente pressionados contra as laterais de minha cabeça, tentei me fingir de morto. Eu gritava através de meus dentes cerrados. Foi uma onda de ataque após a outra. Entre as explosões de dor, o urso chegou a ficar sobre meu corpo, resfolegando. Eu podia sentir o impacto de seu hálito na minha nuca. Quando pensei que o ataque havia terminado, ele passou a me arrastar como a uma boneca de pano, com meu rosto voltado para baixo sobre um solo que parecia coberto por cacos de vidro. Então me virou, meneou sua enorme cabeça para um lado e mordeu meu rosto.

Ouvi um horripilante som explosivo e, depois, silêncio. Suspenso em uma luminosidade azul, onde não havia alto nem baixo, meu avô, falecido há muito tempo, meneava a cabeça na minha direção, ao longe.

Um dos primeiros resgatadores que chegaram até mim naquela noite era um ex-batedor do exército norte-americano, um combatente veterano que havia servido por três turnos no Vietnã. O que ele viu ali, caído no meio do mato, levou-o imediatamente de volta à selva. Uma granada parecia ter explodido em meu rosto, e o coronel Frank Valentine sabia reconhecer um homem morto quando se deparava com um.

— *O rapaz nem sequer teve uma chance* — ele se lembra de ter pensado. Mas uma chance era tudo que eu tinha, e lutei por ela com cada grama de força que ainda não havia sido drenada de meu corpo.

Naquela manhã, antes de sair para um dia de pescaria, eu disse adeus à minha nova namorada enquanto segurava suas mãos nas minhas, entrelaçando nossos dedos.

— Telefono quando voltar da pescaria, para saber como estão as coisas — lhe disse.

O modo como Amber me olhou, com aquele sorriso sonolento dela, me fez imaginar o que diabos eu tinha na cabeça. Apenas daquela vez eu deveria ter desistido da pescaria e levado aquela mulher de volta para a cama. Mas, para mim, pescar era uma vergonhosa obsessão. Eu sairia para pescar mesmo se estivesse chovendo canivetes. Eu sairia para pescar mesmo se mosquitos e outros bichos formassem enxames em nuvens tão densas como fumaça. Naquele dia não chovia, nem havia enxames de insetos, e o céu prometia ser um dos mais azuis do verão: um verdadeiro dia daqueles mostrados em catálogos para turistas. Além disso, meu amigo John estava à minha espera, com longas galochas emborrachadas, varas de pesca e uma geladeira portátil cheinha no bagageiro de seu *Subaru*. Então eu a abracei, com as pontas dos dedos acariciando-lhe suavemente a nuca, e dei-lhe um rápido beijo de despedida, antes que mudasse de ideia.

Eu a acompanhei até a porta e a contemplei da varanda enquanto ela descia vagarosamente os degraus e caminhava na pequena ponte rústica sobre o regato que separava minha cabana de uma estradinha de cascalho. Ela chamou seu cão, Hobbit — uma fera imponente, praticamente o fruto de um cruzamento de *husky* com um cortador de grama motorizado. A porta de sua velha caminhonete rangeu ao ser aberta. Hobbit saltou para dentro do veículo e ela entrou em seguida. Então deu a partida no motor, lançou-me um olhar, deu um breve aceno e partiu.

Aquela seria a última vez em que eu veria seu rosto.

Na manhã seguinte, enquanto eu jazia em meio a uma profusão de aventais azuis, instrumentos cirúrgicos de aço inoxidável e dedos invasivos recobertos de látex, ela dormia sob uma espessa colcha de retalhos. Mais tarde, ela sairia da cama para sintonizar a estação de rádio pública e arrastar suas pantufas pela cozinha. Despejaria água em sua cafeteira, colocaria uma cápsula de café francês, torrado e moído, no coador e acionaria o botão "preparar". Ela faria um prato de mingau de creme de trigo e ficaria o restante do dia divagando, pensando sobre a noite que havíamos passado juntos e tentando imaginar por que eu não tinha lhe telefonado depois da pescaria, como disse que faria.

A cronologia dos fatos foi muito cruel. Nos seis meses anteriores, uma coisa após a outra foi se encaixando na minha vida. Para começar, consegui o emprego mais desafiador e gratificante que jamais tive: trabalhar com crianças muito perturbadas emocionalmente. Além disso, na semana anterior eu havia me tornado o novo proprietário de uma cabana no Vale dos Ursos, na parte alta de Anchorage, sobre as montanhas Chugach, com uma vista para o infinito. Depois de assinar os papéis e trocar um aperto de mãos com o vendedor, fui comemorar na minha residência alugada com um *whisky* Crown Royal, sentado sozinho na varanda, diante do pôr do sol, com os pés apoiados na grade, pensando em como seria sensacional viver lá no alto. O universo — assim me parecia — estava cuidando bem de mim.

Quando eu pensava que as coisas não poderiam ficar melhores, após um ano sentindo-me atraído por uma certa Amber Takavitz, os planetas, enfim, se alinharam, e nós acordamos naquela manhã enroscados nos braços um do outro. Se aquele urso não tivesse disparado trilha abaixo, com os olhos fixos nos meus, 14 de julho de 2003 ficaria na lembrança como um dos melhores dias da minha vida.

Até aquele dia, eu tinha vivido em Girdwood, um pequeno vilarejo boêmio de esquiadores: um amontoado de condomínios, grandes casas de campo construídas com toras de madeira, choupanas de *hippies* e pousadas semidecadentes — com nomes como a "Casa do Cogumelo", a "Toca do Hobbit" e a "Casa Animal" —, distante cerca de 64 quilômetros a sudeste de Anchorage. Encravada entre as montanhas Chugach e as águas barrentas e agitadas do Braço Turnagain, a cidade foi fundada na virada do século XIX para o XX, iniciando-se em um posto de suprimentos voltado à mineração de ouro. Em um primeiro momento, ela havia sido chamada de Glacier City, devido às sete grandes geleiras que pendem das montanhas na parte de cima. Girdwood era o meu tipo de cidade: um lugar de artistas, gente do meio do mato e viajantes errantes, suficientemente cosmopolita para que alguns de seus restaurantes recebessem menção na *Bon Appétit* e selvagem o bastante para que ursos deixassem marcas de focinhos nos vidros das janelas das casas durante a noite.

Em Girdwood encontrei uma comunidade de espíritos fraternais, o tipo de gente que costuma se reunir regularmente em refeições comunitárias, às quais cada participante leva um prato, e para fazer música em *jam sessions*. Gente que vive para esquiar, navegar de caiaque, caminhar por trilhas, escalar montanhas e pescar. O tipo de gente que se lança de parapente do cume de uma montanha à meia-noite, no solstício de verão, e então alça voo, plana e faz piruetas pelo céu, antes de aterrissar no terreno dos fundos do meu boteco favorito, a tempo da última rodada antes de a casa fechar.

Um colega de faculdade e eu fizemos um bom negócio ao alugarmos uma cabana a uma distância que podia ser vencida a pé das rampas de esqui de Alyeska. Era uma cabana antiquada e meio mofada (abandonada, como diriam alguns), retangular e feita com tábuas de cedro precariamente encaixadas, cujo piso arqueava-se, abaulado como uma rede, afixado em pilares de fundação com pouco mais de 3 metros e meio de altura. Brincávamos que o piso estava em condições tão ruins que um suave terremoto ou mesmo um caminhão carregado que passasse pela estradinha de cascalho diante da casa poderia fazer com que o refrigerador oscilasse e caísse como um bêbado, de cara, sobre a forração de linóleo. O carpete que cobria o restante do piso era de uma tonalidade rosa-xarope, tornada opaca por uma série de locatários anteriores, que pareciam compartilhar, todos, da mesma aversão por aspiradores de pó. Mas a locação do lugar era muito barata para uma estação de esqui, e o imóvel tinha uma varanda que o contornava pelos quatro lados, com vista para um riacho. Certas manhãs, eu podia permanecer deitado em minha cama, ouvindo explosivos serem lançados contra as geleiras no intuito de prevenir avalanches, e saber, sem precisar olhar pela janela, que aquele seria um dia de precipitação de neve fofa. Ao fim de um desses dias de neve fofa, eu poderia esquiar para além da estação, atravessar a estrada, descer pela rua e voltar até a porta da frente de nossa cabana.

Depois de ter trabalhado em uma série muito variada de empregos — fixando pregos ou pilotando uma balsa por águas fluviais pouco profundas para uma empresa transportadora, por exemplo —, por fim havia encontrado um no qual podia utilizar minha formação e exercitar minha sensibilidade. Como terapeuta ocupacional para os Serviços Infantis do Alasca, eu trabalhava com crianças que tinham sido abusadas, tornadas dependentes de drogas, abandonadas, enjeitadas ou, de qualquer outro modo, submetidas ao rolo compressor da vida: crianças que foram parar em casas de acolhimento de grupos e programas de tratamento, em vez de lares substitutos comuns. Com uma graduação em História e um curso de educação ambiental pela Prescott College, no Arizona, eu tinha a sólida crença de que a santidade da natureza poderia acalmar as mentes perturbadas daquelas crianças. Eu as levava para esquiar, fazer caminhadas, pedalar em *mountain bikes* e praticar escaladas em uma trilha rochosa local. Eu lhes explicava como o clima molda a terra e como a terra molda o clima. Eu fazia com que elas se dedicassem a observar pássaros, a olhar para o que havia sob as pedras e procurar identificar formas nas nuvens. Eu as fazia tirar os sapatos e correr descalças pelas praias da enseada Cook e a escrever mensagens com varetas sobre lamaçais para que fossem lidas por pilotos de aeronaves.

O trabalho exigia um bocado de pensamento criativo, de habilidade para apagar o pavio diante de uma explosão iminente e saber lidar com aqueles garotos quando parecia não haver esperança para alguns deles — o que era frequente. Tempos depois, fiquei sabendo que Harlow Robinson, meu chefe à época, referia-se a mim como "o garoto de ouro" e que gostava de ver como eu me comunicava bem com as crianças — inclusive com um dos casos mais desafiadores a passar pelos Serviços Infantis do Alasca, um menino que irrompia em ataques de fúria quase todos os dias. Eu já estava naquele emprego há cerca de seis meses, tempo suficiente para meu plano de saúde superar o prazo de carência em pouco mais de uma semana.

Então, Amber surgiu. Eu a havia notado no verão anterior, no Max's Mountain Bar & Grill, meu bar e restaurante favorito, onde ela havia conseguido um emprego temporário fazendo pizzas e paquerava o sujeito responsável pelo som da casa. Era pequenina, com cabelos ruivo-aloirados, sardas espalhadas sobre a ponta do nariz, braços elegantes e curvilínea nos lugares certos.

Ela diz que me notou primeiro — um sujeito com pouco mais de 1,90 m de altura, olhos verdes, barba avermelhada e cabelos aloirados queimados pelo sol, como os de um esquiador vagabundo —, na *delicatessen* Aloha Alaska, para onde eu ia quase todas as manhãs, a pé ou de bicicleta, com Maya, minha cadela, trotando a meu lado. Muito antes que ela ou eu soubéssemos o nome um do outro, e bem antes que Hobbit, o cão de Amber, deixasse de me tratar como um invasor em minha própria casa, nossos cachorros já haviam se inspecionado detalhada e mutuamente, aprovando-se.

Dizem que os opostos se atraem e, ao menos superficialmente, esse parece ter sido o nosso caso. Eu era o tipo de sujeito que olhava para o pico mais alto de uma cadeia de montanhas e desejava escalá-lo. Amber contemplava o mesmo pico, admirava-o de longe e pensava em fazer um churrasco no quintal de casa. Eu já havia adotado um penteado rastafári no ensino médio, recebido o apelido de "Cedro" na faculdade e achava que até o sistema vascular de uma folha de grama merecia um estudo cuidadoso. Amber, uma líder de torcida e presidente do corpo discente, certa vez foi encarregada de monitorar uma estreita faixa de terra ao longo das estações do ano, como trabalho para as aulas de ecologia, e falhou em sua tarefa.

Os mundos em que crescemos, cujos rumos eram determinados por nossos pais, não poderiam ser mais distintos. Meu padrasto — ou papai para mim e meu irmão — era um gerente executivo da divisão de produtos químicos da Procter & Gamble; assim, minha família vivia no circuito das grandes corporações, em coquetéis festivos, com BMWs e viagens ao redor do mundo. Ele era um sujeito elegante, tranquilo e tolerante, que deixava o "trabalho sujo" de disciplinar os garotos a cargo de minha mãe; seu esporte favorito era acomodar-se em sua poltrona e ler a edição do dia do *Wall Street Journal*, revistas de assuntos internacionais e algum livro, como a autobiografia de Lee Iacocca — tudo ao mesmo tempo e com a TV sintonizada na CNN.

O pai de Amber era um encanador de mãos calejadas e uma visão rígida do papel que desempenhava na família, o de trabalhar por longas horas extras ou esperar o fim dos períodos em que não havia trabalho para ele. Como não tinha motivos para viajar, preferia fazer reparos em sua própria casa, pescar picões-verdes e assistir a jogos de futebol pela televisão. Como o disciplinador da família, ele não apenas confiscou as chaves do carro de Amber, na vez em que ela não voltou para casa no horário esperado (aliás, mal tendo chegado a tempo para o café da manhã do dia seguinte), como retirou as quatro rodas do veículo.

Eu cresci na Califórnia e em Ohio e passei meus anos de estudante do ensino fundamental na Malásia, onde meu padrasto supervisionava a construção de uma usina de processamento de óleo de palmeira. Os alojamentos destinados à família já contavam com uma empregada doméstica residente, um jardineiro e um motorista e tinham grades em todas as janelas, a fim de manter os macacos fora de casa. Na Escola Internacional de Kuala Lumpur, as aulas ao ar livre exigiam o uso de meias grossas, à prova de sanguessugas, e incluíam descer o rio Perak manejando caiaques e excursões pela selva na companhia de serpentes voadoras, lagartos varanos e outras ameaças com dentes afiados.

Amber, cuja família não se afastou muito da região de Boundary Waters nas últimas três gerações, cresceu na cidadezinha de Eveleth, Minnesota, o lar do maior taco de hóquei do mundo e onde explosões nas minas a céu aberto às vezes faziam o edifício da escola em que ela estudou tremer. Bons momentos da infância de Amber incluíam piqueniques, passeios de *jet ski* e ir, todo ano, ao jogo de basquete em que os bombeiros enfrentavam os policiais locais, enquanto ela cavalgava em burros.

Além disso, eu tocava guitarra.

Amber tocava tuba.

Por diferentes motivos, nós dois nos rebelamos contra a criação familiar que tivemos, respondemos ao chamado da estrada e encontramos o que procurávamos não muito longe do ponto em que a estrada chega ao fim, no extremo norte do continente. Depois de eu chegar a Girdwood, não demorou muito para Amber atrair minha atenção. Assim que isso aconteceu, passei a ficar de olhos bem abertos sempre que saía de casa ou ia à cidade, pela possibilidade de encontrá-la. Reparei em Amber sem lhe chamar a atenção, espiando-a por trás das costas de um amigo ou enquanto ela jogava ferraduras em uma estaca fincada no quintal do Max's. De longe, eu a observei girar dentro de um bambolê roxo ao som das músicas do Grateful Dead, no Porco Assado do Jerry Garcia, em Fairbanks; eu vestia uma camisa extravagante, e ela usava um *top* com alças e uma saia longa e esvoaçante, e enquanto Amber limpava e organizava o interior de sua perua *Volkswagen*, não pude parar de observá-la. Com certeza ela era um espírito livre, mas não do tipo espiritualoide, que pensa que é preciso acreditar nos poderes mágicos dos cristais para ficar tudo bem. Ela me sensibilizou por ser do tipo que sabe como assar pão *e* como substituir os pistões do motor de seu próprio carro.

Amber podia não ser muito afeita a descer encostas com esquis ou escalar até o topo da montanha Max à meia-noite, mas, como eu viria a compreender mais tarde, ela era mais ousada e corajosa do que eu. Durante o mestrado em Antropologia na Universidade de Minnesota, ela embarcou em um voo para o Quênia pouco depois de uma série de atentados com bombas ter destruído edifícios da Embaixada dos Estados Unidos naquele país, deixando centenas de mortos e milhares de feridos. No Quênia, ela viveu em meio aos Maasai, uma tribo de pastores seminômades que pratica a poligamia e a circuncisão feminina, além de deixar seus mortos para que sejam devorados por hienas. Quando eu vivia na Malásia em uma casa gradeada me sentia muito corajoso por tomar sopa de barbatanas de tubarão. Enquanto viveu no Quênia, em uma choupana construída com esterco de vaca, Amber comia o que os Maasai comiam e bebia o que eles bebiam, e isso ocasionalmente incluía um gole de sangue, tomado com polidez, diretamente da garganta aberta de uma cabra.

Ao saber, por intermédio de amigos comuns, que Amber tinha vivido em uma das cabanas afastadas na periferia de Girdwood, na Estrada do Riacho do Corvo — em pleno inverno —, ela não poderia ter-me parecido mais atraente, mesmo se tivesse aparecido na minha porta apenas de camisola. O próprio acesso, por uma estradinha de cascalho que seguia sinuosamente sobre despenhadeiros nas encostas íngremes da montanha e atravessava várias valas abertas por avalanches, era um fosso natural, que servia para manter a maioria das pessoas longe. Amber, sua melhor amiga, Rebecca "Bekkie" Volino, e o cachorro de cada uma se mudaram para uma cabana diminuta naquela área em fevereiro de 2002. Embora os trabalhadores da mina de ouro montanha acima mantivessem a estrada em condições relativamente boas, Amber dirigia um *Oldsmobile* rebaixado com pneus para o verão que, às vezes, faziam com que o carro perdesse a tração e deslizasse em marcha a ré como um cavalo assustado. Então ela precisava voltar, dar a partida de novo e pisar fundo. Em seguida, estacionava em um lugar tão ermo que alguém que passasse casualmente por ali não poderia encontrá-lo. Ela colocava a mochila nas costas, caminhava pela floresta e descia por uma trilha tão íngreme que, em certos pontos, havia cordas amarradas em estacas para manter a segurança de quem passasse por ali.

A cabana, encravada no fundo da depressão próxima ao Riacho do Corvo, era tão espaçosa quanto uma marmita. Além disso, não tinha eletricidade, telefone fixo nem cobertura para telefone celular. Amber e Bekkie tinham de compartilhar o mesmo espaço para dormir, um edredom duplo sobre uma tábua de madeira compensada, elevada do piso por baldes de cinco galões. Para a iluminação elas usavam um lampião, e havia um fogão a lenha para o aquecimento e a cozinha. A madeira para o fogo era levada suspensa por cordas até lá embaixo.

Ela já morava em outro lugar quando começamos a trocar cumprimentos e opiniões sobre o clima. Trabalhando como conselheira estudantil para o Conselho Tribal da enseada Cook, em Anchorage, ela vivia a meio caminho entre Girdwood e a cidade, na comunidade de casinhas de madeira de Bird Creek. Cansada do trajeto, tinha ouvido falar do pequeno oásis na montanha, para além de Anchorage, chamado Vale dos Ursos, considerado pelos membros da minha turma um prolongamento de Girdwood, e ficou intrigada. Eu tinha acabado de investir meu dinheirinho suado naquela cabana lá em cima e esperava que um ciclo se completasse em minha vida.

— Você devia falar com Dan — disse um amigo a Amber.

Eu estava diante da fogueira acesa no quintal do Max's e a vi acenar para uma ou outra pessoa e para o cachorro de alguém. Com calças *jeans* justas, uma jaqueta marrom com capuz e botas *Steger* de couro de foca até os tornozelos, ela caminhou na minha direção como se estivesse em uma missão. Mergulhei as mãos bem no fundo dos meus bolsos dianteiros e equilibrei-me sobre os calcanhares. Ela se aproximou, eu sorri, ela sorriu.

— Olá — eu disse.

— Olá — ela respondeu. Amber puxou os cabelos lisos para trás das orelhas e foi direto ao que lhe interessava. — Ouvi dizer que você comprou um lugarzinho lá no Vale dos Ursos. Na verdade, eu mesma pretendo adquirir um terreno e achei que você pudesse me indicar um bom negócio.

— Sim, eu posso. Ou melhor, poderei, assim que resolver algumas pendências relacionadas à minha propriedade. Eu andei um bocado por lá até encontrar o meu lugar e tenho uma boa noção sobre as propriedades disponíveis para venda. Posso mostrá-las a você, se quiser.

Amber me encarou por um momento, enquanto digeria a oferta. Ela não esperava por aquilo. Talvez esperasse por uma indicação da direção a tomar ou um número de telefone, mas não um *tour* particular. Ela começou a menear a cabeça lentamente.

— Legal — disse enquanto dedilhava o pingente de um brinco. — Ótimo. Sim, isso seria ótimo.

Alguns dias depois, sua parceira de carona solidária a deixou na porta dos Serviços Infantis do Alasca após o trabalho. Ao me esperar na recepção, ela poderia jurar que Barb Good, a maternal recepcionista que havia mais ou menos me adotado e me mantinha bem abastecido com suas geleias caseiras de frutas silvestres, a estava submetendo a um inquérito. Eu resgatei Amber e a instalei em minha caminhonete, uma *Toyota Tacoma* vermelho-tomate, com cabine estendida, comprada em uma loja de penhores no Arizona durante meu último ano na Prescott; ela tinha metais cromados, para-lamas instalados atrás dos pneus, rodas e calotas customizadas, belas armações na carroceria e um som estéreo "de matar" com um amplificador embutido sob os bancos. Banida para o banco traseiro, minha cadela, Maya, que ia comigo a toda parte, inclusive para o trabalho, insistia em reaver seu lugar no banco dianteiro, enfiando-se por entre os assentos, ofegando sobre o ombro esquerdo de Amber, fazendo-a rir e aparando as arestas do nosso nervosismo mútuo.

Dirigi rumo ao sul, até os limites da cidade. Então subi pelas montanhas Chugach, em uma curva acentuada para um lado da estrada. Depois outra, e outra. Amber, reticente como era, mostrava-se agradecida por eu ser tão falador. Nasci prematuro e ingressei ao mundo como uma criança surda, o que atrasou muito o desenvolvimento da minha habilidade de falar. Uma cirurgia na infância corrigiu o defeito, e depois disso eu não perdi mais tempo. Falamos sobre minha caminhonete, sobre nossos cães e sobre os planos que tínhamos para o próximo verão. E, quanto mais avançávamos, pior a estrada ficava. Após vários quilômetros, nos deparamos com placas semelhantes às que previnem contra um cão bravo: "Estrada Perigosa. Alto Risco. Necessária Tração em Quatro Rodas. Veículos Trafegam por Conta e Risco dos Condutores". Esse era meu tipo preferido de estrada.

No trecho final, a pavimentação deixou de existir, e uma tortuosa barreira sinalizou ameaçadoramente que aquelas placas não haviam sido colocadas ali apenas para serem vistas. Na metade do último quilômetro de buracos e ondulações chegamos a uma escarpa quase vertical, que fez com que Amber se agarrasse com força à porta do passageiro. No topo da encosta, a estrada fazia uma curva acentuada para a direita, com uma cabana aqui e outra ali, antes de chegarmos a uma em que um par de velhos esquis de madeira cruzava-se sobre a porta de entrada, na varanda: a cabana que eu estava comprando.

— Uau! — Amber disse ao descer da caminhonete calçando suas sandálias. Ela usava uma blusa de mangas curtas e outra de suas saias longas e esvoaçantes. — Parece um paraíso aqui em cima!

Era uma gloriosa tarde de maio, quente para os padrões da primavera no Alasca, com uma temperatura próxima dos 10 graus centígrados, embora naquelas altitudes alguns renitentes traços de neve batida pelo vento ainda pudessem ser vistos sobre a encosta da montanha. Permanecemos ali, juntos, em silêncio, por um momento.

— É claro que o lugar ainda necessita de algum trabalho — eu disse, rindo.

Os notórios ventos que assolam a montanha Chugach podem atingir a categoria 1 ou mesmo a 2 — força equivalente à de furacões — e haviam arrancado toda uma seção de tábuas do exterior da cabana, castigado pelo clima, contribuindo para a aparência meio banguela da construção. O interior do imóvel era parecido, com uma escada de alumínio conectando o primeiro pavimento ao segundo por meio de uma abertura ampla apenas o suficiente para que um edredom pudesse ser passado por ela enrolado como uma panqueca recheada. O balcão da cozinha era coberto com uma miscelânea de retalhos de linóleo reutilizados, e a água da pia escoava diretamente para um balde de cinco galões, o que requeria constante vigilância para seu conteúdo não transbordar sobre o piso. O banheiro era uma casinha externa sem quaisquer refinamentos, nem mesmo tiras em quadrinhos da série *Far Side* coladas nas paredes; havia apenas um assento sanitário com um balde de cal sobre o chão, e uma lata de café fazia as vezes de suporte para o papel higiênico. A cabana nem sequer tinha uma porta.

Para mim, esse lugar representava tudo que havia naquelas paragens. Fora dele havia uma infinita extensão de terra, onde se podia fazer caminhadas e esquiar, e havia um estreito canal de neve perene, no qual era possível esquiar praticamente o ano inteiro. Diante dele, descortinava-se uma vista da enseada Cook, da montanha Senhora Adormecida — desde seus "joelhos" até os "dedos dos pés" — e do Denali, o pico mais alto da América do Norte, com 6.193,5 metros de altitude. Além disso, também era possível avistar os dois picos mais elevados da Cordilheira do Alasca, os montes Foraker e Hunter. Assim, o exterior da cabana contava com um panorama que bem valia 1 milhão de dólares.

Dos lotes que estavam à venda, havia três adjacentes à propriedade; então, nós três nos pusemos a inspecioná-los, pisando sobre galhos e neve que estalavam sob nossos pés. Enquanto Amber caminhava à minha frente, a luminosidade intensa daquela estação do ano me permitiu notar que sua saia era ligeiramente transparente — o suficiente para eu imaginar as formas das pernas dela. Eu a observei caminhar pelo terreno acidentado tão graciosamente quanto um caribu flana pelas touceiras de mato, detendo-se apenas quando sua saia se enroscava nos arbustos e ela precisava livrá-la com um delicado puxão. "Não..." eu pensei. "Não vou me importar nem um pouco em ter essa mulher como vizinha..."

— É fantástico aqui em cima — ela disse ao término da excursão. — Não posso imaginar qualquer outro lugar em que eu deseje mais viver.

Um silêncio se estabeleceu entre nós quando nos pusemos, lado a lado, a contemplar o Denali e, depois, a cidade, lá embaixo, enchendo nossos pulmões com a suavidade do ar da montanha. Então nos voltamos um para o outro, e nossos olhos se encontraram. Minha cabeça pareceu flutuar. Hora de ir embora.

Coloquei Maya dentro do carro, e descemos pela encosta da montanha. Então, rumamos para o sul, em direção à foz do Braço Turnagain, uma reentrância da enseada Cook, que tem um reluzente manguezal incessantemente invadido pelas águas marinhas de um lado e montanhas de mil metros de altura do outro — além de ovelhas imóveis, posicionadas como gárgulas, nas colinas acima. Na metade do caminho para Girdwood, a poucos quilômetros da casa de Amber em Bird Creek, notei vários carros estacionados na estrada e um amontoado de pessoas olhando umas por sobre os ombros das outras, apontando binóculos e câmeras fotográficas. Na foz do braço do rio, a maré se elevava e fluía como uma corredeira; só que aquilo não era uma corredeira. Olhei pelo retrovisor, acionei o freio e também estacionei no acostamento.

— Sinto muito, garota — eu disse para Maya —, mas você terá de ficar aqui.

Amber e eu saímos da caminhonete e, deixando a multidão para trás, saltamos a barreira, cruzamos os trilhos da ferrovia, descemos uma pequena encosta nos apoiando nos calcanhares e alcançamos um promontório rochoso que se projetava sobre a água salgada, cor de aço sem polimento.

— Você acredita nisso? — eu berrei, mais alto do que o rugido da água e do vento. — Elas estão bem aqui! Absolutamente incrível!

Pouco além do limite da água, ao menos uma centena de baleias beluga nadava na maré alta perseguindo um cardume de pequenos peixes migratórios, chamados *hooligans*. Nós nos sentamos completamente absortos na beirada da rocha, deixando que a cena que se desenrolava na nossa frente mergulhasse de modo profundo em nossas consciências. As baleias estavam tão próximas que não apenas podíamos ouvir o "puf... puf..." emitido pelas cavidades respiratórias na cabeça delas como podíamos jurar sentir a umidade de sua respiração ser soprada pelo vento contra nossos rostos.

Amber não parava de menear a cabeça incrédula. Aproximei-me mais dela até ficarmos lado a lado, com nossos quadris se encostando, até eu poder sentir seu calor.

— Eu não fazia ideia de que elas se aproximassem tanto assim da praia — eu falei. — Nós temos muita sorte.

— Temos *muita* sorte, mesmo. Isto é inacreditável!

Ficamos sentados ali, sem conversar, assistindo à aproximação de ondas e ondas de baleias-brancas, observando o ritmo da respiração delas e a água batendo contra as rochas. Amber era muito bonita, com seus cabelos cor de cerveja escocesa agitados pelo vento. Eu quase precisei morder meu próprio ombro a fim de evitar passar um braço sobre os ombros dela.

As belugas continuaram a subir pelo Braço Turnagain em fileiras desordenadas. Nós as contemplamos até só restarem algumas desgarradas e a multidão no acostamento da estrada se dispersar. O vento intensificou-se, e o ar ficou gelado. Precisávamos ir, mas nenhum de nós estava disposto a admitir a chegada da noite.

Paramos para tomar uma cerveja à beira da estrada, no Brown Bear Saloon, uma típica espelunca alasquiana, com objetos de decoração resgatados de latas de lixo, um interior impermeabilizado por uma pátina de fumaça de cigarros e paredes recobertas com cartões de visita, cédulas de 1 dólar autografadas e adesivos com dizeres do tipo "Armas de Fogo Não Matam Pessoas; Armas de Fogo Arruinam o Jantar". Éramos os únicos no lugar, além do *bartender* e de dois velhos cachorros artríticos, a um dos quais faltava uma pata. Ocupamos uma mesa perto de uma janela e começamos a falar sobre o que havíamos acabado de testemunhar. Conversamos sobre as baleias, sobre o Vale dos Ursos e sobre nossos respectivos trabalhos. Amber rasgava seu guardanapo de papel em pedacinhos minúsculos. Uma cerveja chamou outra, e logo me vi embevecido pelas palavras que ela dizia, totalmente incapaz de desviar meus olhos daquela mulher. Quando ela começou a descrever suas ambições futuras de viver no exterior, de modo que seus filhos pudessem experimentar coisas de cuja existência ela jamais suspeitara ao viver em uma cidadezinha de Minnesota, eu me senti como se ela estivesse lendo meus pensamentos.

— Exatamente! É exatamente isso que eu mesmo desejo para meus filhos!

Em meio a risos, eu me projetei sobre a mesa e segurei as mãos de Amber nas minhas. Então, como se tivesse agarrado duas batatas quentes retiradas diretamente do forno, eu as larguei, recuei e continuei a rir, na esperança de que ela não tivesse reparado. Mas ela reparou.

Quando nossos copos se esvaziaram, considerei as possíveis consequências de uma outra rodada. Algo entre o pânico e a euforia dançava em meu estômago. Eu estava ficando caidinho por ela, e quando fico caído por alguém é pra valer. Decidi que mais cerveja não seria apenas uma má ideia, seria uma ideia com certeza desastrosa.

Deixei-a em sua casa, em Bird Creek, sem desligar o motor do carro. Depois de uma despedida desajeitada e apressada, corri de volta para casa ao som de *The Richest Man in Babylon*, da Thivery Corporation, que trovejava nos alto-falantes. Eu tamborilava os dedos no volante, tinha os olhos arregalados e me sentia atordoado, como se o Cupido tivesse me atingido em cheio na cabeça com uma barra de ferro.

Pela manhã, recuperado da intensidade da noite anterior, decidi não forçar a barra. Estava tudo bem demais na minha vida para eu arriscar me apaixonar. Eu já havia passado por aquilo, tinha feito aquilo, e jurei me manter longe de namoradas por algum tempo depois de meus dois últimos relacionamentos terem virado fumaça. Por mais estúpido que isso possa parecer, não telefonei para Amber. Nem no dia seguinte, nem no outro. Eu já tive meu coração partido por duas vezes e não estava preparado para uma nova tentativa. Além disso, eu estava imerso naquela grande aventura, me divertindo muito por não ter de responder a ninguém além de minha cadela.

Nas semanas que se seguiram, sempre que ia para a cidade eu me pegava na expectativa de me encontrar casualmente com ela. Isso aconteceu algumas vezes. Então ficávamos juntos, tomávamos algumas cervejas, jogávamos bilhar, ríamos um pouco e nos tornávamos mais íntimos. Mas, ao final de cada noitada, eu recuava, e cada um seguia o caminho de volta para casa separadamente. Sem inclinação para o drama, Amber decidiu que eu não estaria interessado nela. A verdade, porém, é que eu não conseguia tirá-la da cabeça — em especial durante a viagem que fiz à Califórnia no intuito de assistir ao Festival de Música de High Sierra, no fim de semana prolongado do Dia da Independência, em 4 de julho. Lá eu me encontrei com meu irmão e alguns amigos chegados da faculdade, em meio a uma atmosfera de música, apresentações teatrais e mulheres provocantes por todos os lados. No entanto, tudo em que eu podia pensar era no quanto melhor seria aquilo se Amber estivesse comigo.

Quando voltei, decidi ir até o fim. A banda Galactic, de Nova Orleans, iria se apresentar na estação de esqui no fim de semana seguinte, e eu sabia que Amber estaria lá. Apenas esperei que não fosse tarde demais.

No dia do *show*, cheguei em casa, voltando do trabalho, por volta das sete horas da noite. Grelhei um pedaço de salmão fresco, preparei uma salada com o que colhi da minha horta e jantei em silêncio, sozinho, na minha varanda. Lavei a louça e a deixei no escorredor de pratos. Trouxe Maya para dentro de casa, enchi sua vasilha de água e lhe servi uma porção de ração com raspas de salmão da grelha. Enquanto escovava os dentes diante do espelho, notei que meu cabelo estava um pouco mais rebelde do que o normal. Então coloquei meu boné de beisebol favorito e rumei para o *show*.

Durante a primeira música, eu a vi um pouco mais adiante, perto do palco. Observei-a por alguns momentos e abri caminho até ela, esquivando-me dos pés e cotovelos das pessoas que dançavam. Nossos olhares se encontraram, e nos cumprimentamos acenando com a cabeça. Se ela estava chateada comigo por eu ter deixado a peteca cair, não demonstrou. Dei-lhe um grande abraço, e ela retribuiu com um largo sorriso.

— É *realmente* muito bom ver você — eu gritei, mais alto que o som.

Dançamos lado a lado, olhando para o palco, espremidos por corpos oscilantes, e permanecemos agarrados pelo resto da noite. No entanto, o lugar estava tão apinhado que, ao término do *show*, por volta da meia-noite, eu a perdi de vista. Esperei lá fora, diante da porta de saída, assistindo à multidão que deixava a estação de esqui, mas não a vi. Tornei a entrar, dei uma olhada e voltei a sair. Esperei mais um pouco e então notei a presença de pequenos grupos de pessoas espalhados pelo estacionamento. Lá estava ela, sentada sobre a traseira de sua caminhonete, conversando com alguns amigos, enquanto Hobbit vagueava pelas redondezas, "regando" os arbustos.

Todos rumavam para os bares da região, mas Amber estava dando tempo ao tempo, esperando que eu aparecesse. Ao me avistar caminhando em sua direção, com as mãos nos bolsos, desconcertado como se tivesse perdido o caminho de casa, ela saltou da tampa traseira da caminhonete para me cumprimentar.

— Ei, Amber! Você vem? — alguém gritou do outro lado da rua. Ela olhou naquela direção e, depois, voltou a me olhar, encolhendo os ombros.

— O que você acha? — ela perguntou.

— Não estou muito a fim de ir a um bar agora — respondi. — Posso convidar você para tomar uma cerveja na minha casa?

Ela fez uma pausa momentânea.

— Sim, claro. Isso me parece bom.

Ao chegar em casa, apanhei duas cervejas na geladeira, abri, entreguei uma para Amber e dei um longo gole na outra, para criar coragem. Levamos as bebidas até a varanda, com vista para o riacho, e ficamos encostados na cerquinha, lado a lado. Tomei um fôlego profundo e, afinal, disse:

— Pensei muito em você, lá na Califórnia. Na verdade, não pude parar de pensar em você.

Amber contemplou o riacho, lá embaixo, e sentiu seu rosto aquecer. Então se voltou para mim com um sorriso torto.

— Ah... E você ainda está fazendo isso?

Não pude aguentar mais. Olhei para Amber, e ela olhou para mim; por um momento, nós dois nos esquecemos de respirar. Apanhei-a pela mão e levei-a de volta para dentro de casa. Caminhamos pelo corredor até meu quarto e fechamos a porta atrás de nós.

Não havia muito lugar para se sentar no meu quarto, então nos sentamos com as pernas cruzadas sobre a cama, nos encarando enquanto ouvíamos o ruído do riacho, que entrava pela janela aberta. Tomei a mão de Amber e a espalmei sobre meu coração, enquanto pousava minha mão sobre o coração dela. Ficamos sentados ali sem nos falar, pois não havia necessidade.

— Sinto como se a conhecesse a minha vida toda — disse.

Não dissemos nada que sugerisse isso, mas sabíamos que iríamos fazer amor. Porém não naquela noite. Nós dois estávamos meio altos, e não gostaríamos que nossa primeira vez fosse daquela maneira. Enroscamo-nos sobre o edredom, falando por meio de sussurros, imersos no calor do corpo um do outro. Aninhamo-nos nos braços um do outro até as quatro horas da manhã, antes de, por fim, nos entregarmos ao sono.

John Duray, meu amigo, quebrou o encanto ao chegar em casa por volta das dez e meia daquela manhã. Ele bateu na porta da frente e, sem resposta, resolveu entrar em casa. Da outra extremidade do corredor gritou:

— Ei, Dan! Você já está acordado? Não vamos deixar aqueles vermelhões esperando!

Despertei de imediato.

— Sim, tudo bem. Já estou indo.

Como demorei demais a aparecer, John foi até a *delicatessen* Aloha Alaska e voltou com um copo de 470 ml do meu elixir matinal, um café chamado *Americano*.

— Ei, Dan! Hora de se mexer! Eu trouxe um café para você.

Um tanto constrangidos e atordoados, Amber e eu rolamos para fora da cama e nos dirigimos à cozinha. Eu não queria deixá-la, mas, como já admiti, a pescaria era meu ponto fraco. Eu gostava de dizer que, se perdesse meus dois braços, arranjaria uma maneira de pescar. Considerei convidá-la para nos acompanhar, mas tínhamos passado uma noite tão intensa juntos, que achei que precisaríamos de algum tempo para absorvermos o que tinha acontecido. Então não a convidei. Abraçamo-nos, e lhe dei um beijo de despedida.

No Lago Chilkoot, 2001.

Foto de família.

— Telefono quando voltar da pescaria, para saber como estão as coisas — eu lhe disse.

Eu não pude cumprir essa promessa.

CAPÍTULO 2

O rio dos ursos

Eu tinha consciência de que entraria no território dos ursos. Eu podia ver essa área da minha varanda. Em Girdwood não era incomum ouvir falar de ursos que mergulhavam a cabeça em latas de lixo ou em sacos de ração para cachorro na varanda das casas. Um amigo meu teve o caminhão roubado por um urso. Ele morava na parte alta da Estrada do Riacho do Corvo quando, certa manhã, ouviu um barulho. Meu amigo se levantou para investigar e descobriu que seu caminhão não estava mais no lugar. Um urso negro o havia invadido por uma janela aberta e desengatado o veículo, deixando-o em ponto morto. O caminhão desenfreado, com o urso apavorado a bordo, rolou pelo declive da estrada, indo parar em uma barreira. (O urso saiu ileso da aventura; o caminhão, nem tanto.) Mesmo em Anchorage, apinhada de Walmarts e Jiffy Lube e povoada por quase a metade de todos os habitantes do Estado do Alasca, é comum se deparar com ursos no quintal dos fundos — e até na porta da frente — das casas. De vez em quando, um urso negro ou um pardo tenta abastecer-se de comida nas dependências de uma revendedora de automóveis ou de uma fábrica de colchões. Eles cruzam ciclovias, gramados, calçadas, estacionamentos e estradas movimentadas, até serem interceptados por uma equipe do Departamento de Caça e Pesca do Alasca, apta a resolver conflitos entre a vida selvagem e a civilização com o auxílio de um dardo tranquilizante — caso a segurança pública permita ou, então, com um balaço de verdade. Ursos têm sido atropelados por carros em Anchorage. Eles têm sido atingidos por bicicletas. Ainda no dia anterior, enquanto eu coordenava um jogo de "capturar a bandeira" com um grupo de crianças, um jovem urso cinzento saiu da floresta. Os cabelos de minha nuca se eriçaram em alerta vermelho, mas a situação terminou como quase todos os encontros do tipo, com o urso dando uma olhada, sem se interessar particularmente por nenhum de nós, e fugindo de volta para o mato, como se estivesse com o rabo pegando fogo.

Eu tinha um tremendo respeito pelos ursos, em especial pelos cinzentos — ou pardos, como os biólogos costumam se referir aos grandes habitantes das áreas costeiras —, eles são símbolos das terras selvagens que eu tanto amava. Eu os estudei para meu projeto final na Prescott College e estava convencido de que eles eram mais tolerantes com os seres humanos do que o contrário. Eu também sabia o que eles eram capazes de fazer. Ursos matam uma ou duas pessoas por ano neste país, portanto é mais provável que alguém seja morto por um cachorro e ainda mais provável que morra devido a uma reação alérgica à picada de abelha. Embora meus pais não concordassem com essa afirmação, eu não era do tipo que gosta de correr riscos. Eu jamais senti necessidade de saltar de paraquedas do alto de um despenhadeiro ou de descer em um caiaque por corredeiras que mais parecem cachoeiras do que rios turbulentos. Contudo, evitar determinado lugar porque grandes predadores circulam livremente ali seria algo impensável.

Antes que um encontro fortuito com um urso indignado sequestrasse meus sonhos, minhas interações com esses animais haviam sido divertidas ou desagradáveis, restando delas, no entanto, sempre uma boa história para contar. Como a história do urso cinzento com que me deparei ao subir pela autoestrada do Alasca certo verão. Ele estava deitado de costas em uma praia rochosa e atirava para cima um pedaço de madeira trazido pela maré, tornando a apanhá-lo e atirá-lo, fazendo o objeto girar no ar; parecia um urso de circo.

No outono anterior ao meu primeiro ano na Prescott, eu fiz um curso que incluía trabalho de campo pelo Instituto Sierra, por intermédio da Universidade da Califórnia, em Santa Cruz. Isso me fez viver com uma mochila nas costas e dormir ao relento por dois meses inteiros. Em uma dessas vezes, dormindo sob a lua cheia às margens dos lagos Mammoth, fui despertado por um urso negro que farejava meu rosto. Embora meu coração parecesse querer fugir dali, deixando-me para trás, permaneci deitado e imóvel como um bloco de concreto, enquanto o urso farejava o que havia encontrado em seu caminho. Então ele colocou uma de suas patas dianteiras ao lado de minha têmpora esquerda. À pata dianteira, seguiu-se a passagem de uma volumosa pança e, então, uma pata traseira, sem o menor ruído. Quando minha cabeça deixou de ser interessante, e o urso passou a dedicar sua atenção a outras atrações do acampamento, eu me sentei, lentamente, com as pernas ainda dentro de meu saco de dormir. Contudo, o farfalhar do *nylon* me denunciou. O urso parou, virou-se e me encarou. Eu prendi a respiração. Ele tornou a girar a cabeça, olhando ao redor, e continuou a caminhar despreocupadamente. Quando ele estava a cerca de 6 metros de distância, eu me esgueirei para fora do saco de dormir, fiquei em pé e o segui, descalço, enquanto ele se dirigia para os limites do acampamento. De vez em quando, ele parava, se virava e me encarava. Eu congelava meus movimentos. Ele tornava a girar a cabeça, olhando em volta, e dava mais alguns passos. Então ele parava, se virava, me encarava e eu congelava. Continuamos com essa brincadeira de "luz vermelha, luz verde" até o urso alcançar um relvado banhado pelo luar. Decidi que já havia abusado da sorte e apenas parei, olhando para ele. Quando o urso chegou ao limite oposto da clareira, parou e me olhou pela última vez, antes de desaparecer, embrenhando-se na mata. Eu considerei aquele encontro uma dádiva.

Eu me lembro de ter alimentado pensamentos malévolos envolvendo um urso apenas uma vez. Na verdade, ursos. Deveria ter sido uma expedição de dez dias com meus colegas estudantes do Instituto Sierra. Nosso instrutor nos levou às profundezas do Parque Nacional das Sequoias para estabelecermos um acampamento-base. Depois de termos escolhido certos pontos em um mapa, cada um de nós partiu sozinho, em direções diversas, em expedições solitárias que deveriam durar três dias. O instrutor ficou para trás, ele deveria tomar conta de nosso "forte" e do estoque de comida. Durante nossa ausência, enquanto vivíamos em comunhão com as gigantescas árvores de madeira avermelhada, sobrevivendo com uma dieta à base de uvas-passas, amendoins, castanhas e mingau de aveia — cujos flocos precisavam ser embebidos em água gelada desde a noite anterior até a manhã em que o cereal seria consumido — e com os escritos de John Muir,* o instrutor passou os dias e as noites evitando que uma fêmea de urso negro com três filhotes endiabrados roubassem toda a comida. Três dias depois, ao voltarmos ao acampamento nos deparamos com um homem de cabelos desgrenhados e olhos injetados, completamente exausto. Ele deixou a segurança do acampamento sob nossa responsabilidade, entrou em sua barraca e desabou, dormindo profundamente antes mesmo de chegar a repousar a cabeça sobre o travesseiro.

Os ursos negros da Sierra Nevada são famosos por sua determinação férrea e por terem aprendido, há muito tempo, a associar a presença de pessoas com comida. No Yosemite, alguns arruaceiros da comunidade dos ursos aprenderam a ver carros como potes de biscoito: eles estouram janelas e arrancam portas em busca de guloseimas. As *minivans* parecem ser seu tipo preferido de veículo, provavelmente porque são muito usadas para transportar crianças e, onde há crianças, sempre há restos de sanduíches e salgadinhos. Uma vez dentro dos automóveis, os ursos arrancam os bancos traseiros para terem acesso à comida eventualmente armazenada nos porta-malas. E eles não procuram apenas por comidas sólidas; cerveja e creme dental também são muito apreciados.

Os ursos com que tivemos de nos confrontar naquela visita às sequoias eram tão determinados quanto incansáveis. As bolsas com alimentos haviam sido dependuradas em galhos bem altos de várias árvores, e os ursos as atacaram a partir de cada ângulo possível. A mãe sacudia as árvores tentando fazer as bolsas caírem. Os filhotes subiam pelos troncos e se movimentavam pelos galhos, na tentativa de alcançar as bolsas pelo alto e por baixo. Quando uma estratégia não funcionava, tentavam outra. Nós nos revezávamos em turnos,

---

* John Muir (Dunbar, Escócia, 21 de abril de 1838 — Los Angeles, Califórnia, 24 de dezembro de 1914) foi um naturalista, conservacionista, proprietário rural, explorador e escritor que teve papel fundamental na criação das primeiras áreas de proteção ambiental no continente americano. Ele é considerado um dos fundadores do movimento conservacionista moderno. Muir visitou todos os continentes da Terra, exceto o único que não possui árvores, a Antártica, sempre procurando influenciar seus contemporâneos por meio de seus escritos. Ele foi fundador da organização não governamental *Sierra Club* — à qual nos referimos como "Instituto Sierra" nesta tradução —, uma das primeiras associações do mundo a ter como objetivo a proteção da natureza. Os escritos de Muir influenciaram o presidente norte-americano Theodore Roosevelt na criação do Parque Nacional de Yosemite, e muitas barragens deixaram de ser erguidas ou foram interrompidas em territórios de parques nacionais graças às suas ideias, que ganhariam maior força a partir da segunda metade do século XX. [N. do T.]

gritando, agitando jaquetas e acertando o traseiro deles com pedregulhos. Eles fugiam apressados, apenas para retornar furtivamente, quinze ou vinte minutos depois. Eles continuaram a fazer isso pela noite inteira. E ao longo do dia e da noite seguintes também.

Esgotados, decidimos abortar a missão e caminhamos até a metade do percurso que nos levaria de volta à trilha. Os ursos nos seguiram. Nós parávamos às vezes para tomarmos lições rápidas, retirávamos as mochilas das costas e nos reuníamos, digamos, ao redor de um monte de esterco, no intuito de determinarmos seu conteúdo e que ser o havia depositado ali. Os ursos, então, se lançavam sobre nosso equipamento com rapidez. Minha mochila foi apenas mordida, mas a de um colega de classe foi completamente dilacerada. Tivemos de dividir seu conteúdo e guardá-lo nas mochilas restantes. Por fim nos livramos dos ursos depois do quinto dia de sítio.

Ao longo das centenas de quilômetros que caminhei, percorri de bicicleta ou naveguei pelos rios do território dos ursos, fui atacado apenas uma vez — e não por um urso. Isso aconteceu quando dois amigos e eu, cada qual com seu cachorro, estávamos mochilando pelas cercanias de Boulder, no Colorado, e montamos acampamento em uma clareira entre os pinheirais de Ponderosa. Aquele território não era apenas dos ursos negros; havíamos sido prevenidos da existência de leões da montanha naquela região. Tarde da noite, enquanto contemplávamos a fogueira que havíamos acendido, nossos cães puseram-se em posição de alerta, latindo, chicoteando-se com a cauda e ofegando. Um cachorro chamado Gimli começou a arrastar uma mochila que havia sido atada atrás dele. Saltei e fiquei em pé, esquadrinhando tudo à minha volta, até avistar uma grande figura semioculta pelas sombras, no limite alcançado pela luminosidade bruxuleante da fogueira.

"Que diabos...?" Com o coração disparado, apanhei um pedaço de tronco com a ponta em chamas na intenção de usá-lo como uma clava. Ao brandir a arma improvisada, a criatura foi completamente iluminada pela claridade do fogo, e eu me deparei com o par de olhos mais ameaçador que jamais havia encarado.

No geral, diante de algum perigo, um porco-espinho dá meia-volta e alerta o inimigo ao lhe exibir uma cauda repleta de espinhos; então se afasta o mais rapidamente que consegue, em um trote tão desajeitado quanto resoluto. Mas, em vez disso, aquela coisa atacou. Não fazendo ideia de que porcos-espinho tivessem aquela capacidade de locomoção, recuei alguns passos e brandi contra ele minha clava flamejante. Em seguida, joguei minha arma em sua direção e saí correndo. *Ahhhhhhh!* O acampamento que, momentos antes, estava calmo como uma abelha operária em repouso virou uma loucura: três sujeitos corriam tentando conter três cachorros, que perseguiam um porco-espinho, que me perseguia. Talvez se dando conta de que estava em desvantagem, o porco-espinho fugiu apressadamente pela mata adentro.

Desde minha chegada ao Alasca — a primeira vez no verão de 2001, para trabalhar em um projeto de estudo independente —, minhas andanças cruzaram o caminho de vários ursos, tanto negros como cinzentos. De modo geral, os ursos do Alasca são mais selvagens que os ursos que vivem abaixo do Paralelo Setentrional 48, notadamente se comparados aos ursos negros cujo *habitat* coincide com áreas intensamente percorridas, como as da Sierra Nevada. Por isso, são bem menos propensos a associar pessoas com comida. Em meados de julho de 2003, eu já havia pescado nos rios do Alasca pela maior parte dos três verões anteriores e sabia bem que ursos poderiam surgir do meio do mato a qualquer momento, em qualquer lugar — especialmente nos lugares em que eu mais gostava de pescar.

A pesca com anzóis e iscas em regiões remotas é a forma mais perfeitamente típica de entrar em contato com a vida ao ar livre no Alasca, e ela pode fazer com que o preço por quilo de pescado seja comparável ao de metais preciosos. Os rios Kenai e Russian, na península de Kenai, são muito fecundos, ideais para pescarias de classe internacional. Eles são acessíveis por autoestradas pavimentadas — em um Estado onde as estradas são raras —, ambos proporcionando a pesca de trutas Dolly Varden e truta-arco-íris, de dimensões dignas de prêmios, além de quatro espécies de salmão do Pacífico: a chinook (a maior espécie de salmão), a *sockeye* (também conhecida como salmão vermelho), a *coho* (ou salmão prateado) e a corcunda (ou salmão rosado). Admito ser parcial a respeito do rio Russian, o mais estreito e mais raso dos dois rios citados, tendo em vista suas águas que fluem cristalinas, em comparação às águas turvas, azul-esverdeadas, do Kenai, uma corrente que transporta sedimentos glaciais. O Kenai pode ser um rio excelente para a pesca do salmão, mas o Russian é fenomenal. Em minha opinião, o rio Russian é para um pescador o equivalente a um bar familiar da vizinhança de sua casa: na época de os salmões subirem a corrente, eu estaria lá depois do expediente de trabalho ou em meus dias de folga, ao menos três vezes por semana, não me importando com os 225 quilômetros do percurso de ida e volta a partir de Girdwood — principalmente se considerasse todo o trabalho duro que os salmões tinham de fazer para chegar até lá.

A viagem deles era uma peregrinação de dimensões épicas, o que só fazia aumentar minha reverência e minha gratidão quando um deles era interceptado por minha vara de pescar. Após sobreviverem na água doce durante os anos de sua fase de formação, eles voltam ao mar, onde passam entre dois e sete anos, dependendo da espécie, esquivando-se de baleias, tubarões e outros predadores marinhos, além das redes de pesca comercial, antes de retornarem à enseada Cook e, dali, à foz do rio Kenai. Assim, eles, basicamente, correm uma maratona enquanto fazem greve de fome, ao mesmo tempo que abrem caminho contra a correnteza por mais de 112 quilômetros até alcançarem a confluência dos rios Kenai e Russian, onde descansam um pouco, antes de prosseguirem para mais adiante e para o alto. Eles sacrificam a si mesmos em benefício da posteridade de sua espécie ou, com alguma sorte, por um lugar em minha geladeira portátil.

A confluência dos rios Russian e Kenai é o principal manancial dos pesqueiros, por isso o lugar é chamado de Santuário. Esse é o marco zero da pescaria de combate e está sempre apinhado de pescadores que disputam ombro a ombro um espaço às margens durante o auge das corridas migratórias dos salmões. Embora o tipo de peixe que perseguíamos naquele dia — *sockeye*, ou vermelhão, como o chamamos — estivesse em missão de desova e deixasse de se alimentar tão logo alcançasse a água doce, eles nadavam correnteza acima abrindo e fechando a boca, a fim de forçar a passagem de água por suas guelras. A única maneira de capturar um peixe nesse caso — e a única legalmente aceitável — é interceptá-lo com a linha de pesca no momento em que ele se encontra com a boca aberta. Quando a correnteza arrasta a linha rio abaixo, você o fisga pela boca. Esse tipo de pesca é chamado de "passar o fio dental" e não é tão difícil quanto parece, sobretudo quando a migração traz cardumes tão densos que apanhar alguns peixes seria, aparentemente, tão fácil quanto se postar a vau e recolhê-los com as mãos nuas.

Um efeito colateral de uma pesca tão abundante é que, ao longo dos anos, a fartura de peixes tem atraído cada vez mais pescadores. Cada vez mais pescadores apanhando muito mais peixes significa, literalmente, toneladas de entranhas e carcaças deixadas para trás, o que tem atraído cada vez mais ursos. Pessoas estão interessadas apenas nos filés de peixe. Os ursos, nas sobras: bolsas de ovas, carcaças e cabeças, cheias de ricos miolos de peixe e outras iguarias que costumam ser atiradas de volta aos rios, depois que limpamos e tiramos os filés. O Serviço Florestal dos Estados Unidos, proprietário das terras em que o acampamento do rio Russian e seus estacionamentos intensamente utilizados estão localizados, proveu instalações adequadas para a limpeza de peixes, entre outras comodidades, no intuito de contornar o problema de eles serem limpos ao longo das margens e isso atrair ursos. No entanto, a limpeza de peixes no acampamento acabou atraindo ursos para lá. As instalações para limpeza foram posicionadas de modo que as pessoas pudessem atirar as carcaças na corrente principal do rio, onde se dispersariam com maior facilidade, proporcionando nutrientes necessários à vida aquática, em vez de um bufê para os ursos. Mas, em vez disso, pilhas de carcaças amontoaram-se por todos os lugares: há peixes presos a linhas de pesca rompidas, sobre rochas e apanhados por redemoinhos na água — o que terminou por atrair ursos.

Tal como me foi explicado, a cada temporada os pescadores descartam, em média, 51.710,4 quilos de sobras, ou seja, mais de 50 toneladas de restos de peixe por ano, no lugar que agora é chamado de Complexo Fluvial Kenai--Russian (uma área compreendida em um raio de 8 quilômetros a partir da confluência dos dois rios). Essa situação tem atraído ursos para uma região que eles normalmente não habitariam, ou não se encontrariam em número tão elevado. Isso não quer dizer que os ursos não pesquem; eles pescam, mas há lugares muito melhores para que os ursos pratiquem a pesca à sua maneira, incluindo um vale, rio Russian acima, em que as águas são mais rasas, os peixes são mais facilmente apanhados e a frequência de pessoas é mais rara. Segundo me disse um biólogo local, os ursos costumam pescar ao término das correntes migratórias, época muito menos atraente para os pescadores humanos. Nesse período, os salmões estão prestes a desovar e a morrerem de cansaço, tornando-se, por isso, mais facilmente capturáveis. Não quero dizer, assim, que os ursos sejam preguiçosos; estou dizendo que os ursos são espertos.

Quando comecei a frequentar a região, a pesca fabulosa e as crescentes pilhas de carcaças estavam colocando ursos e humanos no mesmo lugar, ao mesmo tempo, em quantidades absurdas, e as confrontações eram inevitáveis. Filhotes de urso aprendiam que a rapinagem de carcaças era um meio legítimo de obter sustento. Um bando de jovens ursos mais ousados começou a perder o medo de humanos e a aprender que só era necessário passar pelas margens dos rios com cara de mau para espantar as pessoas dali, deixando para trás um variado sortimento de geladeiras portáteis, mochilas e filés de peixe postos para secar ao sol. Essa não era uma situação boa para nenhuma das duas espécies, uma vez que pessoas poderiam ser feridas e ursos poderiam ser alvejados com armas de fogo.

Essa situação no rio Russian levou anos para se estabelecer. "O que nós fizemos foi criar uma fonte artificial de alimentação", disse Sean Farley, biólogo especializado em ursos do Departamento de Caça e Pesca do Alasca, ao jornal *Anchorage Daily News*, depois da morte de uma fêmea de urso atingida por tiros no abdômen, dois anos após eu haver sido atacado. "Sei que vou ter de enfrentar problemas por dizer isto, mas trata-se de uma estranha e burocrática bagunça bizantina."

A tarefa de tomar conta da corrente mais intensamente procurada por pescadores de salmão de todo o Estado e, ao mesmo tempo, proteger os ursos da parcela do público pescador dotada de artilharia sem dúvida criou desafios para as várias agências estaduais e federais que supervisionavam o rio, suas margens, o acampamento e as terras virgens da região. Contudo, parece-me que, se o problema das carcaças tivesse sido solucionado, com o tempo os ursos voltariam a se comportar como animais selvagens, como fizeram os ursos do Parque Nacional Yellowstone, acostumados a se alimentar com o que encontravam nas latas de lixo do parque, quando as atividades do último depósito de lixo da região foram encerradas em 1970. Eles teriam feito o mesmo que seus ancestrais fizeram, desviariam o caminho a fim de evitar encontros com seres humanos, deixando o Santuário e outros lugares concorridos para as hordas de pescadores.

Quase todos os planos propostos para administrar a convergência de peixes, ursos, pessoas, rio e terras pareciam ter algum aspecto desfavorável. As instalações para limpeza de peixes, que se tornaram polos de atração para os ursos, era um deles. A restauração das margens era outro. Os milhares de pescadores que desciam para o rio todos os anos, entre maio e setembro, estavam levando as margens à morte, o que motivou um grande e custoso projeto de restauração. Passarelas foram construídas, trilhas de cascalho foram implementadas, degraus foram dispostos e cercas foram erigidas. Como resultado, uma relva alta e farta, além de outros tipos de vegetação mais espessa, pôde voltar a crescer. Maravilhoso — especialmente para os peixes, tendo em vista que o pisotear irrestrito dos humanos nas margens impactava seu *habitat*. Mas havia um problema. Com toda aquela vegetação exuberante, ficava mais difícil para os ursos avistarem os pescadores, os quais também tinham maior dificuldade para avistar os ursos. Isso não poderia levar a nada menos que problemas.

Essa situação preocupante foi agravada ainda mais em julho de 2003. Pouco antes, naquele verão, a primeira das duas levas migratórias de salmão vermelho foi minguada. A segunda leva, ocorrida em julho — durante a qual eu fui pescar, naquele dia —, foi mais densa, mas a maior parte dos salmões que rumavam para cima no rio Russian ainda estava descansando nas cavidades do Santuário, antes de partir para desovar nas cabeceiras. Talvez tenha sido apenas um golpe de má sorte, mas, qualquer que fosse o motivo, ursos negros e fêmeas cinzentas com seus filhotes rondavam, para cima e para baixo, as margens do rio, em quantidades maiores que as usuais. Grandes machos cinzentos, que em geral permanecem nas terras altas, vagavam por ali em busca de alimento — o que deixava as fêmeas em alerta, pois os machos, às vezes, comem os filhotes.

No início de julho, uma fêmea com filhotes investiu contra uma cerca na margem do rio, na tentativa de atacar um pescador, o qual atirou contra ela, em autodefesa, ferindo-a. Dois dias depois, três filhotes foram avistados sobre os galhos de uma árvore nas dependências do acampamento do rio Russian. O corpo da mãe deles foi encontrado nas proximidades. Biólogos capturaram os filhotes, de 25 quilos cada, e, então, tiveram de tomar a difícil decisão de sacrificá-los, pois nenhuma instituição de preservação à vida selvagem ou mesmo um zoológico poderia cuidar deles.

Dois dias antes de desempenhar um papel importante em meu resgate, o pescador Tom Swiech testemunhou um encontro aterrador, no Santuário, entre um jovem casal e uma fêmea com três filhotes. Os jovens não viram os ursos; eles cruzavam o rio a vau e passaram mais ou menos entre os filhotes e a mãe, que investiu, bufando e chapinhando água diretamente contra eles.

"Atrás de você, atrás de você! Cuidado! Não se mova! Mantenha-se no lugar!"

Eles deixaram as varas de pescar cair, abraçaram-se e congelaram. Swiech prendeu a respiração. A ursa atacou. *"Eu vou ver esses garotos serem devorados vivos, bem diante de mim"*, Swiech pensou, mas a ursa se deteve a não mais de 6 metros deles. Ela espalmou a superfície da água com uma pata dianteira, cerrou as mandíbulas com um ruído alto, deu meia-volta e se afastou, bufando.

Naquela ocasião, Swiech tinha vindo da Pensilvânia para visitar o lugar, mas ele já havia pescado no rio Russian por quatro verões, na época em que servia na base da Força Aérea em Elmendorf. Em todas as viagens que fizera até os rios Kenai e Russian, ele vira apenas um único urso, um urso negro. Naquela última viagem, após pescar por seis dias ao longo de duas semanas, ele já havia avistado treze ursos cinzentos, ou pardos, como são chamados naquelas paragens.

A situação na qual eu me envolveria naquele dia era o que se poderia chamar de ponto fora da curva. Segundo relatos publicados nos jornais da época, ninguém nos últimos 25 anos se lembrava de haver avistado tantos ursos ao mesmo tempo, nas proximidades da confluência.

Meu amigo John e eu havíamos ouvido falar sobre ursos naquela região, mas quando íamos pescar no rio Russian sempre ouvíamos alguma história envolvendo ursos por ali. Qualquer um que tenha um medo mortal de ursos deve pescar em outro lugar, e não no rio Russian. Aliás, em algum outro lugar fora do Alasca, para dizer a verdade. Meu grau de "ursonoia" não estava mais elevado do que o normal, naquele dia.

Quando estive na Califórnia na semana anterior, para assistir ao Festival de Música de High Sierra, contei a meu amigo Jeremy Grinkey algumas de minhas histórias de pescador no Alasca e cheguei até a dizer que não era incomum, durante a migração dos salmões, ter de compartilhar os melhores lugares de pescaria com ursos.

— Cara, isso me deixaria apavorado pra diabo — disse ele.

— Isso simplesmente faz parte da pescaria naqueles rios — retruquei. — Se você se comportar corretamente, mantiver-se em guarda, fizer barulho, permanecer alerta e agir de maneira respeitosa, você estará bem. Em geral, os ursos se limitam a cuidar de suas próprias vidas.

Eu estava completamente enganado a esse respeito, pois o que estava à minha espera nas baixadas do rio Russian, naquele dia, era uma panela de pressão com a válvula de segurança prestes a explodir.

Ursos pardos no rio Russian.

Uma altercação corriqueira sobre os direitos de pescaria.

CAPÍTULO 3

A última luz

Na última manhã que eu enxergaria, depois que o carro de Amber desapareceu em uma curva da estrada, voltei para dentro da cabana a fim de apanhar meu equipamento, enquanto John organizava a parte traseira de seu carro. Peguei minha caixa de apetrechos de pesca, uma mochila pequena, óculos escuros com lentes polarizadas e um boné que era minha marca registrada, de um tecido verde-kiwi, com a palavra Bonfire (fogueira) bordada na frente. Foi um brinde que ganhei quando trabalhei como técnico-instrutor na estação de esqui de Dodge Ridge, nas Sierras. Embora aquilo fizesse de mim um anúncio ambulante de uma empresa fabricante de equipamentos para a prática de *snowboard*, eu o usava porque me sentia tão irresistivelmente atraído por fogueiras quanto um paraquedista é atraído pela gravidade. Fogueiras atraem pessoas, congregando-as. Eu fiz amigos, troquei experiências e histórias, toquei canções e planejei algumas de minhas aventuras mais épicas — além de uma ou outra desventura — ao redor de fogueiras, nessas reuniões tribais. Planos de mostrar o Vale dos Ursos para Amber foram feitos diante de uma fogueira. Eu era tão apegado àquele boné que ele praticamente tornou-se parte de minha anatomia, o suficiente para que algumas pessoas começassem a me chamar de Dan Fogueira.

Depois de assentá-lo em minha cabeça, despejei uma porção de ração Eukanuba na vasilha de Maya, para seu desjejum. Então procurei algumas embalagens de salgadinho nos armários e no balcão da cozinha, os quais guardei na mochila. Por alguns momentos, parei encostado ao balcão da cozinha, enquanto a noite anterior, passada na companhia de Amber, era revista em minha mente. Não era comum eu querer que um dia de pescaria terminasse logo, antes mesmo de ter começado, mas eu mal podia esperar para vê-la de novo.

— Ei, Dan, você está pronto? — John gritou lá embaixo.

Lavei meus pensamentos com o último gole de café, botei a mochila nas costas e desci a escada, vestindo calças de algodão com bolsos nas laterais das pernas, uma camiseta e sandálias Chaco, que eu usava aonde quer que fosse, preferindo-as às botas mesmo ao percorrer longas trilhas — até me mudar para o Alasca, onde terrenos convidativos ao uso de sandálias são escassos. Ao final da escadaria, apanhei minhas calças impermeáveis de pescar, dependurando-as ao pescoço, com as pernas pendendo sobre o peito, e também minha vara — coisas que eu mantinha sob a cobertura da varanda, prontas para serem apanhadas e utilizadas a qualquer momento. Coloquei tudo na traseira do Subaru de John e fechei a porta do bagageiro. Ao abrir a porta do passageiro na traseira, chamei por Maya.

— Vamos, garota. Vamos embarcar.

Mestiça de labrador com o que quer que tenha rondado o quintal do reprodutor certo dia, Maya já havia percorrido centenas de quilômetros em trilhas comigo, durante incontáveis expedições. Passamos por cactos do gênero *saguaro*, saltamos sobre cactos do gênero *cholla* e nos arranhamos nos espinhos de figos-da-índia no Deserto de Sonora e nos terrenos íngremes das montanhas Chugach, no Alasca, muito mais apropriados ao trânsito de cabras montanhesas. Embora ela já tivesse entrado em confronto com uma cascavel, uma javalina e vários alces, Maya era uma boa ouvinte, com a qual eu sempre podia contar. Quase sempre, de todo modo. Como minha mais fiel parceira de pescarias, ela agia de acordo com o próprio código de etiqueta. Contentava-se em se sentar e assistir a tudo. Permitia que o movimento de sua cauda expressasse aprovação quando um peixe era levado à margem, mas permanecia fora do caminho até que ele tivesse sido devidamente golpeado na cabeça para, apenas então, submetê-lo a uma breve inspeção com a ponta do focinho. Maya sabia exatamente o que significava um carro cheio de uma parafernália de pesca. Ela mantinha seus agitados quadris sob controle e saltava para seu lugar no banco traseiro. A maçaneta da porta dianteira do passageiro funcionava apenas pelo lado de dentro do carro, então John inclinou-se para abri-la. Eu me acomodei, ele deu a partida no motor e nos lançamos rumo ao sul pela autoestrada Seward, ao som do *reggae* da banda John Brown's Body ribombando pelos alto-falantes.

Restavam-me apenas doze horas. Doze horas antes de ser mergulhado na total escuridão; doze horas antes de a vida que eu amava e presumia ser minha não mais existir.

Até então, o dia não poderia ter sido mais adequado a meu estado de espírito. Quente, com um céu sem nuvens e incrivelmente azul, aquele dia de julho foi um dos clássicos dias de verão no Alasca que induzem à "amnésia do inverno", apagando por completo da memória todos os longos meses escuros, as estradas congeladas, as baterias de automóveis descarregadas e os ventos amargamente cruéis, que penetram por janelas fechadas e mandam as estufas dos fundos dos quintais pelos ares, como se fossem pipas de papel de seda. Ao passar pela bifurcação da estrada que leva ao Glaciar Portage, olhei para o vale, o vestíbulo de entrada para as montanhas com geleiras pendentes — como uma dentadura brilhante lavada com enxaguatório bucal —, e lembrei a mim mesmo, mais uma vez, o quanto eu tinha sido abençoado ao me estabelecer em tal lugar. Logo em seguida, a estrada fazia uma curva para a direita, na direção da península de Kenai e à extremidade do Braço Turnagain — assim chamado depois que, em 1778, uma tripulação de batedores, que incluía William Bligh (o qual, mais tarde, se tornaria famoso pelo episódio do motim no Bounty) como marinheiro-mestre na expedição comandada pelo capitão James Cook para o desbravamento da Passagem do Noroeste, foi forçada a dar meia-volta e recuar, mais uma vez.* Eu me inclinei para a frente e me deixei embeber pela paisagem de geleiras esculpidas pela natureza, com os cumes da monta-

---

* *To turn again*, em inglês, significa literalmente "voltar outra vez". O referido episódio do motim foi relatado em um livro, de autoria de Charles Nordhoff e James Norman Hall, e transformado no filme *Mutiny on the Bounty* (lançado no Brasil como "O Grande Motim"), dirigido por Frank Lloyd e vencedor do Oscar em 1935. A história descreve um episódio ocorrido em 1789: parte da tripulação do navio inglês Bounty, que rumava para o Taiti, rebelou-se contra as cruéis condições de trabalho impostas pelo capitão Bligh. A força do enredo faria com que a produção fosse refilmada em 1962, estrelada por Marlon Brando e Trevor Howard e dirigida por Lewis Milestone. [N. do T.]

nha Chugach cobertos pelos resquícios do inverno, ao longe, com múltiplas variações do tema de manchas verdes sobressaindo-se nas encostas. À minha esquerda, cisnes trombeteavam enquanto nadavam placidamente em um charco. No alto, um corvo solitário surfava nas correntes termais, bem acima das árvores.

Quando a estrada deixou de acompanhar a trajetória do Braço e começou a subir na direção do Desfiladeiro Turnagain, minha mente voltou-se para Amber. Eu ainda me questionava se deveria tê-la trazido conosco, mas não pude me conter. Eu sabia que John também deveria estar pensando a respeito.

— Sabe, Amber e eu realmente nos entendemos bem ontem à noite. É uma coisa meio louca, mas acho que ambos vamos levar isso adiante.

— É mesmo? Hã. Legal.

Com isso ele queria dizer que seria melhor essas coisas não interferirem em nossa pescaria.

Na verdade, John havia conhecido Amber antes de qualquer um de nós ter se mudado para o Alasca. Eles foram amigos comuns da banda Sweet Potato Project, de Minneapolis. Fora isso, ele não sabia muito mais sobre ela, além de que, como eu, ela não conseguia dizer não a um convite para uma apresentação musical ao vivo. Talvez nossos caminhos jamais tivessem se cruzado não fosse pela banda Photonz, de Girdwood, que atraiu os dois para a cidade. Amber percorria a etapa final de uma viagem para acompanhar festivais de Minnesota até o Alasca, quando alguém lhe recomendou entusiasticamente assistir ao *show* da banda que tocaria naquela noite em Girdwood. Fiz amizade com os integrantes da banda enquanto eles estavam em turnê e eu cursava meu último ano na Prescott, onde eles fizeram uma apresentação. Embora John e eu estivéssemos nos mantendo longe de possíveis namoradas, ambos sabíamos que se tratava apenas de uma questão de tempo para um de nós ceder primeiro. Apaixonar-se por alguém durante a temporada de esqui já seria ruim o bastante, mas na temporada dos salmões?

John e eu estávamos praticamente inseparáveis desde o verão anterior, quando trabalhamos como agentes de segurança na Feira Florestal de Girdwood, mantendo-nos de olho em quem consumisse bebidas alcoólicas além do razoável e nos assegurando de que penetras não invadissem a área pelo portão dos fundos; mas, caso as circunstâncias fossem outras, teríamos feito as mesmas coisas com quem tentasse agir furtivamente. Ao longo dos três dias das festividades, descobrimos que compartilhávamos do mesmo estado de espírito que faz com que alguém siga com o vento e uive para a lua; e, em momentos de depressão, travamos longas discussões acerca do conteúdo de *A Sand County Almanac*,* de Aldo Leopold, que John sempre levava consigo, como se fosse uma Bíblia. Nós dois havíamos passado por rompimentos sentimentais que nos atingiram sem aviso prévio. Nós dois éramos muito mais interessados em pescarias — mesmo que isso significasse ficarmos ensopados no frio ou sermos obrigados a escalar escarpas íngremes sob chuva inclemente — do que em arranjar uma namorada nova.

Eu ensinei John a fazer rolar um caiaque e o induzi à euforia de esquiar nas terras remotas, cobertas de neve seca, do interior do Estado. John, que trabalhou no acampamento do rio Russian por dois verões, me mostrou todos os melhores lugares para a pesca. O que eu mais apreciava nele — um sujeito silencioso e meditativo, natural do Wisconsin, que amarrava os cabelos em um longo rabo de cavalo ruivo e usava uma espessa barba vermelha para combinar — era a atenção que ele dedicava às suas prioridades espirituais, as quais ficavam evidentes em sua incansável vontade de pescar a qualquer momento e em qualquer lugar, quer fosse dia ou noite. Ele trabalhava no turno da noite no hotel Alyeska Prince, deixava o serviço às sete horas da manhã e já poderia estar na estrada às sete e quinze, a caminho de mais uma pescaria. Eu também estava sempre pronto a agir assim, ainda que uma dessas urgências me acometesse à uma hora da madrugada. Da maneira como víamos as coisas, poderíamos botar nosso sono em dia no inverno seguinte.

Meu avô fez de mim um pescador. Eu me converti instantaneamente quando pesquei meu primeiro peixe, antes de ter crescido o suficiente para as

---

* *A Sand County Almanac: And Sketches Here and There* ["Um almanaque do condado de Sand: e esboços aqui e ali", em tradução livre] descreve as terras em torno do local de nascimento do autor, em Sauk County, Wisconsin, de seu ponto de vista sobre uma certa "ética da terra". Em sua obra, Leopold defende um relacionamento responsável entre as pessoas e os territórios por elas habitados. Editado e publicado pelo filho de Leopold, Luna, em 1949 — um ano após a morte do autor —, o livro, até hoje, é considerado um marco do movimento em prol da preservação da natureza e do meio ambiente norte-americano e foi traduzido para doze idiomas. [N. do T.]

rodinhas de apoio de minha bicicleta poderem ser retiradas. Durante nossos anos de estudante do ensino fundamental, Brian, meu irmão mais velho, e eu passávamos algum tempo a cada verão na propriedade rural de nossos avós maternos, localizada em paragens remotas a sudoeste de Ontário, acessível somente por barcos ou hidroaviões. Um serviço rádio do cidadão era nosso único meio de comunicação com o mundo exterior. O lugar tinha uma cabana principal, um pequeno alojamento de hóspedes construído com toras de madeira cortadas manualmente, uma casa de barcos e um cais à margem do lago Clearwater, cujas águas faziam jus a seu nome.* Eu podia deitar-me de bruços na extremidade do cais, mergulhar a cabeça completamente na água e ver o fundo, de maneira tão nítida como se olhasse através do vidro de uma janela.

Enquanto nossa avó resmungava das acomodações rústicas — sobretudo depois de ter espantado com uma vassoura os morcegos dependurados nas vigas —, nosso avô adorava o lugar. Como geneticista agricultural e professor aposentado da Universidade Purdue, ele vivia com roupas perfeitamente vincadas, engomadas e banhado em loção pós-barba, mas lá ele podia trocar as camisas sociais, as calças beges e os sapatos de camurça por um par de *jeans*, botas de amarrar com cano alto, uma velha camisa de algodão azul, meio tingida pela sujidade do uso, e um boné de beisebol surrado, com um emblema que representava uma espiga de milho na frente: um "uniforme do campo" muito apropriado a um homem que se apresentava no serviço rádio do cidadão como Galo Desbotado. Sempre que o clima estava minimamente decente, ele levava a nós dois, garotos, para pescar picões-verdes, trutas do lago e percas. Ao final do dia, ele puxava um banco na casa de barcos, retirava os filés dos peixes e, então, entregava a Brian e a mim um balde cheio de carcaças, cabeças e tripas e nos deixava pegar um bote e ir até uma rocha que emergia do lago para fazermos uma oferenda às gaivotas.

— Ah, vocês se deram bem — dizia nossa avó quando lhe apresentávamos o produto do dia. — Agora, vão se lavar.

Então ela atava um avental à cintura, preparava uma montanha de chucrute ou de salada de batatas, aquecia um pouco de feijões ao forno de Boston, fazia uma grande jarra de Tang e dispunha os pratos sobre uma toalha xadrez,

---

* *Clearwater* é "água límpida" em inglês. [N. do T.]

vermelha e branca, sobre a mesa diante da janela que se abria para o panorama do lago. Se levássemos trutas do lago ou percas, ela se encarregaria do preparo; se levássemos picões-verdes, meu avô assumiria a tarefa, passando os filés de peixe na farinha de trigo, depois em ovos batidos e, por fim, em farinha de milho temperada, antes de fritá-los em óleo de amendoim, em uma frigideira de ferro. Depois do jantar, eu me juntava a meu avô em seu exílio na varanda protegida dos mosquitos por uma tela, onde ele fumava cigarros Kool, e eu ouvia o grasnar das mobelhas no lago e as histórias do velho, enquanto acompanhava a trajetória do cometa que era a brasa de seu cigarro riscando a escuridão.

Sob a orientação de meu avô, aprendi a falar por meio de sussurros e a me manter imóvel em um bote. Aprendi a apanhar minhas próprias iscas, a fazer um nó de pescador, a "ler" a água e a manejar uma canoa. E, mirando-me em seu exemplo, aprendi a amar o ato de pescar tanto quanto o de apanhar peixes. Meu avô nutria altas expectativas em relação a mim, tanto como pescador quanto ao homem que eu viria a ser. Depois de sua morte, em 1994, jamais deixei de levá-lo comigo, sob minha camisa, junto à minha pele, sempre que ia a um rio pescar. Meu avô sempre estava bem ali, comigo, quando um peixe era trazido para fora da água, depois de ter mordido minha isca e arqueado minha vara de pescar, que era uma extensão de meu braço, uma extensão de meu coração, uma extensão do velho que me ensinou a ter a paciência e a humildade necessárias, bem como o lema de todo pescador: "Durma cedo, levante cedo, pesque como o diabo e invente mentiras".

Desde que me mudei para o Alasca, os chinooks, ou salmões-reis, tinham se tornado minha espécie favorita de salmão, dentre as cinco nativas do Estado. Eles são extremamente exigentes, agressivos, difíceis de enganar e ainda mais difíceis de derrotar em uma luta entre homem e peixe. É do rio Kenai o título mundial de maior "rei" pescado com linha e anzol em água doce, um chinook de 44 quilos e 120 gramas — mais ou menos o peso de um estudante do sexto ano ou o da metade superior de um bebê hipopótamo. Para mim, não havia emoção mais intensa que duelar com um "rei". Considero isso algo equivalente a montar um touro de rodeio. Mas os vermelhões ocupam um honroso segundo lugar, muito apreciados por sua atitude quando fisgados e por seu rico sabor quando transformados em filés — marinados em vinagre balsâmico, alho picado, limão fresco, sal, pimenta — e grelhados. Adoro a maneira como eles costumam demorar um segundo, depois de ter mordido um anzol, antes de repuxarem a cabeça para trás. Eu podia imaginá-los dizer: "Que diabos... Puta merda!", antes de ficarem completamente malucos, zarpando pelo rio, para cima e para baixo, como gazelas com um guepardo em seu encalço. Eu gostava quando um vermelhão me dava muito trabalho; e apenas fazer com que um deles desse um repelão com a cabeça não significava que ele voltaria comigo para casa. Alguns já tinham cuspido meus anzóis, com repugnância; outros tinham desenrolado completamente meus molinetes ou arrebentado a linha. Eu vi pescadores perderem alguns deles depois de tê-los levado para a terra firme, momento em que eles desempenham o maior ato de enganação de todos: um peixe supostamente esgotado de repente pula e acerta uma rabanada no rosto de seu pescador e, em seguida, foge de volta à água, com pescadores correndo inclinados, com os braços estendidos, em sua perseguição. Eu vi vermelhões voltarem ao rio de onde haviam sido retirados e se esgueirarem pela água, com a cauda abanando velozmente, em um gesto que, para um vertebrado aquático, deve ter o mesmo significado que um dedo médio estendido em riste.

Naquele dia de julho, poucas horas depois de termos saído de Girdwood, John deixou a autoestrada Sterling e enveredou por uma estradinha de cascalho, próxima de um de meus pontos de pescaria favoritos no rio Kenai. Embora aquele não fosse exatamente um lugar secreto, também não era um bem conhecido pelos turistas. Além disso, devido ao acesso difícil, não se tratava de um lugar ao qual alguém chegaria por acaso. John havia me mostrado a localização daquele buraco quase inacessível, na reentrância de uma curva do rio, sob um despenhadeiro íngreme na margem e com espaço suficiente para não mais de quinze pessoas pescarem ali. Uma vez que um peixe fosse fisgado, o maior desafio era evitar que ele pudesse alcançar a corredeira que se iniciava logo abaixo, no rio. Se o peixe chegasse ali, entraria na "zona do adeus", antes que qualquer pescador conseguisse proferir alguma imprecação obscena; assim, eles tinham de ser trazidos para a margem imediatamente, antes de terem a menor chance de escapar.

Aquele ponto era um microcosmo de um típico bairro dominado pela máfia — cerca de 48 quilômetros adiante, seguindo pela autoestrada —, conhecido como Santuário. Eu nem sequer havia imaginado a existência de algo como a pescaria de combate até um amigo ter me convidado para acompanhá-lo em uma excursão ao rio Russian, um dia ou dois depois de ter me mudado para Girdwood. Chegamos ao lugar determinado por volta das dez horas de uma noite de verão, e eu estava "pregado". Ali estava eu, em um Estado mais de duas vezes maior que o Texas, com uma população equivalente a cerca de um terço dos habitantes da cidade de Houston; mas o Santuário se parecia mais com um engarrafamento de trânsito em plena hora do *rush* que com qualquer coisa que vagamente fizesse lembrar seu nome. Para mim, pescar era algo que tinha a ver com estar sozinho com o rio, em uma imobilidade silenciosa e em um estado de meditação interrompido apenas pela captura de um peixe, e não entre um sujeito, a um metro de distância de meu cotovelo direito, que discutia suas preferências sobre clubes noturnos, e outro sujeito, a um metro de distância de meu cotovelo esquerdo. Porém, por mais desapontado que eu me sentisse, a inacreditável quantidade de peixes que havia ali foi suficiente para me deixar com água na boca. Aquilo era o equivalente do Serengeti* no mundo da pesca em água doce.

Depois de minha iniciação, eu me esforçava para evitar as multidões caminhando até o vale superior do rio Russian. Com o passar do tempo, por mais absurdo que isso fosse, eu comecei a gostar da pescaria de combate. Comecei a apreciar a cena social e o senso de comunidade — com exceção de um ou outro idiota que ocasionalmente aparecesse por ali, uma vez que a colaboração mútua é fundamental e a única maneira possível de pescar em uma linha de pescadores sem arriscar-se a cair em um buraco profundo à beira do rio. Eu gostava da etiqueta que havia em lançar, tão longe quanto possível, quase toda a linha que houvesse no molinete e sair do caminho imediatamente, assim que

---

* O Serengeti (ou Serengueti) é um parque nacional, com cerca de 40 mil km², situado na ecorregião homônima, que abrange o norte da Tanzânia e o sudoeste do Quênia, na África Oriental. O parque é famoso por compreender o território em que passam migrações anuais de gnus, zebras e gazelas, entre maio e junho, e é considerado Patrimônio Mundial pela UNESCO desde 1981. Ali também vivem mais de 35 espécies de grandes mamíferos, como leões, hipopótamos, elefantes, leopardos, rinocerontes, girafas, antílopes e búfalos, além de outras espécies menores, como hienas, chitas e diversos macacos. Mais de quinhentas espécies de pássaro também são nativas do Serengeti, cujo nome no idioma da tribo masai — que habita o território do parque — significa "imensas planícies". [N. do T.]

alguém gritasse: "Peguei um!". Gostava da sincronização que havia entre o lançar e o reenrolar das linhas nos molinetes, como se fossem uma única entidade: *tchibum, tchibum, tchibum, flip, flip, flip; tchibum, tchibum, tchibum, flip, flip, flip* — por toda a extensão, com o mesmo movimento, no mesmo ritmo, como se os pescadores fizessem a versão de uma "ola" em um estádio esportivo.

Ursos poderiam estragar a festa a qualquer momento. Todos sabíamos disso. Mas devido ao bando de gente e à estreita proximidade entre as pessoas, o que mais me preocupava era ser atingido por uma bala perdida, caso algum pescador se apavorasse e começasse a atirar para todos os lados. No entanto, o mais provável era ser fisgado por um anzol perdido, uma vez que os vermelhões são famosos por cuspi-los, mandando-os de volta ao remetente, o que mantém a comunidade médica local bastante ocupada em removê-los das mais diversas partes da anatomia dos pescadores. Isso para não falar nos danos que um peso de chumbo pode provocar ao acertar um olho. O pessoal do setor de emergências do Hospital Central da península, em Soldotna, remove cerca de 75 anzóis por ano — às vezes, chega a cem — de bochechas, queixos, narizes, cotovelos e supercílios dos pescadores que frequentam os vários rios ao longo da península de Kenai. Eu ouvi de um técnico do atendimento de emergências do hospital de Cooper Landing que, certa vez, um desafortunado estava "tirando água do joelho" quando um anzol extraviado fisgou-lhe as partes íntimas.

Ao sul daquela loucura, John e eu vestimos nossas longas calças impermeáveis e carregamos o equipamento. Maya trotava à nossa frente, enquanto percorríamos a curta distância que havia entre o carro e um barranco íngreme. Então nos sentamos em uma pedra, com as pernas balançando sobre a beirada, saltamos, aterrissamos em uma trilha logo abaixo e seguimos nosso caminho, pelo declive acentuado de uma passagem estreita, apoiando os ombros contra o despenhadeiro da margem e nos segurando tão firmemente quanto possível com as mãos à medida que avançávamos. Chegando lá embaixo, preparamos as varas de pescar, retiramos as mochilas das costas e nos sentamos, encostados no despenhadeiro, à espera da nossa vez. Nesse meio-tempo, analisamos com cuidado o entorno, avaliando as estacas nas quais os pescadores prendem suas presas em terra firme, e a situação nos pareceu promissora. Quando o primeiro lugar vago surgiu, John apossou-se dele. Permaneci vigilante, à espera do próximo posto que pudesse ser ocupado. Após cerca de quinze minutos, outro pescador recolheu a linha e juntou seu equipamento.

— Você se importa se eu tomar seu lugar? — perguntei. Ele não se importava, então me posicionei. Minha linha já estava pronta, mas a situação não era muito boa, era difícil se acostumar à correnteza ali. Deslizei até o lugar onde o sujeito estivera e atravessei, com a água até os joelhos. Olhei rio acima e, depois, rio abaixo, atentando para o ritmo dos sujeitos que estavam a meu redor. Entrei na mesma cadência, lançando a linha em sincronia com os outros, na direção das dez horas, e, em seguida, girando como um pivô, enquanto a linha seguia rio abaixo pela correnteza, até sentir que ela ancorava com o peso exato em um ponto entre as pedras. Senti um sutil quicar, como se meu peso de chumbo brincasse de pular amarelinha na água. Quando minha vara de pescar apontou na direção das duas horas, puxei a linha de volta, fazendo o peso voar livre vários metros pelo ar e lançando-o de volta à posição das dez horas. *Tchibum, quica, quica, quica, flip. Tchibum, quica, quica, quica, flip.* Vezes e mais vezes. Depois de fazer isso muitas vezes, entrei em uma espécie de transe soporífero, enquanto o rio corria, circunavegando minhas pernas em seu caminho para o mar. Eu não poderia me sentir mais em paz. Meu avô teria ficado orgulhoso da determinação com que as lições que ele me dera no lago estavam sendo seguidas. Eu tinha crescido amando o ato de pescar tanto quanto o de fisgar um peixe — em especial naquele dia, aquecido pelo brilho do sol e a radiância de um novo amor.

Eu me encontrava assim havia uns vinte minutos, quando senti: *quica, quica, quica, tum. Espere aí!* Prendi a respiração. Era o repelão de uma cabeça. *Lá está!* Eu puxei a linha, fazendo o anzol prender-se mais firmemente.

— Peguei um!

O vermelhão acelerou. Pescadores de ambos os lados da minha posição recolheram suas linhas a toda velocidade e se afastaram do rio a fim de me dar espaço.

— Ôa! Ah, sim! Sim, senhor, tem um peixe ali! — berrei.

— Droga! Para que você está fazendo essa bagunça toda, Bigley? — John gritou. — Traga esse malvadão para cá!

Minha adrenalina estava sendo bombeada ao máximo. Eu enrolava a linha tão rápido quanto podia, antes de o peixe conseguir nadar rio abaixo, pela "correnteza sem volta". Eu enrolei, enrolei e enrolei. Apesar de seus vigorosos protestos, eu arrastei o vermelhão para mais e mais perto da margem e, então, o conduzi para a terra firme praticamente preso à ponta de minha vara de pescar. Com um último movimento rotatório, eu o trouxe para a margem do rio, onde, enfurecido e "no vinagre", ele se debateu como se as pedras fossem carvão em brasa. Larguei a vara de pescar, saltei sobre ele, prendendo-o entre minhas pernas, apanhei uma pedra e o golpeei na cabeça, bem entre os olhos, com toda força. Ele estremeceu, e eu o golpeei mais uma vez. Então o peixe ficou imóvel. Maya, encarapitada no barranco logo acima, latiu e abanou todo o traseiro.

— Este é dos bons, hein, Maya? Você o aprova? Achei que aprovaria. Boa garota.

Lavei as mãos no rio, amarrei meu peixe a uma estaca e o mantive seguro com uma pedra grande. Tornei a lavar as mãos no rio e as sacudi para secarem. Então apanhei minha vara de pescar novamente e voltei a me posicionar em meio à correnteza.

Ao cair da noite, nós dois tínhamos três vermelhões do tamanho da pá de um remo de canoagem descansando no gelo da geladeira portátil — todos apanhados durante os primeiros 45 minutos de pescaria. Após isso, parece que os vermelhões encerraram os turnos de serviço, bateram o cartão de ponto e voltaram para casa. Embora o limite diário fosse de três peixes por pescador, depois de mais de duas horas sem uma fisgada sequer, nós também demos nosso expediente por encerrado, acondicionamos devidamente os peixes, colocamos a geladeira no carro, tiramos as calças impermeáveis e tomamos o caminho de volta para casa.

Além de café, barrinhas de cereais e alguns punhados de frutas secas e castanhas, não havíamos comido nada o dia todo. Por isso, nossos "motores" estavam roncando mais alto que os de um velho Buick Skylark com o distribuidor em mau estado. Então, no caminho de volta para Girdwood, paramos para comer alguma coisa em Cooper Landing, uma comunidade de belas cabaninhas de madeira e estabelecimentos de pesca atraentemente antiquados em um trecho sinuoso da estrada que margeia o lago Kenai, na parte mais elevada do rio Kenai. Um sonolento vilarejo de 370 habitantes durante o inverno, Cooper Landing vê sua população triplicar — e nunca dormir — no verão, temporada na qual os habitantes locais e os forasteiros concentram os interesses exclusivamente em duas coisas: pescar e falar sobre pescarias. Servindo como ponto de partida para excursões de pesca rumo aos rios Kenai e Russian, os principais postos de serviço permaneciam abertos e em pleno funcionamento dia e noite — inclusive o bar no Gwin's Lodge, que, àquela época, em uma noite especialmente boa, poderia fechar às cinco horas da madrugada e reabrir a tempo de servir o café da manhã.

Paramos no Gwin's por volta das seis e meia, naquele anoitecer. Hambúrgueres e cerveja naquela construção de toras de madeira, com meio século de existência, à beira da estrada, haviam se tornado uma tradição ao final de um dia de pescaria. Entramos no bar, sentamo-nos a uma mesinha posicionada contra uma parede e fizemos os pedidos sem nos darmos ao trabalho de olhar o cardápio, pois já o conhecíamos de cor. O lugar estava lotado, com pescadores comparando seus resultados e guias campestres que paravam para tomar uma cerveja depois do trabalho — muitos dos quais conhecíamos, reconhecíamos ou com quem havíamos conversado sobre pescarias. Quando nossos hambúrgueres estavam pela metade, entreouvimos a conversa de alguns sujeitos que diziam que os vermelhões estavam se agrupando, aos montes, no Santuário. A julgar pelo teor da conversa, todos ali haviam pescado até esgotarem seus limites, sem muitas dificuldades.

John e eu nos entreolhamos, ambos pensando a mesma coisa. Eu não precisaria trabalhar senão na manhã seguinte, às dez horas; mas John teria de estar de volta ao hotel ainda naquela noite, a fim de cumprir seu turno. Eram pouco mais de sete horas, e aquela era uma noite esplêndida, na qual o sol não se poria antes das quatro horas seguintes; e, mesmo quando estivesse escuro, isso seria apenas relativo. John, afinal, desembuchou:

— O que você acha de darmos uma corrida até o Russian e, em uma passada bem rápida, apanharmos aqueles três peixes aos que ainda temos direito?

— Que diabos! É claro! — eu disse. — Vamos lá!

John, que jamais teve problemas para manter-se rigorosamente fiel às suas prioridades, telefonou para o hotel e disse que estava doente.

— Devíamos dar uma passada no Jaha, para saber se ele gostaria de molhar sua linha —, sugeri.

"Jaha" era a forma afetuosa pela qual nos referíamos ao nosso amigo Jeremy Anderson "Hard Ass",* apelido que ele havia conquistado na escola, nos últimos anos do ensino fundamental, por derrubar valentões com uma vez e meia seu próprio tamanho. Ele era um pescador nato e o mais naturalmente talentoso que eu jamais vira: um gênio na arte da pescaria, praticamente capaz de convencer um peixe a deixar de fazer drama e pular direto para sua geladeira. A melhor imagem que conservo dele vem de um dia em que estávamos naquele mesmo ponto de pescaria que acabávamos de deixar. Pondo-se em pé sobre uma grande pedra à beira da água, ele abriu uma lata de cerveja Coors Light, ergueu-a para o céu e berrou o lema: "Danem-se as Rockies!";** então levou a lata à boca, sorveu todo o conteúdo em um só gole, esmagou o recipiente contra o peito, atirou-o sobre o ombro para que caísse ao lado de sua mochila, entrou no rio e, no mesmo instante, fisgou um peixe. Todos que presenciaram a cena quase morreram de rir.

— Faça isso de novo! Faça isso de novo! — todos tentamos persuadi-lo.

Jaha, um barbudo e cabeludo nativo de Wisconsin, assim como John, trabalhava como guia ao longo do rio Kenai e morava em uma tenda armada no terreno da propriedade de seu patrão, desde que a cabana que ele alugava tinha sido vendida, a despeito de ele ainda estar vivendo nela. Ele estava em seu dia de folga e — uma vez que muitas pescarias nunca são pescarias demais — não hesitaria em sair conosco para uma rápida excursão ao rio Russian. Eu estava certo. Emily, sua namorada, também era uma boa esportista. Assim, os dois atiraram seus equipamentos no porta-malas do Subaru de John e acomodaram-se no banco de trás, com Maya, e partimos todos rumo ao rio Russian, esperando pela melhor das sortes.

---

* Em inglês, a expressão *hard ass* significa, literalmente, "bunda dura" e é usada para designar um sujeito "durão". [N. do T.]
** *Rockies* é como são chamadas as Montanhas Rochosas (*Rocky Mountains*), uma cordilheira que se estende por cinco Estados norte-americanos: Colorado, Utah, Wyoming, Idaho e Montana. Ao longo da cordilheira, há inúmeros lagos e rios famosos por serem excelentes lugares para pescaria — bem como algumas estações de esqui, muito mais frequentadas do que as do Alasca, por serem mais facilmente acessíveis. [N. do T.]

No auge da migração dos salmões, não há um só lugar disponível no acampamento do rio Russian ou em seu estacionamento. Longas filas de carros, caminhonetes e *motorhomes* aguardam na entrada por várias horas — às vezes, um dia inteiro — à espera de uma vaga que possam ocupar. Nós já havíamos estado lá tantas vezes e éramos amigos de tantas pessoas que trabalhavam ali que já tínhamos experiência. Às vezes, escondíamos o carro e entrávamos pedalando nossas bicicletas, mas a estratégia que empregávamos com mais frequência era também a mais desavergonhadamente desagradável. Dirigíamos paralelamente à longa fila de veículos e, próximo da entrada, passávamos à pista destinada apenas à saída; parávamos diante do guichê de informações e passávamos meia dúzia de latas de cerveja ao funcionário de plantão, que nos assegurava um passe de estacionamento para a próxima vaga disponível — enquanto os motoristas que aguardavam na fila nos fuzilavam com olhares.

Na noite de 14 de julho, nosso senso de oportunidade estava tão apurado que havia somente um par de carros à nossa frente, de modo que pudemos entrar no acampamento de maneira adulta e responsável, ou seja, aguardando a nossa vez e passando pela entrada de veículos. Por volta das oito e meia, ocupamos nossa vaga no estacionamento Grayling, construído no alto de um barranco que terminava diretamente no rio. Maya saltou, grudou o focinho no chão e saiu farejando, para cima e para baixo, como se fosse um detector de minas terrestres, enquanto retirávamos os equipamentos do carro. Eu saltei para dentro de minhas calças impermeáveis, que chegavam até meu peito, e deixei para trás todo o peso desnecessário. Mantive apenas algumas iscas artificiais e um alicate em meu bolso dianteiro. Apanhei a mochila, que continha uma faca para estripar os peixes, uma estaca, alguns sacos plásticos para o lixo, uma blusa de malha fina e uma malha de lã verde. Antes de concluir meu ritual, incluí na mochila uma garrafa, tamanho extragrande, de Sockeye Red IPA, da cervejaria Midnight Sun, só para dar sorte.

Dentro de três horas eu estaria cego.

Com as varas de pescar em mãos, atravessamos o estacionamento e descemos uma longa escadaria até a Trilha dos Pescadores, que corre paralelamente ao rio. Nós quatro paramos a fim de tentar pescar alguma coisa em um ponto chamado Cottonwood Hole (Buraco do Algodoeiro), mas sem sucesso. Então

John e eu decidimos nos mudar dali para o Santuário. Vivendo há pouco tempo no Alasca e surpresa com a novidade de ursos pardos fazerem parte da paisagem local, Emily não se mostrou disposta a nos acompanhar — especialmente depois de ter ouvido falar da quantidade de ursos que andavam à solta por ali naquela época. Assim, ela e Jaha permaneceram onde estavam, em um lugar no qual ela se sentia menos assustada, ou seja, mais perto da escadaria. Como todos nós, exceto John, teríamos de trabalhar na manhã seguinte, concordamos em nos encontrar no carro por volta das dez e meia. John e eu teríamos gostado de ficar por mais tempo, mas sabíamos que seria mais sensato cair fora enquanto ainda houvesse bastante luminosidade, visto que os ursos tendem a vagar à noite — ou no trecho que é considerado noite no auge do verão no Alasca. À noite era quando os pescadores preferiam estar no rio, pois os salmões tendem a nadar em maior número nessas horas, além de haver menos pessoas com quem disputá-los. Eu já tinha tido minha cota de pescarias pela noite adentro.

John, Maya e eu percorremos nosso caminho, rio abaixo. Era uma noite de segunda-feira, mas, quando os vermelhões estão migrando, sempre é noite de sexta-feira no rio Russian. Nós cruzamos a foz do rio a vau, pouco abaixo de sua confluência com o Kenai, enquanto Maya fazia sua imitação de castor, chapinhando pela correnteza somente com a cabeça, as orelhas e o focinho emergindo da água. Pouco mais abaixo, John e eu encontramos um par de buracos muito bons para ficarmos. Atentamos para o ritmo e nos juntamos, como uma dupla.

Foi preciso mais de uma hora para apanharmos aqueles últimos três peixes que perfariam nosso limite. Nada é mais fácil do que perder a noção do tempo quando se está mergulhado até os joelhos em um rio. Quando, afinal, recolhemos o equipamento, estávamos atrasados para o reencontro com Jaha e Emily. E ainda tínhamos de limpar os peixes e a própria estação de limpeza, na outra margem da foz do Russian, antes de caminharmos até o carro. Então nos encontramos com dois amigos de Girdwood, Jaelyn Rockman e Carl Roesner, e fizemos uma parada, para trocarmos histórias de pescadores. Na estação de limpeza, encontramos outro amigo de Girdwood e conversamos um pouco com ele sobre o que se revelaria uma maldição.

— Ei, caras, tenham muito cuidado, mesmo — disse ele, antes de "virar a mesa" sobre nós. — Há uma porrada de ursos rondando por aí.

— Obrigado, cara. Tomaremos cuidado.

Restavam-me trinta minutos de visão perfeita.

Cortamos os filés dos peixes, os embrulhamos nos sacos plásticos que havíamos trazido para o lixo e os guardamos na mochila de John. Apanhamos os apetrechos e começamos a caminhar de volta ao estacionamento, brincando e rindo em voz alta, no intuito de assegurar que seríamos ouvidos, como se deve fazer ao atravessar um território de ursos. Entremeávamos nossas frases com um ocasional "Olá, urso!", um assobio alto ou o meu próprio brado espanta urso, que soava mais ou menos como "Hootie-Hoo", inspirado em uma canção de *hip-hop* da qual eu gostava muito quando era adolescente. Depois de termos percorrido cerca de três quartos do caminho de volta, cruzamos com quatro sujeitos vestidos com roupas camufladas, semelhantes a fardas militares, que seguiam rumo ao Santuário. Eles levavam varas de pescar em uma das mãos e latas de cerveja Pabst Blue Ribbon na outra.

— Olá, como estão? — perguntei, com um aceno e um sorriso.

Eles passaram por nós marchando pesadamente, como se não existíssemos. John e eu nos detivemos por um segundo, olhando um para o outro.

— Isso foi estranho — John exclamou. — Imagino qual diabos será o problema deles.

— Certamente eles não pareciam estar se divertindo muito. Como alguém pode não se divertir ao pescar? Talvez apenas tenha a ver com o gosto deles por cerveja. Ouvi dizer que os peixes podem farejar o odor de uma Pabst a quase 2 quilômetros de distância!

Rimos e continuamos a caminhar.

Eu teria mais cinco minutos de visão.

Logo adiante, encontramos algo surpreendente na trilha: duas latas de Pabst, uma quase vazia, a outra ainda fechada. Ambas pareciam ter sido mordidas.

— Viva! — gritou John, enquanto se abaixava para apanhar as latas. Por mais rudes que aqueles sujeitos tivessem sido, ao menos haviam deixado uma cerveja para nós. "Obrigado, caras!" John enfiou a lata vazia em um bolso no alto da minha mochila, abriu a outra lata, tomou um gole e a passou para mim. Seguimos caminhando.

Três minutos.

Chegamos à intersecção em que a Trilha dos Pescadores, ao longo do rio, encontra-se com a trilha que leva à escadaria e dobramos a esquina. Ali, a instantes da segurança proporcionada pelo carro, Maya colou-se a meu lado e emitiu um rosnado baixo e aterrorizante.

CAPÍTULO 4

Isto não pode estar acontecendo

Um urso.

Paramos instantaneamente. Bloqueando a trilha, dez metros à nossa frente, bem diante do início da escadaria que levava ao estacionamento Grayling, estava o traseiro de um urso pardo. Ele lançou um olhar para trás, por sobre o ombro, então se virou para nos encarar sob a luminosidade do crepúsculo estival. Lentamente, eu me agachei e agarrei Maya pela nuca. John deu uns dois passos para trás, de modo que ficássemos lado a lado e parecêssemos uma ameaça maior do que de fato éramos, nada com que ele devesse brincar.

— O que você quer aqui? — sussurrei, entredentes, sem tirar os olhos do urso.

— Vamos dar um tempo a ele.

— Não sei, não. Não gosto nada disso.

Nós dois já havíamos encontrado um bocado de ursos ao longo dos anos, mas este não se parecia nem um pouco com os outros. Em vez de apresentar o comportamento típico dos ursos — rotineiramente, ao notar a presença de humanos, seguir seu caminho como se não os tivesse avistado, afastando-se; ou, melhor ainda, ao notar a presença deles, fugir correndo, tão depressa quanto possível —, este parecia disposto a defender seu território, eriçando os pelos do dorso. Ele começou a bufar e a rosnar, balançando-se para a frente e para trás e apoiando-se sobre as patas dianteiras. Precisávamos dar o fora dali. Imediatamente.

Demos alguns passos para trás, lenta e calmamente. Mantivemos um olho no urso enquanto negociávamos uma guinada para a direita, na esquina onde a escadaria interceptava a trilha paralela ao rio. Decidimos prosseguir na direção do rio acima e darmos uma volta até chegarmos ao carro, concedendo ao urso um bocado de espaço. Assim que chegamos à esquina, tratamos de desaparecer da vista dele. Continuamos pela trilha, e eu deixei Maya à solta. Ela estremeceu e, então, disparou à nossa frente. John e eu relaxamos os ombros e retomamos o ritmo normal.

— Uau! Isso foi meio louco —, comentei — Alguma coisa deve ter deixado aquele bicho realmente irritado. Fico imaginando se aqueles caras com quem cruzamos... Ah, merda!

Paramos abruptamente. Logo adiante, as ramagens dos arbustos agitavam-se de modo violento. John me agarrou pelos ombros e me puxou um passo para trás. Meu estômago pareceu mergulhar, e meu coração parecia um punho golpeando meu peito por dentro, como se quisesse fugir dali. Aquele urso estava nos emboscando? Teria ele dado uma volta para interceptar nosso caminho mais à frente? Na mesma hora, sem que precisássemos discutir a respeito, demos meia-volta e zarpamos por onde viéramos. Mas não fomos muito longe.

Em um piscar de olhos, o urso que pensávamos ter deixado para trás irrompeu da vegetação na esquina diante de nós muito rapidamente. Com a cabeça baixada, as orelhas achatadas contra o pescoço, os olhos chamejando, ele havia superado Maya na corrida. Maya ganiu e saltou para um lado da trilha, evitando o confronto direto. Sem hesitar, o urso arremeteu na direção de John, que saltou de lado, mergulhando nos arbustos com um impulso tão forte que quase deixou as calças impermeáveis de pescaria caírem ali mesmo, na trilha. O urso passou por ele como um míssil, fixando o olhar em mim.

Lembro-me que aqueles olhos eram amarelos e brilhavam como cometas. Aqueles olhos eram as últimas coisas que eu iria ver.

Nos nanossegundos de que dispunha para decidir como me salvar, eu me virei, dei dois passos correndo e mergulhei, de cabeça, para fora da trilha, nos arbustos. O urso me atingiu como se eu fosse um saco de pancadas, antes que eu alcançasse o chão. Ele afastou e atirou minha coxa esquerda para o ar com um poderoso golpe de sua pata. Caindo em uma barragem de galhos, que se partiram, aterrissei de um só golpe, tendo o ar bruscamente expulso de meus pulmões, em uma explosão de dor.

A movimentação em câmera lenta é cruel, pela maneira como extrai e expõe todo o horror de cada segundo, que rasteja e se arrasta. *Isto... não... pode... estar... acontecendo.*

Com as garras cravadas em minha perna, o urso me puxou de um emaranhado de arbustos de volta para a trilha, com movimentos desastrados como os de um cachorro que brinca de cabo de guerra com uma meia velha. Jazendo com o rosto voltado para baixo, os dedos entrelaçados sobre a nuca e os cotovelos firmemente pressionados contra as laterais de minha cabeça, tentei fingir-me de morto. De algum ponto acima, ouvi urros anormais, primais, que não soavam humanos. Em um primeiro momento, não consegui me dar conta de que os sons provinham de minha própria garganta.

A três metros de distância, golpeado e arranhado pelos galhos partidos com o impacto — os quais haviam feito uma peneira de suas calças de pescaria —, John jazia em meio à densa vegetação, armado com nada além de uma vara de pescar. Ele ouvia os rugidos, os gritos e o ruído dos golpes do urso que me massacrava. Com os olhos esbugalhados, o peito pesado e incapaz de enxergar qualquer coisa a mais de meio metro diante de si, ele se ergueu sobre os cotovelos e começou a rastejar freneticamente por uma massa de galhos pontiagudos e espinhos que fizeram sangrar suas mãos e seu rosto. Ao alcançar o limite da vegetação, ficou em pé, cambaleou e começou a correr, gritando por socorro. Ao se lembrar dos peixes que carregava nas costas, pensou que eles serviriam de iscas para o urso, então se desvencilhou das alças da mochila e a atirou para o meio do mato, para o mais longe que pôde, enquanto corria. Não muito distante, ele fez uma parada no Buraco do Algodoeiro, onde, pouco antes, estivéramos todos pescando juntos. Hiperventilando, começou a andar para a frente e para trás, com suas galochas. Ele se sentia mal por ter me abandonado e fugido, mas o que fazer? *Que fazer? Que fazer?* O impulso de voltar àquele ponto o oprimia, mas havia o urso... Ele se voltou e correu na direção do estacionamento, com as mãos em concha ao redor da boca, berrando a plenos pulmões:

— SOCORRO! ALGUÉM AJUDE!

Depois de esquivar-se do urso, Maya saíra em disparada na direção do rio abaixo, mas voltou para onde estávamos ao ouvir os gritos de John.

— Caia fora daqui! — ele berrou, chutando-lhe o peito, em parte para o próprio bem dela, em parte por temer que um cão assustado pudesse tornar as coisas ainda piores. Maya ganiu, deu meia-volta e tornou a correr pela trilha, na direção do Santuário. Ainda ao alcance de minha audição, John parou a fim de ouvir o que houvesse à sua volta. Tudo quanto ele podia ouvir eram alguns cães ladrando ao longe e o rumorejar do rio lá embaixo. Eu desmaiei, e o urso deve ter dado alguns poucos passos, à espera de alguma reação e no intuito de observar sua presa, como os ursos costumam fazer ao neutralizarem uma ameaça, real ou subentendida. Pensando que o urso já tivesse se afastado, John me chamou:

— Dan! DAN! VOCÊ ESTÁ BEM?

Ele mal poderia distinguir, mas me ouviu resmungar. O urso também me ouviu. Ele voltou, e os rugidos, o ruído de galhos sendo quebrados e os gritos de pavor recomeçaram. De repente, senti o chão começar a correr sob meu corpo e minha cabeça bater em raízes protuberantes e pedras — uma das quais me acertou com tanta força que me fez perder a consciência. O urso me arrastou por cerca de 6 metros de distância da trilha, em meio ao mato alto, barranco abaixo. Quando me dei conta, ele estava sobre mim, ofegando. Eu podia sentir o volume de seu hálito quente e malcheiroso pesar sobre meu rosto.

Ah, merda! Meu rosto!

Em algum momento entre bater a cabeça e recobrar a consciência, o urso havia me virado. Agora ele estava sobre mim, imobilizando meu corpo, com as garras profundamente cravadas em meus ombros, pregando-me ao chão e esmagando meus ossos com seu peso. Com meus braços inutilizados, eu nada podia fazer para detê-lo, quando ele inclinou a cabeça para um lado e cerrou suas mandíbulas no meio do meu rosto.

Crunch. Como a mordida de uma boca cheia de cascas de ovos. *Crunch, crunch*. Alguma coisa dentro da minha cabeça fez *POP*.

Houve um *flash* e, então, um despertar, em algum lugar diferente, suspenso em uma luminosidade azul. Eu flutuava, solto, como se a gravidade tivesse desistido de agir sobre mim. Eu não sentia medo, nem dor. Era tão agradável. Tão estranho. Olhei ao meu redor. Eu estava completamente sozinho, ao sabor de uma brisa azul. Então, eu soube que estava morrendo. Não resistir a isso era muito tentador. Era, de fato, muito tentador seguir flutuando para fora deste mundo.

Uma imagem de minha mãe formou-se em minha mente, como a de um velho filme caseiro, de um tempo em que ela era jovem e saudável. Ela estava ali, parada, em uma floresta azul e oscilante, sorrindo e acenando. Ela parecia estar tão feliz quanto eu jamais a vira em muitos anos. Ela cintilava; e eu cintilava também. Aquela era a forma mais pura de conexão entre mãe e filho: havia apenas eu e a mulher que tinha me trazido para este mundo. Uma onda de euforia me envolveu, como se fosse de seda. Eu senti a presença de familiares e amigos me apoiando, infundindo-me amor. Senti que minhas forças retornavam e, com elas, minha vontade de viver.

Eu sabia que tinha de fazer isso. Eu teria de lutar para me manter vivo, não importando a que custo. Lembro-me de ter tomado essa decisão conscientemente. Lembro-me de ter prometido a mim mesmo que, se lutasse e sobrevivesse, eu jamais olharia para trás para lamentar o que havia acontecido. Eu ainda não sabia que o ataque havia me deixado cego.

Assim que tomei essa decisão, minha mãe desapareceu, mas eu não estava sozinho. Uma figura materializou-se ao longe, revelando-se uma silhueta recortada contra um brilho estelar de luminosidade azul: meu avô, falecido há tanto tempo. Reconheci suas pernas esguias e o contorno de seu boné de beisebol favorito. Vovô meneou a cabeça, e eu interpretei o gesto como sua forma de aprovação acerca de minha decisão de não desistir.

Então eu me encontrei deitado em uma mesa, com aqueles a quem eu amava reunindo-se à minha volta — não em forma humana, mas em essência, como refulgentes ondas de luz. Eles davam-se as mãos em um círculo, infundindo-me amor e energia. Blair Carter e Martha McCord, meus amigos da Prescott, supervisionavam a sessão, falando em um idioma antigo que eu não podia compreender, mas não sentia ser necessário. Os outros falavam em sussurros velados, sem mover os lábios. Telepaticamente, eles me fizeram saber de sua grande satisfação por minha decisão, mas todos estavam muito preocupados, pois sabiam que eu havia escolhido percorrer o mais árduo entre dois caminhos possíveis. Eles queriam que eu descansasse um pouco, antes de retornar a meu corpo à beira do rio. Que eu ficasse imóvel, que respirasse, apenas mais alguns instantes. Eles queriam que eu descansasse. Apenas descansasse.

Então chegou o momento. Blair acenou com a cabeça, dizendo-me que eu estava pronto para partir. Os amigos que formavam o círculo soltaram-se as mãos e as ergueram, espalmando-as, deixando-me ir, como se libertassem um passarinho. Logo, eu não mais flutuava sobre minhas costas, mas olhava para baixo, para uma imagem que ondulava, refletida nas águas do fundo de um poço: meu próprio corpo, encolhido em posição fetal, sobre o chão da floresta. Lentamente, desci até ele. A escuridão tomou o lugar da luminosidade azul. Eu podia ouvir as folhas agitando-se com a brisa suave a meu redor e o rio correndo mansamente a caminho de seu encontro com o mar. O urso tinha ido embora. Tudo estava calmo. Eu estava vivo.

A dor começou a voltar a meu corpo, a princípio devagar, depois com rapidez frenética, latejando e penetrando profundamente nos músculos e nos ossos. Senti gosto de sangue arranhando minha garganta. Tossi.

Onde está John? Onde está Maya? Por quanto tempo fiquei caído aqui?

Tentei gritar, mas tudo que consegui foi emitir um arquejo patético. Tentei me sentar, pensei em me arrastar de volta à trilha. Meus braços, como sacos de areia pendentes, não respondiam. Minhas pernas pareciam estar acorrentadas, como se poderosas raízes emergidas do solo as tivessem imobilizado. Mais uma vez, tentei me levantar... e falhei. Eu podia ouvir o sangue gotejar de meu rosto e atingir a relva. *Plinc... plinc... plinc...* Eu podia sentir o sangue ser represado dentro de minhas calças impermeáveis. *Meu Deus, isso dói. Isso dói demais!* Minha mente começou a vagar, dando rédeas soltas aos pensamentos mais loucos.

Cara, eu preciso trabalhar pela manhã. Agora, provavelmente chegarei atrasado. Que ótimo! Eu deveria levar os garotos àquela aula de orientação com bússola amanhã, e as chaves da van estão no meu bolso. Como você bagunçou as coisas, Bigley... A mamãe e o papai vão ficar muito bravos. E Amber? O que ela vai pensar de você, agora que se deixou ser atacado por um urso?

Deitado de costas, ensopado e enrijecido, fraco demais para me movimentar, meus pensamentos continuaram a girar, até que senti vontade de dormir.

Por quanto tempo eu estive deitado aqui? Meia hora? Mais? Alguém sabe que estou aqui?

Comecei a tremer. Só um pouquinho, a princípio; depois, de forma violenta.

John, onde você está? Venha depressa, por favor. Estou com frio. Muito frio.

CAPÍTULO 5

Aguentando firme, no escuro

Anos se passaram, antes que eu pudesse juntar as peças do que havia acontecido nos minutos, horas, dias e semanas que se seguiram à minha decisão de lutar pela vida. Infelizmente, eu me recordo de maneira muito vívida de alguns dos momentos mais perturbadores do meu encontro com o urso, mas me recordo apenas de fragmentos do que aconteceu depois que o lugar azul se dissolveu na escuridão e eu me vi caído no chão, sozinho, na floresta. Os amigos com quem eu havia pescado naquele dia, bem como os médicos, os agentes da lei, do serviço florestal e outros oficiais chamados à cena, além das pessoas que estavam lá embaixo, no rio, ou lá em cima, no acampamento, preencheram as lacunas com detalhes do meu resgate. E eu continuo a encontrar gente que, de vez em quando, me conta alguma coisa mais, como recentemente — oito anos depois desses acontecimentos —, quando eu saía de um banheiro.

— Ei, você é Dan Bigley?

— Sou, sim. E você?

— Eu sou Wes Masters. Eu estava com você na ambulância, naquela noite.

Médicos, cirurgiões, enfermeiras, atendentes de hospitais, meus familiares, meus amigos e muitas outras pessoas que passaram pela minha vida sem que eu soubesse me ajudaram a reconstituir um período do qual não tenho lembranças. Eles me ajudaram a dar algum sentido às alucinações induzidas pela morfina — ou "sonhos", não estou certo de como me referir a essas coisas —, que ocasionalmente interpunham-se à realidade, enquanto eu me agarrava à vida em alguma unidade de terapia intensiva. Descrições físicas de pessoas, lugares e acontecimentos que eu não podia ver e das expressões, dos gestos e da linguagem corporal dos que estavam à minha volta foram proporcionadas por muita gente ao longo do caminho.

Eu sei que as lembranças — as minhas e as dos outros — podem ser mutáveis. Elas podem desaparecer, evoluir e serem distorcidas, tanto pelo calor do momento quanto pela passagem do tempo. Porém, até onde eu posso determinar, as coisas aconteceram mais ou menos assim.

Mais ou menos ao mesmo tempo em que John e eu recolhíamos nosso equipamento a fim de deixarmos o Santuário, Jaha e Emily subiam a escadaria no intuito de chegar ao estacionamento. Ao encontrar as portas fechadas, eles encostaram as varas de pescar na lateral do carro de John, livraram-se das mochilas e sentaram-se ao lado de seus apetrechos. Quinze minutos se passaram, e então trinta. Embora oficialmente o sol ainda não tivesse se posto, ele já havia se ocultado atrás das montanhas havia um bom tempo, por isso devia ser por volta das onze horas da noite. Aquela era uma bela noite para matar o tempo, mas ambos tinham de trabalhar na manhã seguinte e estavam ficando um tanto impacientes. Mais alguns minutos se passaram. Eles imaginaram que diabos poderia estar nos detendo por tanto tempo.

Então eles notaram a presença de várias pessoas tirando fotografias sobre o barranco acima do rio e foram até lá a fim de saber o motivo. O motivo era a presença de ursos. Emily não estava no Alasca há muito tempo e ainda não tinha visto um urso. Jaha, que trabalhara no acampamento do rio Russian no verão anterior e, desde então, havia arranhado um emprego fixo como guia das redondezas do rio Kenai, já tinha visto uma porção deles — em especial nos últimos tempos; algo como quinze ursos somente na semana passada, principalmente à noite. Avistar um urso era sempre algo emocionante, mas alguma coisa havia ido longe demais daquela vez. Rio acima, uma grande fêmea de urso pardo acompanhada de dois filhotes tinha sido vista caminhando pela água, balançando a cabeça de um lado para outro, estapeando a superfície com a pata, claramente empenhada em desempenhar alguma tarefa. Para Jaha pareceu que os filhotes não davam muita atenção a ela, que, por sua vez, não estaria aceitando muito bem a situação. Então, os filhotes alcançaram uma margem e desapareceram no meio da vegetação, rumo à Trilha dos Pescadores, que corria paralelamente ao rio. A mamãe ursa deixou o que estava fazendo e embrenhou-se no mato, atrás deles, percorrendo uma trajetória que deixou Jaha com uma sensação desagradável no fundo do estômago.

Momentos depois, quatro sujeitos com camisetas camufladas e calças verdes, ao estilo militar, começaram a descer pela escadaria, todos bem equipados e prontos para apanharem alguns vermelhões. Cada um deles portava uma vara de pescar em uma das mãos e uma lata de cerveja Pabst Blue Ribbon na outra.

— Ei, camaradas — Jaha gritou —, só para informar, eu acabo de ver uma mãe ursa com dois filhotes lá embaixo; e a mamãe parecia estar muito brava. Tem havido uma grande movimentação de ursos por aqui, ultimamente, à noite, por isso é melhor vocês redobrarem o cuidado.

— Está bem, obrigado. Nós somos daqui e estamos armados. Não estamos preocupados com ursos.

— Tudo bem — Jaha respondeu, encolhendo os ombros. Babacas — pensou ele. — Bem, boa sorte na pescaria, então.

Ele assistiu aos homens marcharem escadaria abaixo e desaparecerem em uma rota de potencial colisão com uma fêmea de urso estressada. Ele e Emily permaneceram no barranco por mais alguns instantes e, depois, caminharam de volta para o carro. Emily apanhou um maço de papéis para enrolar cigarros e um saquinho de tabaco American Spirit; enrolou um cigarro e o acendeu. Então, ouviram-se os gritos. Gritos pavorosos, horripilantes.

A ursa havia apanhado alguém, Jaha tinha certeza disso. Ele estremeceu, presumindo que fosse um dos sujeitos a quem ele havia tentado prevenir. Ele e Emily correram até o barranco e se debruçaram sobre a mureta na tentativa de avistar algo lá embaixo. Eles não conseguiram.

— Vocês estão bem aí embaixo? Ei! Está tudo bem com vocês, camaradas?

Ouviram-se mais gritos, ruídos de algo quebrando e pancadas. Um urso rugia. Então, ouviu-se uma segunda voz clamando por socorro. Emily ficou imóvel, enquanto Jaha começava a descer a escadaria apressadamente. Ele não foi muito longe. Em vez disso, deu meia-volta e correu para Emily, com um brilho insano nos olhos.

— Emily, CORRA!

Os filhotes estavam subindo a escadaria, e ele sabia que a mãe deles não deveria estar muito longe. De fato, ela não estava muito longe, ela atacava alguém no barranco, em um ponto logo abaixo do lugar onde Emily se encontrava.

Fugir de um urso é, quase sempre, uma má ideia — segundo dizem pessoas que ganham a vida estudando ataques de ursos. Os ursos pardos podem parecer desajeitados, mas conseguem correr como um pé-de-vento, alcançando velocidades superiores a 56 km/h. Jaha sabia disso, mas seus instintos ordenaram que ele corresse, e não havia tempo para discussões.

Eles correram para tentar chegar aos sanitários, onde havia paredes de concreto e portas metálicas. Um lugar à prova de ursos.

Não houve tempo.

Emily, apenas alguns passos à frente, alterou seu curso e rumou para uma Chevy Blazer que havia estacionado apenas quinze minutos antes. Aquele era o veículo mais próximo dela, e o vidro da janela traseira não existia mais, havia sido estourado com um taco de beisebol pela namorada enfurecida do proprietário na noite anterior. Assim são as tortuosas maneiras de manifestação do *karma*. Ainda vestida com suas calças impermeáveis de pescaria, Emily tentou escalar o carro no intuito de entrar pela janela quebrada, mas seu pé escorregou sobre o para-choque. Jaha apenas teve tempo de apoiá-la, empurrá-la para dentro do veículo e mergulhar pela mesma abertura, atrás dela. Olhando por sobre seu ombro enquanto corria, ele viu a cabeça da ursa aproximar-se, com a boca e o focinho sujos de sangue.

Eles rolaram sobre o banco traseiro e, dali, para a dianteira do carro, onde se abaixaram. Jaha cobria o corpo de Emily com o seu próprio. A ursa, bufando e rugindo, circulou em torno da Blazer. Uma, duas vezes. Aterrorizada, ela escalaria o veículo atrás deles ou simplesmente o invadiria arrebentando outra das janelas. Emily desvencilhou-se e acionou a buzina.

Biiiiip! Biiiiip! Biiiiip!

Jaha ergueu a cabeça bem a tempo de ver a fêmea e seus filhotes dispararem, atravessando o estacionamento e desaparecendo no meio do mato. Sem ter tido tempo de pensar em atirá-lo longe, Emily ainda mantinha o cigarro que enrolara entre os dedos. Jaha, que não fumava, apanhou-o e deu duas longas e profundas tragadas antes de devolvê-lo à dona. Tremendo até os ossos,

Emily continuava a tocar a buzina, esperando atrair algum tipo de ajuda. Ninguém apareceu.

Enquanto isso, dois integrantes da Guarda Nacional do Alasca, os sargentos David Roberson e Bryan Irby, voltavam do Santuário quando Maya apareceu correndo pela trilha. Coisa estranha, eles pensaram. Enquanto limpavam seus peixes, eles tinham visto aquele mesmo cão trotar na companhia de dois sujeitos que tomaram o caminho de volta não muito antes deles. Eles prosseguiram sua trajetória com Maya seguindo-os de perto e, cinco minutos depois, ouviram alguém gritar, pedindo socorro. Eles correram na direção da voz e encontraram John no Buraco do Algodoeiro. Ele tremia tanto que mal conseguia articular as palavras.

— Um urso... pegou meu amigo! Eu não sei... como ele está... nem mesmo se está vivo. Nós temos de ajudá-lo. — John meneava a cabeça como se não acreditasse no que ele mesmo dizia, com os punhos cerrados. — Mas... e se o urso ainda estiver lá? Vocês têm uma arma?

— Não, nós não temos uma arma. Mas não se preocupe. Nós vamos ajudar você e seu amigo. Agora tente respirar fundo algumas vezes.

Os três depositaram sua fé nas estatísticas e, cautelosamente, puseram-se a caminho do ponto em que John tinha me visto pela última vez. Rumando na direção do rio acima, um pouco depois da curva que levava à escadaria, uma história macabra havia se desenrolado à beira da trilha. Uma vara de pescar aqui, um par de calças de pescaria ali, uma lata de cerveja Pabst Blue Ribbon, um boné de beisebol verde com o logotipo da Bonfire bordado na frente... Sulcos na trilha denotavam que algo pesado havia sido arrastado sobre o cascalho. E havia um rastro de sangue.

— Dan! — gritou John, enquanto eles se aproximavam. —Dan! DAN!

Eles ouviram os gemidos e me encontraram no lugar para onde eu havia sido arrastado, barranco abaixo, a cerca de sete metros da trilha. Ali eu jazia, encolhido, deitado sobre um lado do corpo em um relvado, em uma área completamente manchada de sangue em um raio de três metros. Havia sangue por toda parte. A boca de John se abriu, mas nenhuma palavra saiu dela. Roberson pediu que ele se afastasse. Então tirou sua camiseta e a usou para cobrir minha cabeça, aplicando alguma pressão para estancar o sangramento, enquanto Irby procurava por outros possíveis ferimentos.

— Quantos anos você tem? — Roberson me perguntou, sabendo da importância crucial de me manter acordado.

— Vinte e cinco — balbuciei.

— Você sabe que dia é hoje?

Silêncio.

— Não — eu disse, afinal.

— Você consegue se mover? Os braços ou as pernas?

Sem resposta. Temendo que eu logo perdesse os sentidos, eles saíram em busca de auxílio. John ficou comigo para manter a pressão aplicada e evitar que eu dormisse. Assim que eles saíram do alcance de sua visão, John caiu de joelhos a meu lado.

— Ah, Dan — ele disse, quase sussurrando, tão aliviado por ter me encontrado que sua desolação quase não transparecia.

— Estou fodido, cara — resmunguei. — Estou fodido *mesmo*.

— Não, não! Você está bem, mano. Você vai ficar legal.

Eu iria ficar qualquer coisa, menos "legal". Meu rosto era uma massa informe e, em meio a todo o sangue e a sujeira, John não havia notado que meus olhos não estavam onde deveriam estar. Tudo em que ele reparou foi no fato de eu ainda estar respirando. Uma calma surreal apossou-se dele, enquanto fazia tudo quanto podia para evitar que eu entrasse em choque — e evitar que ele mesmo entrasse em choque. Temendo sangrar até a morte e tendo feito treinamento de Atendente de Primeiros Socorros Florestais, tentei ajudá-lo.

— John — arquejei —, preciso de mais pressão em minha cabeça. Não muita; apenas a mantenha firmemente segura. Deus, isso dói. Isso dói muito!

John fechou os olhos e distendeu seu corpo para trás. Ele invocou seus bisavós mortos, que acreditava tomarem conta dele, para que mexessem alguns pauzinhos por mim lá em cima.

Lá no estacionamento, com toda a gritaria, os carros buzinando e a cacofonia dos cachorros latindo no acampamento, as pessoas esticavam a cabeça para fora de suas tendas ou das janelas de seus *motorhomes*, na tentativa de entender que diabos estaria acontecendo. No assento dianteiro da Blazer, tão logo se assegurou de que os ursos haviam ido embora, Jaha começou a tentar sair do veículo pela janela quebrada, no intuito de conseguir ajudar a quem quer que tivesse sido apanhado por aquele urso.

— Aonde você *está indo*? — Emily indagou, exigindo uma resposta.

— Aquela gente lá embaixo precisa de ajuda.

— Você está brincando comigo? Eu não vou sair deste carro.

— Bem, eu vou.

Enquanto corria para a Blazer, o único pensamento que ela tinha em mente era que a sua hora havia chegado, ela iria morrer. Por isso, ela não estava nada disposta a praticar quaisquer atos de heroísmo.

— Por favor, não vá — ela implorou.

— Você pode ficar aqui. Você estará bem; os ursos já se foram. Eu voltarei assim que puder.

Ela não pretendia deixá-lo ir sozinho, então escalou o banco traseiro do carro e saiu atrás dele. Eles perscrutaram o estacionamento e, então, correram até o *motorhome* estacionado mais próximo de onde estavam.

Frank e Celeste Valentine, antigos habitantes do Alasca, vindos da Geórgia para uma visita, haviam percorrido toda a autoestrada do Alasca a bordo de seu *motorhome* e, agora, passavam o verão borboleteando entre seus pontos de pesca favoritos, para cima e para baixo na península de Kenai, e fazendo visitas a familiares em Anchorage. O coronel Valentine, um ex-*ranger* do exército norte-americano que pescara religiosamente nos rios do Alasca durante os anos em que servira no Forte Richardson, também havia pescado no Santuário naquela noite. Ele tinha subido de volta pela mesma trilha, não muito antes de nós, apenas tempo suficiente para guardar os três vermelhões que havia fisgado no *freezer* do *motorhome*, se lavar e se preparar para dormir. Ele e Celeste haviam acabado de se deitar, quando ouviram toda a agitação: a princípio, uma gritaria vinda do alto e, então, da parte baixa do barranco. Não muito tempo depois, alguém passou a acionar incessantemente a buzina de um carro.

Celeste ergueu a cabeça do travesseiro. "Imagino qual será o motivo de tudo isso."

Alguns garotos fazendo uma festinha, imaginaram eles. Então eles ouviram passos apressados pela floresta, que se aproximavam mais e mais, e alguém batendo na porta deles.

— Não sei se deveríamos atender — Celeste sussurrou.

Mas o coronel tinha outra opinião. Ele se levantou, vestiu uma calça *jeans*, apanhou a Magnum .44 que havia emprestado de seu genro, escondeu-a às costas e, devagar, entreabriu a porta. Lá fora, Jaha e Emily aguardavam, com os olhos arregalados e quase sem fôlego.

— Por favor, você pode nos ajudar? Nós quase fomos atacados por uma fêmea de urso com dois filhotes, e esse mesmo animal acaba de atacar alguém, lá embaixo, no final da escadaria.

O coronel Valentine deixou a porta aberta enquanto baixava a arma. Ele calçou um par de tênis, apanhou seu telefone celular da mesa e o enfiou no bolso da calça. Então colocou a Magnum .44 em um coldre e afivelou-a à cintura; depois vestiu uma camiseta. Embora ainda houvesse luz suficiente para ler ao ar livre, já estaria muito escuro lá embaixo, sob o despenhadeiro; por isso, ele apanhou uma lanterna no momento em que saía. Os três caminharam pelo estacionamento.

— Eu não vou até lá embaixo de jeito nenhum — protestou Emily.

Os homens a deixaram diante dos sanitários, onde ela entrou e se trancou. Então eles desceram a escadaria. John os ouviu enquanto se aproximavam e subiu até a trilha para encontrá-los.

— John! — Jaha engasgou ao vê-lo parado ali, parecendo muito confuso. — John, onde está o Dan?

John os conduziu até o ponto onde eu estava.

— Este é o Dan. — Ele levantou um pouco a camiseta que cobria minha cabeça e Jaha cambaleou, afastando-se.

O coronel Valentine, um combatente veterano que havia servido por três turnos no Vietnã, ficou com a sensação de que uma bomba havia explodido bem diante do meu rosto. *Meu Deus, esse rapaz foi apanhado em cheio e irá morrer aqui mesmo.* Ele sacou o celular do bolso e digitou 9-1-1, surpreendendo-se por ter conseguido fazer isso.

— Nove-Um-Um. Qual é a emergência?

— Meu nome é Frank Valentine. Estou no rio Russian, na parte de baixo do estacionamento Grayling. Há um rapaz caído aqui, que foi atacado por urso. Precisamos de uma unidade médica de evacuação imediatamente. Nós estamos...

A ligação foi interrompida antes de a telefonista confirmar que ouvira o que ele havia dito. Ele tentou redigitar o número, mas a recepção estava muito ruim. Ele tentou mais uma vez, mas a chamada não foi completada. Mais uma tentativa. Sem sucesso. Alguns minutos depois, o telefone dele tocou.

— Eu enviei patrulheiros da Polícia Estadual de Soldotna na sua direção, e equipes médicas de emergência estão a caminho, partindo de Cooper Landing. Você poderia me dizer...

A ligação foi interrompida mais uma vez. Mas, ao menos, ele sabia que o socorro estava chegando. Àquela altura, John parecia estar completamente esgotado.

— Ei, cara, me deixe te substituir — Jaha sugeriu. Eles trocaram de lugar, e John ficou ali, parado e em silêncio, com os ombros curvados, congelado em sua descrença.

— Por que você não sobe até lá e espera com Emily? Ela está se escondendo no banheiro, e tenho certeza de que vai gostar de sair de lá. Diga a ela o que está acontecendo aqui embaixo. Diga que não foi um daqueles babacas. Diga que foi Dan.

Àquela altura, já estava bastante escuro lá embaixo. Eles disseram que em certos momentos eu falava ("Onde está Maya? Onde está a minha cadela? Alguém viu a minha cadela?") e, no instante seguinte, ficava em silêncio absoluto. Falava e me calava; apagava e voltava à consciência. Jaha controlava minha pulsação — que era muito inconstante, até começar a enfraquecer e, por fim, parar. *Ah, Jesus*! De joelhos, debruçando-se sobre mim, ele começou a fazer uma massagem cardíaca, mas antes que pudesse completar a primeira compressão, eu já lutava para respirar como se alguém tivesse me puxado do fundo de uma piscina.

À medida que a notícia corria, uma multidão começou a se formar. Alguns se mantinham em guarda, com .44s ou escopetas, uma vez que ninguém sabia ao certo onde a ursa estava. Mesmo que ela já estivesse bem longe dali, ainda havia um bocado de ursos nervosos rondando a área. Outros iluminavam o local com lanternas e lampiões e ofereciam jaquetas e cobertores para ajudar a me manter aquecido. Mas nem todos foram de alguma ajuda.

— Ah, meu Deus! — um homem exclamou, suspendendo o fôlego e cobrindo a boca com as mãos. — E-ele está morto? — O coronel Valentine encarregou-se de afastá-lo dali.

— Você sabe o que seria de grande ajuda? Por que você não sobe até a estrada e espera a ambulância, a fim de se assegurar que eles nos encontrem aqui?

Entre os primeiros a responderem ao chamado e a pularem da cama estava Todd Wilson, chefe do corpo de bombeiros voluntários de Cooper Landing, que morava a poucos quilômetros de distância. Ele desceu a escadaria com seu *kit* de atendimento médico e se deparou com uma cena caótica, com uma multidão agitada. Eu estava deitado sobre meu lado direito, com a cabeça repousando sobre meu braço, no intuito de evitar que o sangue descesse por minha garganta.

— Para que essa camiseta? — ele perguntou.

— Você não vai querer saber — disse Jaha, com um tom de voz suficientemente baixo para que eu não o ouvisse. — Você não vai querer ver isso.

— Bem, vou ter que movê-la para ver o que está acontecendo.

— Bem, eu tenho de fazer isso.

Jaha meneou a cabeça. Juntos, eles levantaram um pedaço da camiseta, com todo cuidado. Foi o suficiente. Eles tornaram a baixar a camiseta. Em vinte anos como atendente de primeiros socorros, aquele era o pior ferimento que Wilson já tinha visto, e ele não se sentia disposto a tocá-lo. Ele prendeu a respiração e verificou meus sinais vitais. Depois apanhou uma tesoura em seu *kit* médico e cortou minhas calças de pescaria, do peito até a cintura, a fim de verificar se havia outros ferimentos. Até aquela altura, eu estava completamente consciente, animado pelos fluxos de adrenalina. Eu perguntava seguidamente por Maya. Ninguém parecia acreditar que eu ainda conseguisse falar, muito menos que me preocupasse com minha cadela. Mas o momento que de fato sensibilizou a todos foi quando comecei a perguntar:

— Eu consigo ouvir vocês, caras, mas por que não consigo vê-los?

Carrie Williams, que vivia perto da casa de Wilson, estrada acima, foi a próxima profissional médica a chegar à cena — e também a mais credenciada, como Técnica em Atendimento Médico de Emergências Nível III. Ela já estava dormindo há um bom tempo quando o rádio comunicador sobre o criado-mudo, ao lado de sua cama, emitiu o sinal de emergência. Ela despertou imediatamente, resmungou e se voltou para o marido, um ex-*marine*, que conhecia sua rotina tão bem que ela nem sequer precisou pedir:

— Meu bem, você pode esquentar o motor da caminhonete, por favor?

Ela rolou para fora da cama, vestiu-se, desceu as escadas e pulou para dentro de seu macacão de trabalho, que ficava pendurado atrás da porta. A caminho da saída, apanhou suas luvas e o capacete, antes de assumir o volante da caminhonete, com o motor funcionando em ponto morto. Na garagem das ambulâncias, diante da agência do correio no lado oposto da rua, ela encontrou seu colega de equipe Phil Weber. Ambos saltaram para dentro de uma ambulância e, com a sirene ligada e as luzes piscando, rumaram pela autoestrada Sterling até chegarem ao estacionamento Grayling, por volta de uma hora da manhã. Algumas pessoas que ali se encontravam conduziram Williams até a cena, enquanto Phil permanecia lá em cima, atento ao rádio, esperando por novas ordens. Ela olhou com cuidado em um ângulo de 360 graus, no intuito de se assegurar de que entre os ursos e as muitas armas de fogo não houvesse outro acidente esperando para acontecer. Então, ela depositou seu *kit* de atendimento médico no chão e se ajoelhou ao meu lado, no relvado.

— É com isto que estamos lidando aqui — disse o coronel Valentine, enquanto levantava a camiseta.

Respire. Mantenha o foco.

— Tudo bem. Já entendi.

Ela guardou sua reação natural para mais tarde. Apenas fora de serviço, ela permitiu que as coisas que tinha visto a afetassem. Assim como da vez em que trabalhara em um acidente automobilístico que havia deixado feridos uma mãe e vários de seus filhos, além do mais novo, um bebê que, atado ao assento do carro, teve morte cerebral. A mãe e a avó em Carrie não afloraram senão até que ela chegasse em casa e, apenas então, ela começou a tremer. Apenas então ela se dobrou sobre si mesma e vomitou.

Naquele momento, no "modo de funcionamento" de uma atendente de emergências médicas, ela assumiu a responsabilidade pelo local e chamou Phil pelo rádio:

— Precisaremos de uma padiola aqui embaixo. Também vamos precisar de um colar cervical, soro intravenoso, mantas térmicas, oxigênio...

Pessoas que estavam no estacionamento ajudaram a carregar todo o equipamento lá para baixo, e todos se mantiveram a distância enquanto ela e Phil trabalhavam sobre mim. Eles checaram minhas vias respiratórias, monitoraram meus sinais vitais, aplicaram soro por via intravenosa em ambos os braços e aplicaram uma bomba de sucção em minha boca, a fim de drenar o sangue. O oxigênio era um problema: o dano em meu crânio era grande demais para que a máscara pudesse ser acoplada ao rosto, de modo que ela precisava ser segurada manualmente sobre minha boca.

"Volumosa perda de sangue", Carrie anotaria em seu prontuário de atendimento mais tarde. Phil diria jamais ter visto uma cena tão sangrenta.

O atendimento médico de emergência atua como o dedo no buraco do dique em casos de gravidade extrema assim. Eles tinham de me tirar dali e me entregar nas mãos de um cirurgião o mais rápido possível. Depois de colocarem um colar cervical em torno do meu pescoço, eles apoiaram minha espinha, rolaram meu corpo para um lado e posicionaram uma padiola sob mim. Então, deitando-me de costas, eles me ataram à superfície. Levar-me até o estacionamento exigiria músculos poderosos, pois era necessário vencer os dois lances da escadaria com um sujeito de mais de 1,90 m de altura sem deixar a padiola balançar muito.

— Tudo bem, este é o plano — disse Carrie. — Eu preciso de dois homens na frente, dois atrás e outros dois de cada um dos lados. Eu vou me esgueirar por onde puder para me manter de olho nele e controlar a medicação intravenosa. Se qualquer um de vocês ficar cansado, eu quero que digam isso, e nós o substituiremos por outra pessoa. Agora, quando eu contar três, todos o levantarão juntos. Tudo bem, vocês estão prontos? Um, dois, três.

Foi uma jornada percorrida de maneira lenta e desajeitada, para subir a escadaria, barranco acima, até a ambulância, que já esperava com o motor ligado. Quando a turma depositou a padiola sobre uma maca com rodinhas, Jaha me deu um aperto de mão confortador.

— Você vai conseguir, amigão. Nós vamos pescar outra vez antes que você se dê conta.

Eu consegui erguer um polegar e fazer um sinal de aprovação.

Carrie subiu pela traseira da ambulância. Os ajudantes afastaram-se enquanto ela guiava a maca até o lugar apropriado e a travava no interior do veículo. Phil iria no volante, e ela ficaria sozinha comigo na traseira. Ela deu uma última olhada para a pequena multidão que se juntava diante da porta.

— Você precisa de alguma ajuda? — um dos homens perguntou lá fora. — Eu fui atendente de emergência.

— Pode apostar que sim. Isso seria ótimo. Suba.

Eric Christian era um dos quatro amigos pescadores que estavam passando alguns dias no acampamento — com dois dos quais John e eu havíamos tido uma conversa amigável mais cedo, ao longo da trilha. Os quatro estavam entre os sujeitos que ajudaram a me levar ao estacionamento desde a parte baixa do despenhadeiro. Devido à experiência de Eric como atendente de emergências, Carrie o encarregou de auxiliá-la a monitorar minha pressão sanguínea e a aplicar a bomba de sucção em minha boca, a fim de retirar o sangue.

— Vou precisar de mais um, aqui — disse Carrie — Algum voluntário?

Wes Masters, outro dos amigos pescadores, deu um passo à frente. Seu trabalho seria o de lhe entregar bandagens, solução salina e outros suprimentos, enquanto ela tentava me manter vivo. Tom Swiech, outro dos integrantes do grupo — que, um dia antes, vira uma fêmea de urso investir contra um jovem casal no Santuário —, foi junto para prestar seu apoio. Com a tripulação da ambulância estabelecida, Phil fechou as portas traseiras, tomou o lugar do motorista e partiu ao encontro do helicóptero dos Guarda-Vidas que estava a caminho, vindo de Anchorage.

Deixamos para trás o irmão de Eric, Marco Christian. Patrulheiros estaduais, oficiais do serviço florestal e de proteção à vida selvagem, além do administrador do acampamento, Butch Bishop, já haviam chegado àquela altura e monitoravam a área, despertando os campistas que haviam deixado para fora geladeiras portáteis e cães atrelados a seus carros e *motorhomes*.

— Você tem uma arma de fogo? — um deles perguntou a Marco.

— Sim, eu tenho.

— E você tem medo de usá-la?

— Depois do que vi lá embaixo, não.

— Então você pode nos ajudar. Se você encontrar alguém, informe-o de que houve um ataque de urso. Se você vir geladeiras portáteis, diga às pessoas para que a levem para dentro de seus veículos ou barracas. Os cachorros também. Nós não queremos atrair mais ursos.

Enquanto a notícia corria lá em cima, oficiais da proteção à vida selvagem e outros agentes da lei armados, lá embaixo, percorriam a trilha ao longo do rio informando a todos sobre o ataque. Outros oficiais recolheram as roupas e os equipamentos cobertos de sangue e depositaram tudo em sacos plásticos. Marco ajudou a recolher as bandagens, as embalagens de soro e outros suprimentos médicos utilizados que haviam sido deixados por ali.

Enquanto isso, na traseira da ambulância, a caminho do encontro com o helicóptero dos Guarda-Vidas, eu continuava a resmungar palavras sem sentido.

— Minha namorada vai ficar louca da vida comigo. Ela vai me matar.

E eu continuava a fazer as mesmas perguntas, vezes e vezes seguidas:

— Eu posso ouvir vocês, caras; por que eu não consigo vê-los?

De repente, comecei a vomitar todo o sangue que havia engolido. Carrie e seus "ajudantes" ergueram e inclinaram a padiola no intuito de impedir que eu me afogasse com o líquido regurgitado.

— Aguente firme, cara — Eric disse. — Aguente firme.

Entre vômitos e sangramentos, Carrie e Phil não voltariam para suas respectivas camas senão por volta das quatro e meia naquela manhã. Antes que pudessem dar a noite por encerrada, eles ainda levaram a ambulância até a garagem da casa de Carrie e, com a mangueira do jardim, lavaram, esfregaram e enxaguaram completamente o veículo, por dentro e por fora, antes de devolvê-lo à garagem oficial e baterem o ponto, concluindo o expediente de trabalho.

Foi um percurso curto até o recuo no acostamento, próximo da Trilha da Ressurreição, que serviria como um heliporto improvisado. Os patrulheiros haviam interditado a autoestrada Sterling nas duas extremidades, com sinalizadores e bloqueios para o tráfego de veículos. Um caminhão dos bombeiros, com as luzes ligadas, havia sido estacionado bem debaixo de um conjunto de cabos de transmissão de energia elétrica que cruzava a estrada, no intuito de facilitar que eles fossem avistados do ar. Sinalizadores e faróis iluminavam a zona de aterrissagem. Dentro da ambulância, ainda com o motor em funcionamento, nós esperamos. E esperamos.

No acampamento, Marco havia terminado de cuidar de tudo no local do ataque e voltou a subir a escadaria. Exausto como estava, não se sentia disposto a rastejar para dentro de uma barraca cuja cobertura era tão fina quanto lenço de papel; e ambos os veículos com os quais seu grupo de amigos viera de Anchorage se encontravam fechados. Então ele juntou madeira no local destinado à fogueira do acampamento, acendeu-a e se sentou ali, esperando pelos outros, com uma Magnum .44 no colo.

Por volta das duas e meia, o ruído dos motores do helicóptero dominou a atmosfera. Phil orientou o piloto, pelo rádio e com um potente farolete como sinalizador de pouso. Ele conseguiu fazer com que o piloto pousasse exatamente em cima do círculo de luz projetado no chão pelo farolete, afastando-se à medida que a aeronave se aproximava do solo. Assim que a aeronave pousou, duas enfermeiras especializadas em atendimento de casos críticos saltaram de seu interior, baixando as cabeças, e correram para a ambulância com uma maca dotada de rodas. Depois de terem se inteirado brevemente sobre o caso, elas me transferiram para a maca de evacuação, correram de volta para o helicóptero, colocaram-me dentro dele e fecharam a porta.

Quase três horas depois de eu ter sido dilacerado pela ursa em uma esquina da trilha, o helicóptero decolou, levantando uma nuvem de poeira e agitando as copas das árvores, a fim de me levar ao Providence Alaska Medical Center, em Anchorage. O *pager* sobre o criado-mudo do Dr. Kallman logo o despertaria de seus sonhos.

CAPÍTULO 6

O chapeuzinho da Chapeuzinho Vermelho

Enquanto eu tentava aguentar firme lá embaixo, ao lado do rio, John tentava aguentar-se no estacionamento. Ele esperou, na companhia de Emily e Maya, alternando entre andar de um lado para outro, menear incredulamente a cabeça e sentar-se no chão, segurando-a entre as mãos. Enquanto eu era colocado na ambulância, Marco e os outros tentavam consolá-lo.

— Eu devia ter feito alguma coisa — ele repetia. — Eu não sabia o que fazer. O que eu deveria ter feito?

— Você fez a coisa certa, cara — todos lhe diziam. — Você foi buscar ajuda. Que diabos você faria? Seria atacado também? Como isso poderia ajudar o seu amigo?

Quando John ouviu a aproximação do helicóptero, soube que estava livre para ir embora. Mas ele não estava com ânimo para se sentar atrás do volante de um carro. Jaelyn e Carl, os amigos de Girdwood com quem havíamos conversado um pouco antes, naquela noite, no Santuário, o convenceram a voltar para casa. Carl ofereceu-se para dirigir seu Subaru, seguindo atrás de Jaelyn, que os guiaria na caminhonete dela. Enquanto isso, Jaha e Emily permaneceriam por ali, para responder às perguntas dos investigadores e, mais tarde, pegariam uma carona a fim de voltar a Girdwood, com Maya imóvel na traseira do Subaru e John na frente, no banco do passageiro, olhando para o vazio e repassando a cena do ataque em sua mente, vezes sem conta.

Eles tomaram o desvio para Girdwood mais ou menos ao mesmo tempo em que o *pager* do Dr. Kallman disparou sobre seu criado-mudo. Poucos minutos depois, os veículos de John e Jaelyn estacionaram diante de minha casa. John subiu os degraus que levavam à varanda, com Carl e Jaelyn atrás dele. O amigo com quem eu compartilhava a residência, Jamie Berggren, assim como eu mesmo fazia, raramente costumava trancar as portas, mas, por qualquer que tenha sido o motivo, naquela noite ele fizera uma exceção. John bateu à porta e, como Jamie não respondeu, bateu com mais força. Nada. Ele caminhou pela varanda até os fundos da casa e bateu com os dedos no vidro da janela do quarto.

— Ei, Jamie, é o John — gritou para o quarto na escuridão. — Ei, cara, você tem de se levantar.

— Quê...? O que está acontecendo?

— Vista alguma coisa. Eu tenho algo para te dizer; e não é nada bom.

— O quê? Que horas são? O que está acontecendo?

— Apenas vista-se. Eu te digo aí dentro.

Jamie rolou para fora da cama, cambaleou pelo corredor, destrancou a porta e deixou que os três entrassem. Carl e Jaelyn afundaram-se no sofá, enquanto John apanhou uma cadeira da cozinha e posicionou-a de frente para a sala de estar. Jamie, vestindo camiseta e calças de moleton, permaneceu em pé sobre o tapete gasto, descalço, com os cabelos desgrenhados. Ele esfregava os olhos com a barra da camiseta.

— O que está acontecendo? Onde está Dan?

John suspirou profundamente, meneou a cabeça e começou a falar.

❦

John e Jamie partiram para Anchorage assim que o sol começou a surgir no horizonte. Eles chegaram ao hospital uma hora depois, momento em que o Dr. Kallman avaliava a gravidade de meus ferimentos e traçava planos para a cirurgia que deveria ser feita. Eles foram levados a uma sala de espera, onde passaram a hora seguinte folheando revistas distraidamente ou olhando o espaço, excitados demais para dormir e abalados demais para conversar. Enfim a porta se abriu, e o Dr. Kallman entrou, com uma expressão no semblante que nada contribuía para encorajá-los.

— Eu não vou mentir para vocês — disse ele. — É ruim. Eu jamais vi algo assim antes.

Ainda na sala de emergência, Kallman poderia ter decidido me remover para o Harborview Medical Center, em Seattle, o hospital referência da região em casos de traumas severos. Essa ideia lhe passou pela cabeça. Tempos depois, ele se tornaria um parceiro do Dr. Dwight Ellerbe na prática de cirurgias plásticas e em operações que envolviam ouvidos, nariz e garganta, em Anchorage, mas, naquela ocasião, ele ainda era apenas o novato na cidade e trabalhava mais como um subordinado de Ellerbe. Kallman tinha um tremendo respeito por ele e algo a lhe provar. Graduado pela Cidadela,* com formação em medicina pela Universidade Médica da Carolina do Sul, Ellerbe fizera dois períodos de residência — um especializado em pediatria, outro como otorrinolaringologista —, além de ter sido bolsista na Johns Hopkins,** antes de se tornar cirurgião-chefe na base da Força Aérea em Elmendorf. Somente depois disso tudo, ele começou a clinicar por conta própria na cidade. Da maneira como Kallman via as coisas, seu próprio diploma de graduação em medicina e seus outros dois certificados seriam apenas pedaços de papel até ele provar que podia fazer o que os papéis diziam que ele podia.

Sendo assim, ele precisava considerar o próprio futuro — embora houvesse a possibilidade de eu ser atendido por alguém mais experiente. A cirurgia de traumas pode ser um trabalho ingrato. Pessoas que sofreram danos severos e são remontadas, pedaço por pedaço, tendem, com frequência, a passar o resto de suas vidas imersas em profunda amargura, particularmente enfurecidas com os médicos que não lhes permitiram morrer. Assim como eu havia escolhido percorrer o caminho mais árduo quando minha vida se encontrava em uma encruzilhada, lá no rio, Kallman fez a mesma coisa. Ele não me embarcou para

---

* Fundada em 1842, a Cidadela é um conjunto de edifícios que abriga diversas faculdades. Ali são ministrados 26 diferentes cursos especializados em vários ramos da Medicina, da Biologia e das Ciências Naturais — todos mantidos por uma instituição militar, sediada em Charleston, Carolina do Sul. [N. do T.]
** A Johns Hopkins University é uma instituição de ensino superior privada — embora sem fins lucrativos —, sediada em Baltimore, Maryland, que mantém um hospital internacionalmente famoso por sua excelência. [N. do T.]

Harborview, para que eu me tornasse um problema de outra pessoa. Ele assumiu o compromisso de permanecer comigo.

Mais tarde, naquela manhã, quando John e Jamie voltavam para casa em Girdwood, depois de tomarem um café da manhã sombrio na cidade, Kallman estava na sala de cirurgias, contemplando a explosão em meu rosto e se sentindo como a médica da sala de emergência havia se sentido e soara ao telefone. Ali parado, como se tivesse congelado, com a cabeça inclinada para um lado, ele pousou os olhos em mim. Depois, sentiu uma mão pousar em seu ombro.

— Doutor, o senhor gostaria que os cabelos fossem raspados?

— Certo. É por aí que vamos começar, raspando os cabelos.

Primeiro, ele precisava me limpar, a fim de distinguir o que era o quê. Ele removeu sangue, sujeira e saliva de urso de meu pescoço, meu rosto e minha testa, com gaze e jatos de peróxido de hidrogênio e uma solução salina estéril. Então ele apanhou um barbeador elétrico. À medida que seguia os contornos de minha cabeça avariada, meu cabelo descolorido pelo sol — e, agora, impregnado de sangue e resíduos da floresta — caía aos chumaços. No topo e nas laterais de minha cabeça, ele "navegou" com cuidado contornando os ferimentos. Enquanto o Dr. Kallman trabalhava na parte superior de meu corpo, o Dr. David Wrigley supervisionava a limpeza das múltiplas perfurações dos meus ombros para baixo — sobretudo em meus braços e minhas pernas —, algumas das quais profundas o bastante para permitir a penetração de um dedo, até bem além da primeira falange.

Kallman cobriu a parte sinistrada do meio do meu rosto com uma gaze umedecida e, a fim de garantir que houvesse uma via aérea desimpedida, banhou meu pescoço com Betadine,* preparando-o para uma traqueostomia — procedimento que ele podia fazer, praticamente, de olhos fechados: distende-se o pescoço, encontra-se o anel cartilaginoso na parte inferior da laringe (chamado cricoide), faz-se uma incisão horizontal na pele a mais ou menos um dedo de distância abaixo dele e, então, uma dissecção vertical no centro da

---

* Nos Estados Unidos, Betadine é o nome comercial de um composto químico antisséptico baseado em iodo, porém mais suave do que a tintura de iodo comum. No Brasil, o mesmo nome designa uma medicação antiemética e antivertiginosa, apresentada na forma de comprimidos, cujo princípio ativo é o dicloridrato de betaistina. [N. do T.]

traqueia. Adentra-se a traqueia com uma nova incisão horizontal e insere-se uma cânula pela via aérea. Infla-se um balão de ar, confirma-se a colocação do equipamento e sutura-se a pele. Pronto.

Então ele girou a mesa de cirurgia em 180 graus e afastou minha cabeça do anestesista, no intuito de poder se movimentar com mais facilidade de um lado para outro do meu crânio enquanto trabalhava. Ele preparou meu rosto com Betadine, cobriu as partes intactas com ataduras esterilizadas e deu início a uma extensa exploração de meus ferimentos. Começando pelo topo, ele encontrou cinco ou seis artérias sobre minha testa e no escalpo que haviam sido seccionadas. Da metade de minha testa para baixo, ele encontrou poucos pontos de referência reconhecíveis. Na parte em que minha testa havia sido aberta, a pele fora descolada, como a casca de uma laranja, tornando possível ver o osso e vários fragmentos dele. Aparentemente, o urso não havia apenas me mordido, ele havia mastigado meu rosto. Resquícios da pele do meu nariz destroçado também se haviam descolado, deixando minhas cavidades nasais totalmente abertas. Era possível ver o tecido cerebral através delas. Ao olhar o céu de minha boca, ele constatou que meu palato havia sido rompido ao meio.

O médico passou a dedicar atenção aos meus olhos. As pálpebras superiores e inferiores estavam dilaceradas. Meu olho esquerdo, que pendia frouxamente do tecido vascularizado, havia sido desconectado do nervo óptico e jazia sobre o lado direito do que tinha sido meu nariz. Meu olho direito, que não parecia estar conectado de maneira muito viável a nada, encontrava-se bem ao lado do outro.

Apesar da limpeza inicial, as feridas ainda estavam muito sujas. Com uma lâmpada de fibra óptica presa à cabeça e usando lentes de aumento, semelhantes a pequeninos binóculos, montadas em uma armação de óculos parecida com a que Buddy Holly usava, ele começou a retirar cada minúsculo fragmento de sangue coagulado, sujeira, farpa, grama, folhagem, agulha de pinheiro e pelo de urso, os quais se misturavam ao tecido e aos estilhaços de osso profundamente encravados em minhas cavidades nasais, órbitas oculares e a base de meu crânio. Aquilo seria uma maratona. Ele baixou a mesa de operações e puxou um banquinho.

Enquanto eu jazia inconsciente sob uma manta térmica e luzes fortíssimas, Amber e sua melhor amiga, Bekkie Volino, estavam a caminho do Vale dos Ursos, a bordo da caminhonete de Amber, no mais glorioso dos dias de verão. Amber ainda tinha em mente o terreno que pretendia adquirir e queria mostrar à sua amiga algumas das propriedades que eu mesmo havia lhe mostrado, incluindo minha cabana e o terreno vizinho no qual ela estava interessada.

Ninguém conhecia Amber melhor que Bekkie. Elas tinham vindo juntas para o Alasca, comparecido a todos os festivais de música que encontraram ao longo do caminho e viajado na companhia de uma terceira amiga, dois cachorros e toda a bagagem que puderam colocar dentro do carro de Amber, um Oldsmobile com para-choques amassados e a traseira coberta por adesivos com frases do tipo "Nem todos os que vagam estão perdidos". Elas haviam passado o restante daquele verão em uma barraca armada em Girdwood e usado o carro de Amber como guarda-roupas, antes de subirem de nível e se mudarem para aquela cabana em um ponto fora do mapa, na estrada do Riacho do Corvo, que não era muito mais espaçosa do que um galinheiro e dispunha de uma corda pela qual eram baixados a lenha para o fogo e outros suprimentos necessários.

Vestida com uma camiseta leve, uma saia curta e sandálias Birkenstock, Amber tinha um sorriso sonhador no rosto enquanto dirigia pelo Braço Turnagain acima, até o desvio no Riacho do Coelho, que as levaria ao Vale dos Ursos. Ela lançou um olhar para Bekkie, por um segundo, depois tornou a olhar a estrada. Então olhou novamente para a amiga e, em seguida, para a estrada.

— Eu preciso te contar. Eu e o Dan tivemos alguns momentos realmente fantásticos domingo à noite. Ele me procurou depois do *show* da Galactic e me convidou para tomar uma cerveja na casa dele. Bem, eu estava mesmo torcendo para que ele me encontrasse. De qualquer modo, passamos a noite juntos, apenas nos tocando e nos acariciando, mas nos conectando de uma maneira como eu jamais havia sentido antes. Foi uma coisa realmente mágica.

Aquela não parecia a Amber que Bekkie conhecia. A Amber que ela conhecia não era do tipo sensível a toques mágicos. Ela era uma garota cem por cento racional, cuja argumentação era sempre baseada nos muitos livros que costumava ler. Era um tanto materialista, mas do tipo que tinha os dois pés plantados firmemente no mesmo planeta em que vivia.

— Parece que você está apaixonada ou coisa assim.

Amber riu.

— Bom, eu não sei bem ainda. Eu mal o conheço. Só sei que gostaria de deixar essa coisa rolar. Eu esperava que ele me telefonasse noite passada, ao voltar de sua pescaria, mas ele deve ter chegado muito tarde. E eu estou quase certa de que ele tinha de trabalhar hoje de manhã. De todo modo, vamos ver como as coisas irão caminhar a partir daqui.

Mais tarde, enquanto elas pediam sanduíches e cervejas artesanais na ensolarada varanda de uma cervejaria em Anchorage, o Dr. Kallman retirava os últimos fragmentos das ruínas das minhas cavidades oculares. Quando o último fragmento foi retirado, ele recolocou meus globos oculares mais ou menos em seus lugares originais e continuou a trabalhar.

A recolocação de meus ossos em seus lugares e o confinamento do tecido cerebral inchado poderiam ter cortado meu suprimento de sangue, fazendo de mim um vegetal. O aspecto mais crítico àquela altura era fechar as lacerações em minha pele, no intuito de minimizar o risco de infecção e dar a cada pedaço uma chance de sobreviver. Ele começou pelos rasgões e pelas perfurações em meu escalpo, os quais requeriam múltiplas suturas sobre suturas e um acabamento feito de grampos metálicos. Então ele passou às lacerações em meu rosto.

Ele trabalhava lenta e metodicamente, separando as tiras irregulares de pele e isolando-as como se fossem linhas de pescar embaraçadas. Um segmento por vez, estudando pedaço por pedaço, como se fossem peças de um quebra-cabeça. Este se encaixa aqui? Ou ali? Quando não tinha certeza, ele aplicava um curativo, apenas a fim de manter a pele em volta no lugar, até estar preparado para se comprometer. Isso exigia não apenas uma mão firme e uma habilidade enorme, mas também uma extraordinária paciência. O fato de ter crescido em uma família que adorava quebra-cabeças foi de grande ajuda. Kallman tinha boas lembranças da infância passada diante de uma lareira, no Natal, montando quebra-cabeças com seu pai. Quanto mais difíceis, melhor —

incluindo um jogo com duas mil peças que formava uma figura inteiramente vermelha, "o chapeuzinho da Chapeuzinho Vermelho".

Sua maestria no reconhecimento de formas aleatórias provou ser valiosa na hora de procurar pelos pedaços remanescentes de minhas pálpebras e, ao localizá-las, reconstruí-las e reatá-las com pontos de sutura. Ele as fechou sobre meus olhos e as costurou assim, nessa posição.

As notícias correm rapidamente quando se trata de casos tão extraordinários. Ao longo do dia, alguns colegas do Dr. Kallman — desinfetados e mascarados — vieram ver o que acontecia naquela sala de cirurgias, atestar a qualidade de seu trabalho e lhe dizer palavras encorajadoras.

— Belo trabalho, Jim — lhe diziam. — Impressionante.

Quando ele saiu para tomar ar, a tarde chegava ao fim. Limpar meu rosto e costurá-lo no lugar certo havia-lhe consumido nove horas.

De maneira espantosa, nada estava faltando. Com toda a pele e os tecidos moles levados em conta, meu rosto reaparecia vagamente, em meio a uma profusão de grampos e pontos. Eu me parecia com um sujeito desajeitado que tivesse brincado com uma motosserra, mas, ao menos, parecia um ser humano outra vez.

Após a cirurgia, fui encaminhado à unidade de tratamento intensivo, com um pulmão artificial, a fim de assegurar minha respiração, e conectado a mangueiras, tubos e cabos, que se projetavam como tentáculos de várias partes de meu corpo. Para evitar que eu arrancasse tudo aquilo de mim, fui colocado em coma induzido por drogas, como o Propofol, ou "leite de amnésia", como os médicos costumam chamá-lo. Não havia mais nada que Kallman pudesse fazer por mim, até que o inchaço diminuísse o suficiente para que ele pudesse iniciar os reparos. Isso caso eu sobrevivesse.

Kallman tinha suas dúvidas a esse respeito. Qualquer um de meus múltiplos ferimentos, como se eu tivesse sido vitimado pela explosão de uma bomba de fragmentação, poderia infeccionar. Com a base de meu crânio feita em pedacinhos, meu cérebro começava a escorrer para dentro da cavidade nasal — que não é um dos lugares mais assépticos em que ele pudesse se alojar. Enquanto meu fluido cerebrospinal era drenado pelo nariz, o maior temor de Kallman era o de que eu contraísse meningite ou outro tipo de infecção potencialmente letal.

Esgotado por completo, ele cambaleou de volta a seu escritório no final da tarde, sem ter-se barbeado e com a mesma camiseta e os *jeans* que vestira às quatro e meia daquela manhã. Seus colegas e o pessoal da equipe médica o esperavam, ansiosos para ouvirem o que ele teria a dizer. Ele os informou de tudo quanto fora feito e, então, puxou duas fotografias de meu rosto: uma tirada na sala de emergência, logo depois de ele ter chegado; outra depois que ele havia me limpado e recolocado os pedaços de meu rosto em seus devidos lugares. Foi nesse momento que a ficha caiu para ele: o que ferimentos tão devastadores como aqueles significariam para um sujeito de 25 anos de idade, em pleno florescimento de sua vida? Ele não sabia nada a meu respeito, além do meu nome, mas sabia que, se eu vencesse as chances e sobrevivesse, despertaria do coma cego, desfigurado e, ao que tudo indica, com danos cerebrais.

Kallman era experiência o bastante para não lutar contra esse tipo de evidência. Contudo, ele sentiu um nó na garganta, e lágrimas começaram a se acumular em seus olhos.

Dr. James Kallman e sua esposa, Sarah Methratta, no Parque Nacional Denali.

CAPÍTULO 7

Armando as defesas

Enquanto o Dr. Kallman pairava sobre as ruínas de minha vida, Brian, meu irmão, despertava na Califórnia para um dia que iria se transformar em algo inimaginável, após o qual nada em nossa família voltaria a ser como antes.

Dispensado de seu emprego sazonal em uma estação de esqui nas Sierras, ele passava uma temporada no refúgio familiar, uma casa de campo chamada Arboleda, nas colinas que contemplam San Juan Bautista, na companhia do nosso amigo comum Jeremy Grinkey, que trabalhava como caseiro da propriedade. Durante nosso crescimento, meu papel na família fora sempre o de pacificador, enquanto Brian representava o guerreiro protetor. A divisão de tarefas entre nós sempre tinha algo a ver com o fato de ele ser dois anos mais velho do que eu, mas também com meu desvantajoso início na vida, uma vez que nasci prematuro e com um par de pernas finas como lápis.

Eu me empenhei com muito afinco no intuito de superar minhas fragilidades infantis, que incluíam alergias a praticamente qualquer coisa. Ao chegar ao quinto ano, já estava completamente imerso na prática de esportes — em especial na natação: eu me orgulhava do longo tempo pelo qual podia conter minha respiração. Eu me orgulhava disso até demais. Certa vez, querendo me exibir para umas garotas, retive o fôlego por tanto tempo que cheguei a desmaiar. Já no ensino médio e vivendo na Malásia, além de praticar esportes também integrei um grupo de dançarinos de *hip-hop* de alto impacto, no qual eu girava garotas acima de minha cabeça, e era um praticante assíduo de *taekwondo*, tendo conquistado minha faixa preta aos 15 anos de idade. Eu não apenas havia deixado para trás o apelido infantil que minha mãe havia me dado — Perninhas de Passarinho —, como passara a ser chamado de "*D'animal*" por meu professor de Educação Física. Mesmo assim, Brian ainda achava que era seu dever me proteger contra todo mal, uma responsabilidade que ele assumiu desde o tempo em que frequentávamos *playgrounds* e evoluíra à medida que crescíamos, a ponto de ele interferir quando minha mãe ameaçava me bater por eu ter cometido algumas infrações estúpidas, como atirar minhas meias ainda enroladas na lavadora, depois de ela me dizer milhões de vezes para não fazer isso.

Na manhã em que o Dr. Kallman costurou meu rosto, Brian entrou na cozinha por volta das dez horas da manhã para preparar um café. Ele notou que a luzinha da secretária eletrônica estava piscando, então apertou a tecla *play* e foi procurar a cafeteira. O tom de urgência que havia na voz masculina que ele ouviu deteve seus passos. Um patrulheiro estadual do Alasca tentava entrar em contato com algum familiar de Dan Bigley. Havia algo a ver com um acidente sério. Algo a ver com uma evacuação de emergência para o hospital Providence, em Anchorage.

— O quê? Jeremy! — Brian berrou pelo corredor. — Acho que aconteceu alguma coisa com Dan! Você precisa ouvir isto!

Jeremy correu para a cozinha, e Brian tornou a apertar a tecla *play*.

— Eu estou ouvindo direito? Que diabos esse sujeito está dizendo?

O tempo pareceu começar a girar tão velozmente quanto um ciclone dentro da cabeça dele. Ele ouviu a mensagem uma vez mais antes de digitar, com as mãos trêmulas, o número de contato que o patrulheiro havia deixado na secretária eletrônica. A mulher que atendeu o deixou esperando; ao retornar, disse qualquer coisa relativa a um urso. *Um urso? O que ela quer dizer com um urso?* Havia ocorrido um ataque, ela falou, e não, ela não sabia de mais detalhes. A moça sugeriu que ele telefonasse imediatamente para o hospital Providence. Brian anotou o número que lhe foi informado. Ele meneou negativamente a cabeça e voltou o olhar para o teto por um momento; então olhou outra vez para o telefone e digitou o número.

Ele foi informado de que eu estava em situação crítica, que ainda estava sendo submetido a uma cirurgia, que havia sofrido um trauma severo na cabeça e que os médicos apenas podiam esperar pelo melhor. Brian compreendeu a mensagem codificada: era muito provável que eu não resistisse.

— É importante que você chegue aqui o mais depressa possível — disse-lhe a mulher.

Brian dobrou-se sobre si mesmo e caiu de joelhos.

— Você tem de me levar ao aeroporto, Jeremy. Agora mesmo.

Brian, um sujeito alto e barbudo como eu, enfiou a carteira no bolso das calças e atirou sua agenda de endereços e uma muda de roupas em uma mochila. Ele e Jeremy saíram pela porta em questão de minutos. Ambos embarcaram no jipe de Brian e, com Jeremy ao volante, percorreram a sinuosa estrada que cortava o desfiladeiro até alcançarem a autoestrada que levava ao aeroporto de San José, há 45 minutos dali. Enquanto Jeremy concentrava a atenção na estrada, Brian deixava-se afundar no assento do passageiro com a cabeça entre as mãos. Como seria se ele não conseguisse chegar a tempo? E se ele jamais tivesse a oportunidade de me dizer adeus?

Eu havia acabado de passar quase uma semana com Brian e Jeremy, quando fui assistir ao Festival de Música de High Sierra, no último feriado prolongado de 4 de julho. Eu havia me hospedado em Arboleda um pouco antes do início do festival e contara a Jeremy minhas histórias de pescarias e sobre como, em certos lugares, era possível avistar ursos em seu *habitat*. Apenas alguns dias antes, eu havia lhe assegurado que uma vez que se respeitasse o "protocolo" no território dos ursos, tudo correria bem. Eu havia lhe assegurado que não havia motivos para se preocupar comigo.

Jeremy deixou Brian diante do setor de embarque, estacionou o jipe e rumou para o terminal, a fim de assistir à partida de meu irmão. Esforçando-se para soar tão equilibrado quanto possível, Brian rumou direto para o balcão de venda de passagens da Alaska Airlines.

— Eu preciso embarcar no primeiro voo que você tiver para Anchorage — solicitou ao atendente, com a voz mais entrecortada do que esperava. — Não importa quanto possa custar. Meu irmão foi atacado por um urso, e eles não sabem se ele vai conseguir sobreviver.

Os olhos do agente de viagens se arregalaram. Por mais maluca que a história pudesse parecer — sobretudo na paisagem de aço e asfalto do Vale do Silício —, a expressão no semblante de Brian evidenciou que ela era real.

— Ah, meu Deus! Isso é horrível! Não se preocupe com nada. Nós o levaremos até lá o mais depressa possível.

Os dedos do atendente batucaram sobre o teclado enquanto ele tinha o olhar no monitor. Brian agarrava-se ao balcão com ambas as mãos e olhava fixamente para o chão. *Clic, clac, clac.*

— Tudo bem. Posso arranjar um lugar de concessão especial em nosso próximo voo, cujo embarque será feito ao final deste corredor, após a verificação da segurança, em cerca de 25 minutos.

— Cara, você está brincando? Muito, *muito* obrigado, mesmo! — Brian falou, enquanto entregava o cartão de crédito ao agente.

— Fico feliz em poder ajudar. Boa sorte. Meus pensamentos estarão com você e seu irmão.

Àquela época, Brian era anticelular e não possuía um aparelho. Enquanto aguardava o embarque, ele encontrou um telefone público e fez algumas chamadas, ordenando-as da melhor maneira que pôde. Ele dava um passo para cá, outro para lá, com os movimentos limitados até onde a extensão do cabo metálico do aparelho permitia. Primeiro ele telefonou ao nosso padrasto, Doug Wilhelm, o pilar de nossa família e "papai", para nós, desde que nosso pai biológico havia desaparecido lentamente de nossa vida, por razões que éramos jovens demais para compreender quando isso aconteceu. Nossos pais viviam em Carmel, a cerca de 100 quilômetros ao sul do aeroporto, mas no momento encontravam-se em dois Estados diferentes, em lados opostos do país. Eles haviam comparecido a uma cerimônia de casamento familiar na Flórida, onde meu padrasto havia permanecido no intuito de passar algum tempo com sua filha, Gretchen, e outros familiares dele; quanto a nossa mãe, Ann, ela viajara para Atlanta, a fim de visitar sua irmã. Brian conseguiu contactar Doug no telefone celular dele.

— Papai, onde você está?

— Estou na estrada. Do que é que você precisa?

— Papai, preciso que você encoste o carro. Tenho uma coisa para te dizer.

— E você não pode simplesmente dizer o que é? Estou seguindo a Gretchen e vou perdê-la se encostar o carro agora...

— Não me importa o que você está fazendo ou onde está. Você precisa encostar o carro agora!

Sempre aprumado, sem importar que espécie de caos estivesse se desenrolando, Doug ligou a seta, acionou os freios e parou no acostamento da estrada.

— Tudo bem, o que está acontecendo?

Brian respirou fundo e, então, falou de uma só vez:

— Papai, Dan foi atacado por um urso. Ele ainda está vivo, mas em péssimas condições. Ele sofreu ferimentos graves na cabeça, e os médicos não sabem se ele sobreviverá. Eu estou no aeroporto agora. Vou embarcar no próximo voo para lá. Você e mamãe têm de ir para o Alasca o mais rápido que puderem.

Ele ficou em silêncio por um momento. *Dan... Um urso...* Tão logo pôde registrar a ideia, retomou sua compostura habitual.

— Está bem. Telefone para nós quando chegar lá. Vou informar a todos do que está acontecendo e depois irei ao aeroporto.

Brian ainda dispunha de alguns minutos antes de embarcar. Ele ponderou se telefonava ou não para o nosso pai biológico, Steve Bigley. Crescemos ouvindo apenas um lado da história da dissolução de nossa família, cujo desfecho se deu quando eu ainda era um bebê aprendendo a dar meus primeiros passos. Havia muita coisa sobre as quais nada sabíamos. Havíamos visto Steve apenas algumas vezes, desde que tínhamos voltado da Malásia, mas, ainda que fôssemos estranhos um para o outro, eu era seu filho. Há muitos anos, Brian conservava o número de telefone dele em um pequeno pedaço de papel adesivo dentro da carteira. Meu irmão encontrou o papelzinho e digitou o número da casa de Steve, em Salinas, na Califórnia, mas nem Steve, nem sua esposa, Margaret, atenderam à ligação. Brian deixou recado na secretária eletrônica deles e desligou o telefone. Então deu um abraço apertado em Jeremy e rumou para a inspeção do pessoal da segurança.

Ele passou o voo todo com o corpo inclinado para a frente em seu assento, os cotovelos apoiados nos joelhos, a cabeça entre as mãos e seu boné de beisebol puxado sobre os olhos, tentando pensar em algo e, ao mesmo tempo, tentando não pensar. Um acidente automobilístico ele poderia imaginar; um acidente ocorrido durante uma escalada também. Mas um urso? Quais eram as chances de uma coisa dessas acontecer? Como o primeiro membro da família a chegar, caberia a ele fazer todas as perguntas e tomar todas as decisões. Mas que perguntas fazer e quais decisões tomar? Havia muitas incógnitas.

Da última vez em que Brian passara por Anchorage, ele havia se sentido tão eufórico que mal conseguia parar sentado. Isso aconteceu no verão anterior, quando ele e seu cão, Ram — forma abreviada do nome do clássico hindu *Ramayana* —, vieram visitar a mim e Maya e verem o Alasca pela primeira vez. Ele guardava muitas boas recordações dessa viagem, de poder olhar para a esquerda e contemplar as ovelhas Dall e para a direita a fim de admirar as baleias beluga na estrada a caminho do Braço Turnagain. Também havia a batida da música dos Photonz, em Talkeetna, soando a noite inteira, e nossos cães que corriam e brincavam ao longo das margens do riacho glacial, como primos há muito separados que se tivessem reencontrado. Ele havia ficado tão impressionado com tudo o que vira que chegou a gravar longas tomadas com sua câmera de vídeo pela janela do carro, enquanto percorríamos a autoestrada Seward.

O ponto culminante, porém, foi nossa épica expedição de pesca com iscas artificiais ao lago Creek, ao sul de Denali. Estávamos interessados em salmões prateados, mas tudo o que conseguíamos fisgar eram salmões-rei desovados, cujos dias de glória já haviam passado. Mal podíamos evitar apanhar um deles antes de tentar recuperar os anzóis. Depois de dois dias de pescaria sem muito sucesso, resolvemos seguir o conselho de outro pescador que encontramos por acaso. Ele havia demarcado um ponto onde a correnteza de um rio se encontrava com a de outro, e era preciso mergulhar até a cintura em águas tão turbulentas que chegávamos a desalojar as pedras do fundo ao caminhar com dificuldade em nossas calças impermeáveis, esfolando os tornozelos a fim de evitarmos ser levados rio abaixo. Apoiando-nos um no outro, conseguimos atravessar a corrente na parte em que ela estava mais forte. Esperávamos poder fazer o caminho de volta em segurança, mas, uma vez ultrapassado aquele ponto, encontramos o veio principal, onde parecia haver milhares de salmões prateados agrupados nas águas tranquilas de um canal não muito mais largo do que a extensão da sala de estar de minha cabana em Girdwood. Jamais havíamos visto algo assim, nem mesmo em um fantasioso programa de televisão sobre pescarias. As águas não apenas fervilhavam com os prateados, mas os peixes haviam chegado tão recentemente do oceano que suas escamas pareciam feitas de aço polido. Três dias depois, Brian e eu fomos embora com uma enorme geladeira portátil abarrotada com o produto de nossas cotas diárias.

Desta vez, Brian chegava a Anchorage com uma apreensão sem precedentes. Jamie, meu colega de residência, o apanhou no aeroporto e o levou ao hospital em relativo silêncio. Brian encontrou o caminho até a ala de terapia intensiva e, diante das barreiras de segurança, apanhou um telefone que o conectava diretamente com a enfermaria central. Ele disse quem era à enfermeira que o atendeu e o motivo pelo qual estava ali. Ela respondeu que desceria para recebê-lo imediatamente.

Enquanto aguardava, Brian começou a andar em círculos, cofiando sua barba — um hábito nervoso compartilhado por nós dois. Após vários minutos, as portas se abriram com um estalido, e a enfermeira se apresentou para ele, permitindo-lhe entrar em sua companhia. As portas se fecharam atrás deles. Antes de conduzi-lo pelo corredor até a unidade em que eu me encontrava, ela tentou prepará-lo. Eu havia saído da cirurgia, ela o informou, mas ainda não tinha consciência de ter deixado aquela floresta.

— Ele está profundamente sedado, por isso não será capaz de se comunicar. Você verá uma quantidade de equipamentos e uma porção de tubos. Ele precisou ser submetido a uma traqueostomia e está conectado a um respirador artificial. Além disso, tem um tubo de alimentação e um cateter. Há feridas profundas em suas costas, seus ombros, braços e pulsos e na coxa esquerda. Os olhos foram gravemente danificados, e as pálpebras tiveram de ser costuradas de modo a mantê-los fechados.

— Os olhos dele?

— O cirurgião que o operou poderá dar mais informações. Você acha que está preparado?

Brian meneou a cabeça negativamente, mas respondeu "Sim".

Ele me viu a primeira vez através de uma janela de vidro temperado. Da parte inferior de meu nariz até o topo de minha cabeça, nada lhe pareceu familiar. Minha cabeça — preta e roxa, cravejada com pontos e grampos — havia-se alongado e inchado, assumindo uma aparência semelhante ao bulbo de uma lâmpada gigantesca. Minhas pálpebras costuradas estavam muito inchadas e, por trás delas, meus globos oculares não pareciam estar em seus lugares corretos. As paredes e o piso começaram a oscilar, e os joelhos de Brian ameaçaram ceder sob o peso de seu corpo. A enfermeira o amparou, arranjando uma cadeira e lhe oferecendo um copo de água. Meu quarto era exatamente na frente da sala da enfermaria central, cuja parte frontal era uma grande janela de vidro temperado. Brian sentou-se lá dentro. Ele me olhava e tentava compreender o que via, com a mão da enfermeira pousada em seu ombro. Depois de vários minutos e de várias respirações profundas, ele conseguiu ficar de pé e caminhar até meu quarto. Brian permaneceu ali em silêncio, agarrando-se à lateral de meu leito com ambas as mãos.

— Tudo bem se eu tocar nele?

A enfermeira assentiu com a cabeça, e ele segurou minha mão entre as suas.

— Dan, você pode me ouvir? É o Brian. Estou aqui agora. Mamãe e papai devem chegar amanhã. Estaremos aqui por você, por isso continue lutando, cara. Continue lutando.

☙

Ninguém havia pensado em telefonar para Amber. O que havia entre nós dois ainda era uma novidade àquela altura, de modo que ela seria a última pessoa que alguém teria em mente. Exceto uma certa pessoa. Na noite anterior, Amber e eu havíamos passado pelo Max's, onde ela encontrou sua amiga Julia Dykstra, uma musicista de Girdwood. Julia me conhecia das rodas em torno de fogueiras e da cena musical, das noites de "microfone aberto" no Max's e das sessões musicais improvisadas por toda a cidade. Por volta da hora em que John e eu fazíamos nossas primeiras tentativas no Santuário, Amber — ainda enlevada pela noite que havíamos passado juntos — atualizava Julia de nossa situação.

— Dan e eu decidimos nos dar uma chance — Amber lhe contou. — Estou me preparando psicologicamente.

— Você deveria mesmo fazer isso. Ele é um sujeito muito bacana. Espero que as coisas corram bem para os dois.

— É... Eu também. Eu estava convencida de que ele não se interessava por mim, por isso fiquei um tanto surpresa. Precisamos ver o que acontecerá.

Na noite seguinte, enquanto o avião de Brian ainda estava no ar, Julia encontrava-se em sua casa e assistia ao noticiário das dez horas da noite. Uma das matérias principais relatava um ataque de urso ocorrido no rio Russian.

— A vítima foi identificada como Dan Bigley, de 25 anos de idade...

— O quê?! — Julia ficou petrificada e se inclinou para perto do televisor. Aquilo não podia estar certo.

— Segundo os patrulheiros estaduais, o homem de Girdwood pescava com amigos, quando...

Julia desabou sobre o sofá mordendo as bochechas por dentro da boca enquanto digeria a notícia. Amber devia estar passando um inferno naquele momento, pensou. Mas... E se ela ainda não soubesse? Aquilo era possível. Deixar que ela descobrisse pelos jornais ou que fosse despertada pela cobertura da imprensa no rádio seria brutal. Julia não queria ser a pessoa a lhe dar a notícia, mas sentiu que deveria telefonar. Se Amber já soubesse, ao menos poderia se oferecer para estar a seu lado.

Ela digitou o número da casa da amiga. O telefone tocou e tocou antes de ela desligar. Julia retomou o fôlego e tentou mais uma vez. E mais outra, e outra. A cada ligação não completada, ela achava mais difícil permanecer sentada, em silêncio. Afinal, por volta das onze horas da noite, Amber atendeu. Julia inspirou de modo profundo.

— Ei, Amber, é a Julia. Só telefonei para saber se você está bem.

— Estou sim, por quê?

Ah, meu Deus! Ela não sabe. Julia fechou os olhos e reuniu toda sua coragem.

— Você não ouviu nada sobre o Dan, não é?

— Sobre o que você está falando?

— Amber, é melhor você se sentar.

Ela contou o que tinha ouvido no noticiário. Ao terminar de falar, fez-se um silêncio na outra extremidade da linha.

— Disseram que ele está no Providence. Estou certa de que eles poderão lhe dizer mais sobre o que está acontecendo.

— Eu tenho de ir — Amber respondeu e desligou o telefone.

Lindsay Pickrell, a amiga com quem Amber dividia a casa e que havia dado uma força para Amber e eu ficarmos juntos desde a noite da convergência das baleias beluga, entrou naquele momento. Ela conhecia Amber desde a faculdade e nunca a tinha visto perder a compostura. Amber balbuciava palavras desconexas, mas Lindsay conseguiu compreender algo acerca de um urso. Amber andava em círculos pela cozinha, torcendo a barra de sua camisa entre as mãos.

— Eu não sei o que fazer. Eu não sei o que fazer. Eu não sei o que fazer.

Amber telefonou para Bekkie e lhe contou o que havia acontecido.

— Estou surtando, Bekkie. Não tenho ideia do que fazer. Eu deveria ir ao hospital agora ou seria melhor esperar até amanhã? A família de Dan provavelmente está lá, e eles nem sequer sabem quem eu sou. Não tenho certeza do meu lugar na vida dele. Sinto que devo ir até lá, mas já é muito tarde e duvido que me deixem vê-lo. Mas eu também não posso simplesmente ficar aqui sentada. O que devo fazer?

— Desligue o telefone, apanhe sua caminhonete e vá — disse Bekkie. — Agora.

Amber chegou por volta da meia-noite, pouco depois de meu irmão. Ele não fazia ideia de quem ela era, mas o fato de chegar ali tão tarde da noite evidenciava tratar-se de alguém que se importava um bocado comigo. Ele permitiu que ela me visse. Amber permaneceu parada à porta do meu quarto por um momento, olhando-me através do vidro. Seu semblante esmaeceu, ela deu alguns passos com as pernas retesadas para dentro do quarto e agarrou-se à barra de proteção lateral de meu leito com ambas as mãos. Então olhou para um rosto que não podia mais reconhecer. Sua boca se abriu, mas nenhuma palavra foi proferida. Ela fechou os olhos e deixou a cabeça pender. Amber não tinha nenhuma referência para a situação com que se deparava. Ninguém tinha.

※

Nos dois dias seguintes, enquanto eu me agarrava à vida, o restante de minha família chegou ao hospital, direto do Paralelo 48. Steve, meu pai biológico, foi o primeiro a chegar. Quando retornou da cafeteria, Brian ficou abalado ao vê-lo do lado de fora da unidade de terapia intensiva. Steve pôs-se de pé no mesmo instante em que o avistou e o envolveu em um abraço.

— Muito obrigado por ter vindo — Brian agradeceu.

— Eu não podia ficar longe.

Mamãe e nosso padrasto chegaram pouco depois. Nossa mãe jamais tivera algo além de palavras carregadas de amargor para falar sobre nosso pai, por isso Brian preparou-se para presenciar uma cena. Mas meus três pais se encontraram no corredor da unidade de terapia intensiva, e todos se abraçaram.

Os próximos a chegar foram dois amigos que viviam no Oregon e eram como irmãos para mim: Chris Van Ness, um colega da Prescott College, e Jay McCollum, meu melhor amigo.

Conheci Chris em meu primeiro dia na Prescott. De mochila nas costas, participávamos de uma expedição de orientação no Grand Canyon. Aquela expedição faria de nós dois amigos inseparáveis. Andando a esmo durante o intervalo do almoço, Chris e eu nos deparamos com algumas latas velhas e enferrujadas espalhadas pelo terreno e imaginamos quem teria deixado aquilo ali. Como bons zeladores da terra, nós as recolhemos e guardamos em nossas mochilas. Pretendíamos nos livrar delas na primeira lixeira disponível, mas carregamos aquelas latas por vários quilômetros, até o acampamento Anjo Brilhante, onde mostramos ao patrulheiro de serviço o produto da boa ação praticada. Então ele nos informou que aquelas latas enferrujadas eram artefatos de mineração e que, ao retirá-las do local em que se encontravam, havíamos cometido um crime. Ele estava começando a escrever um relatório sobre o episódio quando uma emergência médica surgiu no acampamento. Ao precisar rever sua prioridade, o patrulheiro preferiu nos liberar com uma advertência rigorosa e tomar providências para que nossos artefatos fossem devolvidos ao lugar certo.

Chris e eu havíamos nos reencontrado, recentemente, no Festival de Música de High Sierra. Meu guitarrista favorito, Steve Kimock, fizera uma apresentação extraordinária, que durou quase até o nascer do sol. Apesar disso, nenhum de nós dois se mostrava disposto a dar a noite por encerrada. Depois de os *roadies* terem concluído seu trabalho sobre o palco, Chris e eu caminhamos até o topo de uma colina, ainda na área do festival, de onde assistimos ao nascer do sol, filosofando sobre o significado da vida.

Ele estava irrigando o jardim de que cuidava ao receber o telefonema. À época, Chris trabalhava como caseiro de uma propriedade. Ele arranjou alguém para substituí-lo e embarcou em um avião.

Jay e eu nos conhecíamos há muito mais tempo, desde quando minha família foi viver em Cincinnati, onde estava a sede da Procter & Gamble. Foi para lá que o trabalho do meu padrasto nos levou ao voltarmos da Malásia. Quando Jay e eu nos conhecemos, eu havia acabado o ensino médio, com um ano de antecedência, e ele acabara de concluir o serviço militar. Promovemos um bocado de agitação, trabalhamos um pouco em prol da preservação do meio ambiente e passamos incontáveis horas idealizando diferentes maneiras de salvar o mundo. Regozijando-nos com nossas recém-conquistadas liberdades, exploramos juntos a filosofia, a espiritualidade e a completa lassidão. Nós nos tornamos irmãos em um período no qual éramos invencíveis e propensos à prática de atos espontâneos de estupidez, como rolar pela encosta de uma colina abaixo dentro de sacos de dormir em plena escuridão.

Uma de nossas façanhas mais imbecis foi uma quase reencenação da sequência final do filme *Thelma & Louise*. Estávamos contemplando o panorama das íngremes encostas do Rio Vermelho, na Floresta Nacional Daniel Boone, no Kentucky, quando, de repente, ficamos de pé e desatamos a correr, sem qualquer motivo para isso. Berrávamos "Iá-huuuu!" a plenos pulmões, enquanto descíamos por uma trilha. Então, sem mais nem menos, nos desviamos da trilha e iniciamos uma desabalada carreira pelo declive bastante acentuado de uma encosta, sem ter a menor consciência de que rumávamos, a toda velocidade, para um despenhadeiro. Correndo lado a lado, subitamente nos demos conta do erro que estávamos prestes a cometer. Lançamo-nos ao chão, na tentativa de refrear a trajetória de nosso corpo, e deslizamos sobre nossos traseiros e as solas de nossas botas, mal conseguindo parar a tempo de evitar nos projetar sobre a beira do precipício. Apesar disso, nem chegamos a parar e pensar no que quase poderia ter acontecido; em vez disso, nos levantamos imediatamente e nos pusemos a correr na direção oposta, berrando e ululando ainda mais alto. A única explicação que posso oferecer para algo assim é citar John Muir: "É preciso arriscar nossas vidas a fim de que possamos salvá-las" — embora eu duvide que ele tivesse esse tipo de maluquice em mente ao dizer isso.

Assim que ouviu sobre o que havia acontecido no Alasca, Jay deixou seu trabalho como massoterapeuta em uma clínica no centro de Portland e tomou um avião para estar ao meu lado.

Tão logo a formação de meu círculo de pessoas mais chegadas se completou, o Dr. Kallman convocou uma reunião. No final do corredor da unidade de terapia intensiva, em uma sala de conferências desprovida de janelas e banhada por uma luminosidade incandescente, Kallman disse o que ninguém gostaria de ouvir.

— Não há muito que possamos fazer agora. O inchaço precisa diminuir para que seja possível voltarmos a trabalhar em sua reabilitação.

— Quer dizer que o senhor ainda não terminou o seu trabalho?

— Quando um cérebro inchado é encerrado em um espaço confinado, há risco de danos a esse cérebro — explicou o médico. — Os tecidos podem perder a irrigação sanguínea e morrer. Assim, primeiro vamos nos ocupar da pele dele. Tentaremos fazer com que ela possa ser estendida sobre todo o osso, recobrindo-o com tecido vascularizado, a fim de manter viva a maior extensão possível da superfície. Então passaremos ao segundo estágio, que é o da reconsolidação do próprio osso.

— Quando isso acontecerá?

— Isso depende de como ele passar esta semana.

— Por que ele está sob o efeito de drogas que o induzem ao coma?

— Em casos como este, tudo é muito delicado e frágil, por isso preferimos evitar que o paciente desperte e, de modo involuntário, comece a se debater. Por motivos óbvios, uma desabilitação traumática assim é muito desnorteante. Ele irá sentir dor e um grande desconforto. Não pretendemos ser cruéis, mas ao lidarmos com uma situação delicada como esta costumamos manter o paciente profundamente sedado por algum tempo. Não queremos que ele arrisque suas chances de cura ao bater com a cabeça na barra de proteção lateral do leito.

— O senhor sabe se o cérebro dele sofreu algum dano?

— Até o momento, o que podemos dizer é que as funções cerebrais dele estão boas — exceto a visão. Ele podia mover os braços e as pernas ao dar entrada na emergência, além de conseguir falar. Por isso ele parece estar bem conectado.

— O que há com a visão dele?

— Eu tenho de ser franco. Um dos olhos dele terá de ser extraído. O outro tem tecido conectivo intacto apenas o suficiente para ser recolocado com chances de sobrevivência. Mas posso dizer, desde já, que não há esperança de ele recuperar a visão. Ambos os nervos ópticos foram seccionados.

— O senhor está dizendo que ele está cego?

— Eu sinto muito...

— O senhor tem certeza disso?

— Temo que sim.

Os olhos de minha mãe se encheram de lágrimas. Os homens presentes no recinto procuravam demonstrar uma resignação estoica.

— Os nervos ópticos não podem ser reconectados?

— Atualmente, desconheço a existência de uma tecnologia em qualquer parte do mundo que possa solucionar esse problema.

— Existe alguma possibilidade de isso mudar, no futuro?

— O Dr. Carl Rosen é nosso especialista em problemas relacionados com os olhos aqui. Ele poderá lhes explicar isso melhor do que eu.

Perguntas continuaram a ser formuladas, e Kallman as respondeu da melhor maneira que pôde. Um de seus mentores havia sido um homem especialmente habilidoso para conversar com famílias devastadas pelo sofrimento de seus entes queridos. Kallman aprendera com ele a importância de enfatizar as palavras "devastado(a)" ou "devastador(a)" nas conversas com a família de um paciente e a utilizá-las tantas vezes quanto pudesse, até ficar absolutamente claro para todos que não haveria ninguém no planeta capaz de reconstituir esse paciente ao que ele havia sido um dia.

— Dan sofreu um trauma devastador — ele enfatizou, com uma pausa no intuito de que a palavra se enraizasse na mente daquelas pessoas. — Devastador... Seus ferimentos estavam muito infectados. Dan não foi apenas mordido pelo urso, ele foi mastigado. Os ferimentos abertos também ficaram expostos ao ambiente externo por muitas horas, antes de ele conseguir ser trazido até aqui para que o tratássemos. Esses fatores aumentam de modo significativo o risco de um paciente contrair uma infecção. A boa notícia é que ele ainda é jovem e se encontra em ótima forma. Ele possui um bom coração e bons pulmões, por isso pode contar com excelentes recursos. Contudo, ainda há a possibilidade de ele contrair meningite ou outra infecção terminal. Nós o estamos tratando com antibióticos, a fim de prevenir isso, mas neste momento devemos nos resignar a esperar.

Embora a ciência médica não tivesse muito mais a fazer por mim naquele estágio, meus familiares e amigos tinham o que fazer, segundo Kallman lhes disse. Ele não se importava com o quão conservadores alguns médicos pudessem ser, ou quanto fechada fosse a mente deles: todos já haviam testemunhado casos de recuperação que não podiam ser explicados cientificamente.

— Tragam objetos que lhe sejam familiares, no intuito de mantê-lo conectado ao mundo — o médico sugeriu. — Tragam as músicas favoritas dele ou qualquer outra coisa que ajude a mantê-lo conosco. E, se vocês tiverem algum tipo de fé, este é um bom momento para se apegar a ela.

CAPÍTULO 8

Técnicos de futebol de poltrona

Enquanto eu me agarrava à vida, os "técnicos de futebol de poltrona" entravam em ação, prontos a oferecer opiniões sobre como e por que eu havia sido atacado e o que eu poderia ter feito para evitar isso. Nos *websites* noticiosos e fóruns de discussão on-line voltados a esportistas que trataram do assunto, havia autoproclamados especialistas em ursos, cujas andanças jamais haviam cruzado as trilhas percorridas por um animal dessa espécie, e supostos *experts* sobre a vida no Alasca que jamais haviam colocado os pés nesse Estado.

Eu deveria ter borrifado o focinho daquele urso com um *spray* de pimenta, eles escreveram. Deveria ter atirado no desgraçado, antes que ele tivesse a oportunidade de me atacar. Deveria ter subido em uma árvore.

A verdade é que meu cérebro mal teve tempo de registrar uma informação do tipo "urso atacando" antes de eu ser esmagadoramente golpeado. Um urso pardo bastante motivado pode correr a quase 60 km/h e percorrer certas extensões não apenas em segundos, mas em frações de segundos. Talvez um *spray* repelente de ursos pudesse ter feito alguma diferença, mas, mesmo contando com essa vantagem — e ainda que estivesse com a lata apontada para o urso, com meu dedo sobre a válvula de disparo —, isso equivaleria a um bombeiro que tentasse extinguir um incêndio de grandes dimensões com uma pistola de água.

No livro *Mark of the Grizzly* ["A Marca do Urso Pardo"], de Scott McMillion, o pesquisador aposentado Barrie Gilbert — que perdeu um dos olhos e metade do rosto para um urso pardo no Parque Nacional Yellowstone, em

1977 — resume da melhor maneira possível o que se pode dizer dessa espécie de palpiteiros: "Quando tiver rolado pelo chão com um urso, você poderá me contar como foi."

Ataques de urso são raros, mesmo no Alasca, onde, de acordo com a estimativa do Departamento de Caça e Pesca do Alasca (que inclui animais das três espécies nativas), há, em todo o território do Estado, um urso para cada cinco habitantes. Por isso ataques de urso sempre rendem grandes manchetes. O meu caso foi tão arrepiante que logo se espalhou por todas as redes nacionais e apareceu em jornais diários de Seattle a Miami. Durante o voo para Anchorage, minha mãe notou que uma mulher sentada a seu lado lia uma matéria a meu respeito, publicada no *USA Today*; ela se inclinou e, apontando para o artigo, disse: "Esse é meu filho!". No Alasca, havia uma manchete atrás da outra sendo publicada, e as pessoas não se cansavam de comentá-las.

— Você ouviu isso? Um pobre coitado, voltando da confluência, teve seu rosto arrancado por um urso.

— Dizem que o urso arrancou os olhos dele com uma patada.

— Ouvi dizer que um dos globos oculares foi levado pela correnteza, rio abaixo.

Foi bastante difícil para as pessoas aceitarem o ataque que sofri, não apenas porque um urso havia cegado um "pobre coitado", mas porque isso havia acontecido a não mais que uma pedrada de distância do quase sempre congestionado estacionamento Grayling, nas dependências de uma das áreas de campismo mais populares do Estado. Hordas de pessoas sobem e descem aquela mesma trilha, dia e noite, entre maio e setembro; há algo em torno de uma centena de milhares de excursões por ano para aquela área, de acordo com as cifras da administração da Floresta Nacional Chugach. Teria sido mais fácil compreender o ataque que sofri se a situação envolvesse, digamos, um turista desavisado e inconsequente que tivesse se aproximado demais de uma mãe ursa e seus filhotes a fim de tirar uma fotografia. Mas meu ataque parecia ter sido tão aleatório que o fator "aleatório" era assustador demais para ser considerado. Em especial pelas pessoas que costumam abastecer seus *freezers* regularmente com o que apanham naquele rio e que já passaram por aquela mesma trilha mais vezes do que podem contar.

— Ele deve ter feito alguma coisa estúpida — elas diziam. — Ou, talvez, ele mesmo *seja* estúpido. E, uma vez que eu não sou estúpido, algo assim jamais teria acontecido comigo. — Essa crença fazia o mundo desse tipo de pessoa parecer mais seguro.

Muitos rumores circulavam... Eu teria atirado pedras no urso, provocando o ataque; ou, melhor ainda, teria atirado latas de cerveja contra o urso. Em outra versão, eu estaria transportando peixes na mochila, e então não era de admirar. Não só eu não transportava peixes na mochila, como era John quem fazia isso, e o urso passou por ele direto. Se transportar peixes fosse suficiente para desencadear um ataque daquele tipo, pescadores teriam ursos saltando sobre suas costas com regularidade.

Graças a mim, os comentaristas da internet — anônimos, insensíveis e mal-informados — tiveram dias gloriosos:

"Nesta manhã, ouvi dizer que o ataque aconteceu porque o cachorro da vítima começou a perseguir o urso, e o urso, é claro, reverteu a situação e contra-atacou".

"Bem, este me parece ser um daqueles casos raros e incomuns nos quais as pessoas recebem uma porção de avisos de que o urso estaria a ponto de 'sair da casinha'. Eles o viram correr para cima e para baixo, até se enfurecer."

"Assim como acontece com certas pessoas, 'deu a louca' na ursa."

"Há pessoas que desejam tanto sentir-se 'em comunhão com a natureza' que não compreendem o que um animal selvagem pode fazer a um ser humano que entre em seu caminho."

"Eu me lembro do dia em que um simpático casalzinho *yuppie* e seu cão de estimação embarcaram em um curto passeio de canoa por um rio da Flórida. O lindo cachorrinho saltou da canoa e foi imediatamente abocanhado por um daqueles velhos crocodilos enormes... Sem pensar duas vezes, o rapaz mergulhou na água no intuito de resgatar o cãozinho. Hoje, ele tem cicatrizes que comprovam sua história... Essa situação envolvendo o urso me parece semelhante."

Toda falta de informação, o prejulgamento e a arrogante superioridade foram profundamente desagradáveis para a minha família, e isso os convenceu a não conceder entrevistas à imprensa. Eles poderiam expor alguns fatos com clareza, mas estavam tristes e preocupados demais para envolver-se em discussões, além de não conseguirem ver que bem resultaria disso.

Não demorou muito para o longo debate sobre o que eu teria feito para merecer aquilo se transformar em um tiroteio generalizado.

"Ele deveria estar mais bem preparado", postou alguém. Imagino que quem publicou esse comentário se referia a portar arma de fogo. Os objetos mais próximos de uma arma que eu tinha comigo eram um alicate e uma faca usada para limpar peixes. Mas portar armas de fogo seria a melhor maneira de entrar no território dos ursos?

"Sim e não, talvez e às vezes, para algumas pessoas e não para outras", escreve o Dr. Stephen Herrero, canadense especialista em comportamento dos ursos e autor de *Bear Attacks: Their Causes and Avoidance* ["Ataques de Ursos: Suas Causas e Maneiras de Evitá-los"], considerado a maior autoridade sobre o assunto. Armas de fogo podem proporcionar uma falsa sensação de segurança às pessoas, e talvez as tornem menos alertas aos sinais indicadores de que há ursos por perto. Além do mais, há uma grande diferença entre portar uma arma de fogo e ser proficiente em seu manuseio.

"Para matar um urso pardo em pleno ataque, na tentativa de se defender, você precisa ser capaz de atirar contra um corpo que se desloca na sua direção — talvez em meio a uma vegetação densa — a uma velocidade que pode chegar a 13,4 metros por segundo", Herrero escreve. "Se você não possui experiência suficiente para isso, estará em melhor situação caso *não* esteja portando uma arma de fogo."

Esse sou eu: um sujeito em melhor situação por não portar uma arma de fogo. Se tivesse uma, seria tão provável eu acertar John quanto o urso. Mas os alasquianos adoram suas armas de fogo; assim, as discussões on-line logo viraram acalorados bate-bocas entre os "imbecis" e os "idiotas", acerca de qual arma de fogo era maior ou melhor para derrubar um urso pardo em pleno ataque. Um revólver Smith & Wesson 629, de cano curto? Um rifle WWG Copilot 457? Uma escopeta calibre 12, com cartuchos *magnum* de 3 polegadas? Evidentemente, a humanidade estava em risco.

— Eu cacei ursos várias vezes e sei muito bem como matar um, já matei vários — bravateou um dos participantes dos "debates".

— Isto aqui *não é* uma competição de mijo a distância — alguém rebateu, encerrando uma discussão.

Perdido em meio a toda essa fanfarronice estava eu. O mochileiro que percorria trilhas inóspitas, o esquiador amador, o navegador de corredeiras, o pescador inveterado que jamais voltaria a contemplar um crepúsculo; o sujeito recém-apaixonado, cujo espírito estava tão enlevado pela maneira como sua vida transcorria, que a única coisa capaz de fazer com que o velocímetro de sua felicidade ultrapassasse o próprio limite seria a súbita aquisição da capacidade de voar. Perdido em meio a todas as discussões banais para as quais era arrastado, eu emergiria de um coma para um mundo de dor, perda e escuridão.

Craig Medred, um veterano redator do *Anchorage Daily News*, era alguém que entendia a questão da "culpabilização da vítima" melhor do que a maioria das pessoas. Ele compreendia isso porque havia vivido um episódio semelhante: ele foi atacado por uma fêmea de urso pardo enquanto caçava alces, sozinho, em 1992. Nesse caso, tratava-se de um caçador tarimbado, bem armado, com mais de 25 anos de experiência no manuseio de armas de fogo, que, no calor do momento, ficou confuso sobre o que exatamente deveria fazer e, ao ouvir as pesadas patadas da ursa a galope e enfim decidir que deveria atirar, já era tarde demais. Na confusão que se seguiu, ele errou o primeiro tiro. Antes de poder disparar o segundo, o animal já estava com a mira do revólver calibre .454 Casull entre as presas, com o cano da arma em posição perpendicular à sua boca. O impacto fez Medred cair no chão. Marcas de presas ficaram na mira da arma, e um ferimento em forma de S marcou o rosto do redator, na parte em que a ursa o havia pisoteado, enquanto o fazia rolar como uma bola. De algum modo, ele conseguiu apanhar a arma, e ainda a tinha em sua mão quando a ursa o agarrou por uma perna.

O primeiro tiro havia errado completamente aquele enorme alvo em movimento, a um braço de distância, mas o segundo obteve um resultado melhor. Com as presas da ursa firmemente cravadas em sua perna direita, pouco acima do tornozelo, Medred apontou a arma outra vez. *Não vá acertar um tiro em seu próprio pé.* Ele puxou o gatilho.

O projétil de 17 gramas deteve o ataque. A ursa caiu a pouco mais de meio metro do pé direito, horrivelmente ferido, do caçador. Quando ele ia pôr fim ao sofrimento do animal, descobriu que a arma havia emperrado. A ursa se levantou, caiu, rolou colina abaixo para longe dele, levantou-se outra vez, rolou um pouco mais para longe, levantou-se de novo e cambaleou para dentro da vegetação cerrada, presumivelmente para morrer ali. Medred sentia-se grato por estar vivo, porém estava mal por ter atirado em uma mãe ursa e, ainda pior, por tê-la deixado apenas ferida. Depois disso, ele precisou aturar um inferno — on-line e por meio de cartas à redação: ele foi criticado por ter saído para caçar sozinho, pela arma que havia escolhido usar, por ter sido atacado por um urso e até mesmo por ter sobrevivido, conforme alguns insinuaram.

Onze anos depois, Medred, em parceria com Doug O'Harra, faria a cobertura jornalística de minha história, de seu desfecho e seu impacto nas práticas administrativas ao longo do rio Russian, nos mesmos lugares em que o próprio Medred pescara por mais de vinte anos. Ele ouviu boatos e leu comentários a meu respeito, e isso o levou a escrever uma coluna sobre essa tal de "culpabilização da vítima".

"Quando ursos atacam, as pessoas querem encontrar um motivo para isso", escreveu. "Em nossa sociedade confortavelmente protegida, não se espera que coisas ruins como esta aconteçam a pessoas boas. [...] Na ausência de explicações, as pessoas começam a inventá-las. [...] Autênticos acidentes ao ar livre — o que é diferente de tomar decisões ruins — são raros, mas parece ser o caso aqui."

Enquanto detalhes do ataque que sofri e do dramático resgate se desdobravam nos noticiários, ficou evidente que algo precisava ser feito em relação ao problema do rio Russian. No dia seguinte ao meu ataque, pela primeira vez na história do Alasca, por força de uma medida emergencial, oficiais estaduais e federais ordenaram que o acesso ao rio, às suas trilhas e margens fosse interditado durante a noite, nos arredores do Santuário. A área permaneceu interditada das onze horas da noite às seis da manhã por mais de um mês. Muita gente se sentiu feliz em cumprir a ordem, mas outras pessoas se queixaram vigorosamente, por considerar a medida mal-orientada, inócua no que diz respeito à resolução definitiva do problema dos ursos e uma forma de renunciar ao rio em favor desses animais.

Medred era um dos que acreditavam que o fechamento noturno não era a resposta certa. "Quem será o 'sortudo' encarregado de afugentar os ursos todos os dias, às seis horas da manhã?" ele questionou.

Até que uma solução melhor, efetiva em longo prazo, pudesse ser encontrada pelas várias agências envolvidas, a intenção era evitar que indivíduos das duas espécies antagônicas se encontrassem acidentalmente, ao longo do rio, no escuro. Ataques a seres humanos — mesmo se se tratasse de uma mãe ursa protegendo os filhotes — tendem a fomentar certa histeria antiursina. Com tantos nervos à flor da pele após o ataque que me vitimou, parecia bem provável que muito mais gente passasse a andar com armas de fogo, quer fossem proficientes em seu manuseio ou não. Se começassem a voar balas para todos os lados, seria melhor ocorrerem em plena luz do dia, e não na escuridão da noite.

Ninguém pode dizer exatamente o que aconteceu naquela noite. O que teria feito a ursa que Jaha avistara correr na direção do rio abaixo, não muito antes de ouvir meus gritos, nem mesmo se aquela era a mesma ursa que me atacou. Havia muitos potenciais suspeitos à solta na área.

"O Serviço de Pesca e Vida Selvagem dos Estados Unidos alertou para a presença de aproximadamente catorze ursos no rio Kenai (na região da confluência) naquele momento", lia-se no relatório dos patrulheiros estaduais sobre o ataque que sofri. "Além desses, havia cerca de três fêmeas com filhotes na área adjacente, ocupada pelo acampamento do rio Russian."

Ninguém pode dizer com certeza por que, de todos os encontros entre pessoas e ursos que terminam em um acordo mútuo de seguirem em direções opostas, tão logo quanto possível, este foi tão prontamente por água abaixo. A única coisa que faz algum sentido para mim é que a agitação nos ramos mais baixos dos arbustos — que chamou nossa atenção, enquanto John e eu recuávamos do urso com o qual havíamos nos deparado no final da escadaria —

tenha sido provocada pelos filhotes da mãe ursa. Embora nenhum de nós dois tenha visto filhotes, Jaha afirma ter avistado alguns, antes e depois do ataque.

Há mais de uma teoria, mais de uma versão de cada uma das várias histórias que convergem para aquele ponto à beira do rio onde o urso me deixou à beira da morte. Isso é, com frequência, o que acontece quando fluxos de adrenalina e o medo se sucedem de modo frenético no tempo, no espaço e na percepção de certas dimensões alternativas e surreais.

John e Jaha, as duas pessoas que estavam mais próximas do marco zero dos acontecimentos, têm a sua versão. Eles acreditam que os sujeitos que não temiam ursos, aos quais Jaha tentou prevenir sobre a presença de uma inquieta fêmea de urso correndo rio abaixo, na verdade a tenham encontrado. Ou talvez tenham se deparado com seus filhotes, criaturinhas mais ou menos do tamanho de um cão *golden retriever* meio crescido. John e Jaha acreditam que esses sujeitos tenham atirado latas de cerveja na ursa ou nos filhotes, a fim de espantá-los. Isso explicaria as latas com marcas de dentadas que John e eu encontramos no chão. Mas isso não explica por que aqueles sujeitos nos ignoraram de forma tão ostensiva. Não faz nenhum sentido eles não terem mencionado um encontro desse tipo — caso esse encontro tivesse ocorrido —, não faz sentido eles não nos terem prevenido. Talvez fossem orgulhosos demais. Talvez não quisessem deixar transparecer o medo que haviam sentido. Talvez nada disso tenha acontecido dessa maneira. Tudo é apenas especulação. Mas John e Jaha estão convencidos de que foi isso que aconteceu, e que o arremesso das latas de cerveja havia irritado ainda mais uma já muito estressada mãe ursa, separando-a de seus filhotes. Se a versão na qual eles acreditam for verdadeira, quer dizer que John e eu passamos entre eles direto para uma armadilha.

Quando todas as testemunhas foram entrevistadas, todos os oficiais consultados e todos os relatórios arquivados, a razão para eu ter sido atacado tornou-se clara: eu tive muito azar. Estava no lugar errado, na hora errada, com o urso errado.

CAPÍTULO 9

A vigília

O prazo de esperar para ver transcorria um minuto por vez. Eu permanecia em um limbo, conectado a máquinas por meio de mangueiras, tubos e cabos que me faziam parecer um polvo. Um monitor registrava cada batimento do meu coração, e um respirador artificial soava como se amplificasse o ruído dos suspiros de Darth Vader. Além de eu estar drogado, em um estado de completa submissão, nos primeiros dias críticos eu tive meus movimentos tolhidos: fora atado pelos pulsos, com tiras brancas de um tecido atoalhado, às barras de proteção de ambos os lados do leito. Por mais cruel que isso possa parecer, mais tarde eu compreenderia a importância dessa medida à minha sobrevivência. As enfermeiras suavizavam minha sedação duas ou três vezes por dia, no intuito de que testes neurológicos pudessem ser realizados: asseguravam, assim, que medicação suficiente fluísse para a minha cabeça sem impedir a movimentação dos dedos das mãos e dos pés. Caso eu me tornasse consciente o bastante durante a realização de algum daqueles testes, poderia pôr a perder todo o trabalho do Dr. Kallman; se fosse capaz de me lembrar do urso, poderia desferir um golpe descontrolado tão violento que mataria a mim mesmo.

A fim de abafar os ruídos frios e assépticos da tecnologia médica — e no intuito de ajudar a me manter conectado, ainda que de maneira muito tênue, ao mundo —, meu irmão havia enchido todo o quarto de cabos, conseguindo que houvesse música ali constantemente. Ele instalou um pequeno toca-discos em um console atrás de minha cabeça e posicionou alto-falantes de ambos os lados da cama. Assim, minhas bandas favoritas puderam se juntar aos que se revezavam na vigília ao redor de meu leito. As músicas se repetiam em ciclos de cinco horas, e era possível ouvir Photonz, Denali Cooks, Grateful Dead, Thievery Corporation, Michael Hedges, Michael Franti e Steve Kimock. Especialmente Steve Kimock. Enquanto os pacientes de unidades de terapia intensiva costumam ser mantidos em isolamento, o Dr. Kallman, na qualidade de primeiro médico responsável pelo meu caso, havia dado permissão às pessoas de meu círculo mais íntimo para fazerem tudo o que pudessem para me manter na companhia delas; assim, assumiriam parte da responsabilidade de me terem em suas mãos, da melhor maneira que concebessem isso.

Essas pessoas vinham se sentar perto de mim em turnos, assegurando-se de que sempre haveria alguém comigo, 24 horas por dia. Isso não apenas para eu não ficar sozinho, mas também para que os cuidados que me eram dispensados sob restrita vigilância fossem mantidos, enquanto uma procissão de auxiliares, enfermeiras, médicos, cirurgiões e especialistas entrava e saía do quarto. Eles se sentavam em suas cadeiras com o corpo inclinado para a frente, as mãos sobre os joelhos, e me olhavam fixamente. Em pé, eles olhavam pela janela e contemplavam o verão no Alasca. Seguravam uma de minhas mãos, acariciando-lhe suavemente o dorso com os polegares. Falavam comigo e me asseguravam, insistentemente, que tudo ficaria bem. Liam para mim: Brian, trechos de *The Hitchhiker's Guide to the Galaxy*, pelo humor; e Jay, *The Book of the Dun Cow*, pela narrativa de uma luta épica com desfecho vitorioso.* Licenciado para a prática de uma das artes curativas mais antigas do mundo, Jay posicionava uma cadeira na extremidade de meu leito e, gentilmente, erguia

---

* *The Hitchhiker's Guide to the Galaxy*, do escritor e comediante inglês Douglas Adams (1952—2001), é uma série de cinco livros escritos e lançados a partir de 1978 (além de um sexto, escrito por Eoin Colfer em 2009, que deu continuidade à saga). A série mistura ficção científica e humor e foi publicada no Brasil como *O Guia do Mochileiro das Galáxias*.
The Book of the Dun Cow ["O Livro da Vaca Pardacenta"], do norte-americano Walter Wangerin Jr. (1944—), é um romance de ficção fantástica, cujo enredo é livremente baseado em antigas fábulas folclóricas e na obra do escritor, filósofo e astrônomo inglês Geoffrey Chaucer (1343—1400), considerado o pai da literatura inglesa. Lançado em 1978, foi indicado ao prêmio de Livro Infantil do Ano pelo jornal *The New York Times*, e sua primeira edição em brochura conquistou, no mesmo ano, o *National Book Award*, como melhor obra de ficção científica. Além disso, seu enredo foi adaptado para um espetáculo de teatro musical em 2006. Wangerin escreveu outros dois livros — *The Book of Sorrows* (1985) e *Peace at the Last* (2013) —, dando prosseguimento à história. Não temos conhecimento de uma tradução para o português desses livros. [N. do T.]

um de meus pés e o envolvia em suas mãos, uma sobre a planta e a outra sobre o dorso. Concentrando-se em seu trabalho, focalizando sua energia, ele massageava um pé e depois o outro, com movimentos que subiam de modo lento até as panturrilhas e tornavam a descer aos pés — praticamente as únicas partes de meu corpo sobre as quais ele podia trabalhar sem risco de me ferir.

A situação ficou ainda mais tensa quando, três dias após o ataque e com fluido cerebrospinal ainda vazando pelo nariz, minha temperatura passou a subir e a baixar de modo rápido e drástico. Um médico da unidade de terapia intensiva requisitou uma punção lombar, na tentativa de diagnosticar a meningite que o Dr. Kallman temia. Enquanto aguardavam os resultados do exame, Brian e Jay lideraram uma equipe frenética de pesquisa. Eles esperavam encontrar algo que ajudasse os médicos a me ajudarem. Os efeitos da inoculação de baba de urso em meu sistema imunológico havia suscitado dúvidas em relação ao tipo de antibiótico que melhor poderia restaurá-lo; então, eles dois e nossos amigos "atacaram" a internet com afinco, conversaram com biólogos especializados em ursos e até com uma pessoa que trabalhava para o Zoológico do Alasca. Essa era uma iniciativa menos ingênua que desesperada.

Os resultados de meus exames chegaram, todos negativos. Meu irmão e meus amigos ergueram e espalmaram-se as mãos no ar. Minha mãe voltou o olhar para o teto e balbuciou um silencioso "obrigada" a ninguém em particular. Meu pai, Steve, que havia rezado por mim, como fazia na igreja que frequentava em Salinas, agradeceu a Deus, em especial. Mas eu ainda tinha febre; aliás, uma febre persistente — um lembrete de que minha conexão com a vida ainda era precária.

Se eu não estivesse tão completamente fora do ar, teria notado a lacuna deixada por uma determinada pessoa entre as que me rodeavam: Amber. Ela já havia me feito duas visitas, antes de seus passos se cruzarem com os de minha mãe. Em sua terceira incursão à unidade de terapia intensiva, minha profundamente abalada mãe fixou o olhar sobre ela. Então franziu o cenho e olhou para Brian, com uma expressão de quem indaga "quem diabos é essa aí?". Brian apenas encolheu os ombros; ele não sabia por que ela continuava a me visitar. E minha mãe acenou com a ponta de seu dedo indicador na direção de Amber:

— Você poderia sair comigo por um instantinho?

Amber "não sabia onde enfiar a cara" quando todos os olhos no recinto se voltaram para ela. Ela engoliu em seco, apanhou a bolsa que tinha sobre o colo, colocou-a no chão, ao lado da cadeira que ocupava, e seguiu minha mãe para fora do quarto, pelo corredor.

— Me desculpe, mas quem é você? E como conseguiu chegar até o quarto de Daniel?

Amber ficou momentaneamente sem fala. Ela não tinha certeza sobre quem era. Achava que ainda não tinha o direito de se dizer minha namorada. Então explicou a situação da melhor maneira que pôde.

— Bem, nós apenas começamos a nos encontrar...

— Ah, verdade? Então, por que eu ainda não ouvi falar de você?

Amber sentiu o rosto esquentar.

— Eu compreendo... Eu realmente compreendo — disse, olhando para o chão. — A senhora e sua família precisam de espaço. Não tive a intenção de me intrometer. Vou me manter a distância. Mas está tudo bem se eu telefonar para a senhora, de vez em quando, para saber como ele está? Ou talvez a senhora prefira me telefonar?

— Isso seria muito bom. Aqui está o número do hotel em que estamos hospedados. Vou ficar com seu número também.

Amber saiu do hospital com a sensação de ter engolido arame farpado.

Não tinha como minha família saber o lugar que ela ocupava em minha vida. Aparentemente, algumas amigas minhas a haviam apresentado como minha namorada, a fim de que ela pudesse ter acesso ao hospital e me visitar. Seguindo a cartilha da educação que recebera em sua criação no meio-oeste, com seu estoicismo característico, Amber fez a única coisa que poderia ter feito: colocou um pé diante do outro e seguiu caminhando pela vida da melhor maneira que conseguiu. Pela primeira vez em sua existência, seu sono não era amistoso — e ela sempre fora muito boa e talentosa nesse aspecto. Quando criança, ela continuou a dormir durante um incêndio que tivera início na lareira de sua casa, mesmo com as sirenes dos bombeiros tocando e enquanto seu pai a carregava para fora da casa completamente tomada pela fumaça. Na adolescência, ela passava alguns dias em uma cabana à beira de um lago com a família e dormiu enquanto um tornado desenraizava árvores centenárias e arrancava o telhado de uma cabana vizinha. Já adulta, ela costumava programar dois relógios despertadores ao lado da cama, pois era necessário um trabalho de equipe para convencê-la de que era mesmo a hora de acordar.

Banida "para fora de campo", à noite Amber se deitou sob sua colcha de retalhos e contemplou o turbilhão de imagens que giravam em sua mente. Quando por fim o sono chegou, os sonhos estavam à sua espera. Ela sonhou que eu despertava do coma e perguntava: "O que é que *você* está fazendo aqui?". Sonhou que eu lhe pedia em casamento. Sonhou que eu não me lembrava dela e que não queria nada com ela. Assim, os sonhos desgastaram a já puída tessitura de seus sentimentos. E não apenas os sonhos, mas, também, o incessante espiralar de pensamentos de mesmo teor que a atormentava o dia inteiro. Ela começou a questionar se não teria imaginado aquilo tudo e a pensar que a conexão que havia sentido entre nós dois fosse resultado do consumo de cerveja ou que os desejos de sua mente haviam-lhe pregado uma peça. Tudo era muito confuso.

Enquanto Amber permanecia distante, choviam cartões e cartas estimando minhas melhoras: de amigos e conhecidos, de estranhos que haviam ouvido a meu respeito nos noticiários e das crianças com quem eu havia trabalhado nos Serviços Infantis do Alasca — as crianças mais jovens ilustravam seus votos com giz de cera e lápis de cor. O coronel Valentine, alguns sujeitos que haviam me acompanhado na ambulância e algumas pessoas que haviam estado comigo no rio, naquela noite, vieram ao hospital para ver como eu estava. Membros da igreja levaram caçarolas de cozido de alce para minha família. Pessoas espalharam cofres para a coleta de doações na estação de balsas do rio Russian e sobre os balcões das casas comerciais de Cooper Landing. Amigos organizaram apresentações musicais beneficentes a fim de angariar fundos — uma no Sunrise Inn, em Cooper Landing, com os Denali Cooks; outra em Girdwood, no Max's, com os Photonz. A generosidade era incrível: do cheque polpudo assinado pelo proprietário da Double Musky Inn, em Girdwood, às crianças que esvaziavam seus cofrinhos. Um homem de Talkeetna chegou até a se oferecer para doar um de seus olhos.

Em Girdwood, meus amigos se reuniam na cabana em que Jamie e eu vivíamos. Eles deixavam uma pilha de sapatos e sandálias do lado de fora, na porta da frente, como preconiza a etiqueta do Alasca. Eles se abraçavam, choravam e meneavam a cabeça como se não pudessem acreditar em tudo aquilo. Aquela casa estava cheia de equipamentos para uso em ambientes externos que não seriam mais de grande utilidade para mim, e meus amigos tentavam compreender o que havia acontecido comigo, o Dan que dizia "vamos subir até o topo da montanha do Max's à meia-noite"; o Dan que gostava de jogar a cabeça para trás e uivar para a lua. Sabendo que eu havia ficado cego, alguns cogitavam, em sussurros, se não teria sido melhor, mais misericordioso, que eu tivesse morrido lá no rio.

Nos primeiros dias, John telefonou para seu trabalho e alegou estar doente; depois, decidiu que não voltaria mais a trabalhar lá. O turno da noite na recepção da estação de esqui fazia com que ele passasse longas horas sozinho, e para John estava sendo muito difícil ficar apenas com seus pensamentos. Embora sua casa ficasse apenas a dois minutos de caminhada da minha, ele havia fixado residência em meu sofá. Minha mãe se preocupava com ele, por causa da "síndrome do sobrevivente". Então ela se ofereceu para lhe pagar um acompanhamento psicológico. John agradeceu, mas disse que não seria necessário.

Às vezes, quando não estavam em seus turnos de vigília no hospital, Jay, Chris e meu irmão dirigiam até Girdwood para se condoerem com meus amigos. Eles faziam um brinde a mim. Ou dois. Talvez três. Então esses encontros evoluíam da compunção generalizada para um velório irlandês, e as histórias começavam a rolar. Falavam dos meus dias na Malásia, da época em que eu era um moleque com cabelo rastafári e muita atitude e do período em que mochilei por lugares inóspitos por tanto tempo que quase regredi ao estado selvagem. Histórias como a da ocasião em que um amigo e eu nos livramos de nossas roupas e mergulhamos no rio Merced, nas Sierras; ali resolvemos "cavalgar" um tronco que flutuava à deriva e fomos levados pela correnteza para bem longe; então tivemos de voltar a pé, nus e descalços, para o ponto onde havíamos deixado as roupas.

E a melhor molecagem de todas: eu e um grupo de amigos estávamos mochilando à sombra do monte Whitney e havíamos acabado de chegar a um prado coberto de flores silvestres quando ouvimos a aproximação de um helicóptero. Escondendo-nos o melhor possível, vimos o helicóptero pousar diante de uma cabana remota do serviço de proteção do parque, à margem do prado. Os motores do helicóptero foram desligados, e o piloto com dois outros homens saíram do aparelho e entraram na cabana. Nosso amigo "Monk" (monge) começou a rastejar, com o abdômen junto ao solo, na direção dele. O restante do grupo trocou olhares, e resolvemos segui-lo, também nos arrastando sobre a barriga até o helicóptero. Lá chegando, apanhamos uma câmera fotográfica que havia sido deixada em um assento da aeronave, tiramos uma fotografia de nossas bundas nuas, devolvemos a câmera e rastejamos para longe dali. Atravessamos o prado rindo histericamente ao imaginarmos a reação do patrulheiro que encontrasse, no meio da série de fotografias da natureza, a imagem de uma linha de luas cheias perfiladas.

Enquanto minha sobrevivência ainda era incerta, houve um momento em que John precisou lidar com os peixes que nós dois havíamos apanhado naquele dia. Depois que a ambulância deixou o estacionamento, dois patrulheiros armados o acompanharam até o final da escadaria, para que ele recuperasse nosso equipamento — inclusive sua mochila, que continha os peixes. Os filés estavam no gelo de seu refrigerador portátil desde então, como assombrosas recordações de quão velozmente o dia havia passado de quase perfeito para inenarravelmente apavorante. John me conhecia bem o bastante para saber como eu detestaria que eles fossem desperdiçados. Assim, entre os vermelhões do Russian e os que havíamos apanhado no Kenai, ele embalou alguns no intuito de armazená-los no *freezer* e mergulhou outros em salmoura, para serem posteriormente defumados. Outros ele conservou frescos, os quais pretendia grelhar com um propósito determinado.

John convidou meus familiares e um punhado de amigos mais chegados — inclusive Amber — para um festim sacramental. Amber sentiu-se constrangida e deslocada, não apenas pela presença de minha mãe, mas também por ver-se entre pessoas que tinham tantas histórias a meu respeito para contar. Todos se lembram da atitude retraída dela, com tão pouco a dizer.

Enquanto uma sonda gástrica enviava nutrientes a meu estômago, as pessoas mais importantes de minha vida enchiam os pratos desemparelhados de onde eu morava, arrematados em bazares do Exército da Salvação, com salmão grelhado, uma salada de folhas e grossas cenouras colhidas em minha horta, além de vários outros acompanhamentos. Enquanto eu jazia inerte como um poste, eles encontravam lugarzinhos confortáveis no sofá, no chão ou em alguma das cadeiras de vinil verde e vermelho que faziam parte da mobília adquirida com a casa (afanadas, como sempre imaginei, da estação de esqui pelo antigo morador). Amber foi direto para a varanda, onde se instalou em uma cadeira dobrável e passou a beliscar do prato que equilibrava sobre os joelhos. Lá embaixo, os cães brincavam de pega-pega pelo quintal e mergulhavam ocasionalmente no riacho. Amber mantinha a cabeça baixa e apanhava a comida do prato com um garfo. Ela ouviu passos se aproximarem e ergueu a cabeça sobressaltada.

Meu pai, Steve, sabia que Amber havia sido chutada para escanteio. Ele era Ph.D. em psicologia e percebia muito bem que ela estava sofrendo. Quando ele a viu na varanda, foi sentar-se a seu lado e se apresentou.

— Olá, sou Steve Bigley, pai de Dan.

— Sou Amber Takavitz. — Imediatamente ela notou a semelhança física entre mim e ele.

— Prazer em conhecê-la, Amber. Então, como você conheceu Dan?

— Bem... — ela começou, ajeitando-se em sua cadeira. — Eu não o conheço há muito tempo, mas, humm, passamos alguns momentos juntos ultimamente. Na verdade, apenas havíamos começado a ficar juntos. Estávamos juntos na noite anterior a tudo o que aconteceu.

— Verdade? Você está suportando isso bem?

— Acho que sim. Ainda não parece real...

— Foi um tremendo choque para todos nós, mas eu tenho fé de que ele irá passar por essa. Por enquanto, tudo o que cada um pode fazer é rezar.

O significado de ele haver comparecido ao hospital foi monumental, embora se Brian soubesse da história toda não teria ficado tão surpreso por ele ter largado tudo, sem se importar com o que estivesse fazendo, para estar ao meu lado. A ausência de Steve das nossas vidas não tinha nada a ver com falta de interesse. Ele jamais deixou de nos amar. Por isso, não estar ali teria sido impensável para ele.

Os problemas em minha família começaram quando Steve voltou do Vietnã mudado, diferente do homem com quem minha mãe havia se casado.

Pouco a pouco, eles se distanciaram e, ao se divorciarem, as coisas ficaram tão feias, no que diz respeito à custódia e à pensão para os filhos, que o "veneno" entre eles gerou uma situação incontornável. Quando minha mãe se casou com meu padrasto e nossa família se mudou para Ohio, Steve também se mudou para lá. Isso não a agradou nem um pouco. Quando nos mudamos para a Malásia, Steve já estava cansado demais para insistir e abriu mão de sua insistência. Há quem diga que um pai jamais deveria abrir mão de seus filhos, mas também há quem argumente que, às vezes, o esforço para não abrir mão é equivalente ao necessário para atravessar um campo minado saltando em um pula-pula. Ao final das contas, quem mais sofre são as crianças.

Steve jamais abriu mão de ser pai. Quando se casou novamente, ele e sua esposa, Margaret, adotaram um filho. E, ao longo dos anos, adotaram tantas crianças que desistiram de contar quando o número delas ultrapassou uma centena.

De volta à unidade de terapia intensiva, o Dr. Kallman conferia minha situação ao menos duas vezes por dia. Ele se empenhava em acelerar meu processo de recuperação lendo silenciosamente meu prontuário na sala central da enfermagem. Então devolvia o prontuário ao seu lugar, acenava com a cabeça para as enfermeiras e seguia adiante.

— Olá, como vai? — ele perguntava a quaisquer membros do grupo de "Vigilantes do Dan" que estivessem de plantão em meu quarto. Depois se inclinava sobre mim e de forma meticulosa limpava, inspecionava e refazia os pontos que mantinham meu rosto inteiro, ao som das músicas de Steve Kimock.

Certa noite, o Dr. Kallman apareceu no hospital quando quase toda a cidade já dormia. Sara e as garotas visitavam familiares na Filadélfia, e ele não estava a fim de permanecer sozinho em uma casa vazia. Ele tratou de minhas feridas e conferiu o local da traqueostomia; então puxou uma cadeira e se sentou, em silêncio, a fim de estudar meu rosto. Com as pontas dos dedos em forma de pirâmide sob seu queixo, feito um campeão de xadrez que ponderasse sobre o próximo movimento, ele pensava em como iria me consertar. Uma enfermeira entrou no quarto, com passos tão decididos quanto silenciosos, no intuito de averiguar os tubos de alimentação intravenosa e, com passos tão decididos quanto silenciosos, saiu. Vozes abafadas flutuavam pelo corredor. Na sala central da enfermagem, um telefone emitiu um *bip*, e um teclado matraqueou. Àquela hora da noite, a unidade era relativamente silenciosa, um bom momento para o Dr. Kallman ficar a sós com seus pensamentos. Ele se inclinou para a frente, ainda sentado. Pensou na bagunça que havia sob minha pele e sobre o papel que desempenhava na equipe de quatro cirurgiões que tentariam organizá-la, refazendo meu crânio. Ter Sara e as crianças longe em seus fins de semana de plantão de emergência costumava ser melhor para ele, mas desta vez a situação era diferente.

— Estou lidando com um caso muito difícil mesmo — disse à esposa pelo telefone. — Gostaria muito que você estivesse aqui.

Sete dias depois do ataque, com Brian e Jay de plantão, uma de minhas enfermeiras desempenhava sua rotineira tarefa de diminuir minha sedação. Contaram-me que, enquanto Kimock tocava atrás de minha cabeça, meus pés começaram a balançar, acompanhando o ritmo. A enfermeira ergueu as sobrancelhas, atraiu o olhar de Brian e meneou a cabeça na direção dos pés sobre o leito.

— Ei, Dan, você é mesmo um pé de valsa — ela disse. — Você está dançando?

Eles me disseram que eu dei um sorriso débil e meneei ligeiramente a cabeça, confirmando.

Brian e Jay cerraram os olhos com força. Eles souberam que o período de esperar para ver havia terminado e não tinham mais dúvidas de que eu iria conseguir.

— Bem, então continue dançando, Dan — Brian falou. — Continue dançando.

CAPÍTULO 10

Sonhos opiáceos

O potente coquetel de drogas chamado "leite de amnésia" e a morfina contribuíram para me manter entre os vivos, mas não no mesmo sistema solar em que meu corpo vivia. As drogas puseram-me em uma órbita psicótica que de vez em quando me puxava de volta para a Terra, durante intervalos cuja duração era suficiente apenas para eu interceptar a realidade, e que aconteciam, muito provavelmente, quando minha sedação era reduzida em função daquelas checagens neurológicas do tipo "ele ainda está conosco". Enquanto meus pés se agitavam sobre o leito, minha mente estava presa em algum lugar entre a semiconsciência e o asteroide B-612.

Brian e eu estamos assistindo a uma apresentação de Steve Kimock na montanhosa região de Oak Savannah, na costa da Califórnia. Pessoas dançam à nossa volta. Eu também estou dançando, mas apenas dos tornozelos para baixo. O restante de meu corpo é feito de chumbo. Eu me concentro na música, e minha mente voa à deriva, como um balão desgarrado, mais e mais alto. Uma voz feminina agarra o cordão e puxa, trazendo-me para baixo, cada vez mais para baixo, na direção do chão. As palavras que ela diz parecem distantes, como se ela tivesse subido em uma cadeira e falasse por um duto de ventilação. "Você... está... dançando?"

Eu estou dançando? Quem não estaria? Aceno com a cabeça e sorrio.

Não sei como ou por que me lembro desses episódios, mas me lembro. E em tecnicolor. As imagens e sensações que superlotavam meu subconsciente alternavam-se entre uma felicidade etérea e cenas de filmes de terror de baixa qualidade, com enfermeiras malévolas brandindo seringas de injeção do tamanho de espetos de churrasco e garçons com bandejas abarrotadas de comida pisoteando pacientes que jaziam deitados em um emaranhado de tubos de alimentação.

Embora as drogas fossem usadas para o meu próprio bem, ouvir certas coisas e sentir outras estando incapaz de me mover ou de falar era bastante perturbador às vezes, apavorante em outras. Mãos de látex cutucando e se intrometendo. O coletar, o raspar e o acondicionar pedacinhos das múltiplas feridas causadas por garras e presas. A sucção de muco do tubo de traqueostomia, que poderia rivalizar com o desentupimento de encanamentos hidráulicos.

Eu me lembro de sentir uma picada no braço e, ao olhar para baixo, ver um anzol cravado em minha pele; e, então, de assistir horrorizado à sua proliferação e transformação em uma espécie de ameba com uma língua bifurcada que rastejava para cima, até eu ter anzóis cravados em todo o rosto. Era desesperador eles serem tirados de mim, pois parecia que meus braços haviam sido costurados às laterais de meu corpo.

Helicópteros eram uma presença recorrente nesse meu estado mental "viajante", muito provavelmente devido às constantes chegadas e partidas dessas aeronaves no heliporto do hospital. De vez em quando, eu podia detectar aquele som abafado e vagamente familiar vindo da janela — *womp-womp-womp* —, e então eu apagava de novo.

Médicos me envolviam em mantas, elevavam a maca em que eu estava acima de suas cabeças e me amarravam em um helicóptero, logo abaixo das pás rotativas da hélice. Se eu tentasse me sentar, uma delas deceparia minha cabeça; então permaneci deitado e imóvel e me concentrei em respirar. O helicóptero tenta pousar diante de uma torre de escritórios em meio a um redemoinho de poeira. As pontas das pás da hélice roçam uma das laterais do edifício, produzindo um ruído áspero que reverbera em meu crânio. O piloto salta da aeronave e entra no edifício por uma janela aberta. De lá ele volta com mantas e drogas. "Por favor, não", suplico.

Uma agulha perfura minha pele. "Tome", uma voz diz. "Isto vai te ajudar a esquecer."

Womp-womp-womp-womp-womp.

Estou sobrevoando Pebble Beach, a comunidade de jogadores de golfe cercada por muros nas proximidades da casa de meus pais em Carmel. O helicóptero pousa diante de uma mansão engastada em despenhadeiros rochosos, com a arrebentação do Oceano Pacífico lá embaixo. Gaivotas, pelicanos e garças enchem o céu. Um denso manto de nevoeiro cobre o mar, a alguma distância da costa. O piloto acena com a mão como se fosse uma miss *e desaparece. Eu cambaleio para dentro, com mantas em minhas costas e meu rosto dilacerado. Que tipo de hospital será este? Candelabros. Cadeiras estofadas, de espaldares altos. Carpetes cor de sangue. Espere! Isto é sangue! Meu sangue! Estou sangrando em todo o carpete! Onde está todo mundo? Estou tão cansado, tão atordoado... Preciso descansar.*

"Senhor... O senhor não pode dormir aqui", um homem com um colete de brocados dourados me avisa.

Uma enfermeira me desperta, com tapinhas no ombro, e me põe de pé. Ela me conduz a uma sala lateral, cuja parede da frente é inteira de vidro. Ela é gentil e atenciosa. Obrigado, bondosa mulher. Talvez agora alguém venha me ajudar. O que é isto? No fundo da sala há um grande mostruário envidraçado. Agora eu contemplo um diorama do rio Russian, com o Santuário, o estacionamento, a escadaria e o ponto exato em que o urso me retirou da trilha. Isso é para que os médicos saibam como podem cuidar melhor de mim? Eu não quero ver isso! Viro minha cabeça para a esquerda. Um enorme urso pardo empalhado ergue-se sobre as patas traseiras, com manoplas do tamanho de bandejas, garras como espigões de ferrovia e olhos chamejantes. Grito, mas meus lábios não se movem, e nenhum som é produzido.

"Está tudo bem, Daniel. Está tudo bem. É a mamãe. Você está seguro aqui. Eu te amo. Todos nós te amamos."

Fugas do hospital eram outro tema recorrente: flutuar rio abaixo em uma maca, voar sobre um sofá, sair por uma janela e aterrissar de costas, lá fora, na neve, e pegar uma carona atrás de uma motoniveladora de pistas de esqui.

Os sonhos nem sempre eram perturbadores. Sonhei que meu pai, Steve, viera e se encontrava do lado de fora do prédio; ele olhava para dentro do meu quarto e segurava minha mão através da janela. E eu adorava todas as apresentações do Kimock, especialmente a que viajei para assistir em uma maca com rodas puxada por criados montados em bicicletas. A sessão no mosteiro budista foi algo que desejei que jamais terminasse. Treze monges com vestes cor de açafrão sentavam-se em posição de lótus formando três círculos, em níveis diferentes, no piso com três níveis. Com contas de oração nas mãos, eles começaram a entoar *Oooooohhhhmmmm*. Eu podia sentir a vibração em meu plexo solar, e não poderia haver uma sensação de paz mais intensa. Quando uma enfermeira apareceu com outra dose de drogas — no meu sonho ou na realidade —, tentei repeli-la. Eu queria permanecer naquele lugar espiritual, habitado por monges. Mas eu era impotente para detê-la. A paralisia e a inconsciência rastejaram em minhas veias. Os monges desvaneceram-se no espaço sinuoso de meu cérebro, enquanto eu flutuava para mais e mais alto, até me tornar apenas um pontinho no céu. Indo, indo... Ido.

Tão logo fui capaz de fazê-lo, comecei a escrever essas sequências de sonho e descobri que não podia mais parar. Eu havia enchido páginas e páginas com memórias tão estranhas quanto estas, ou mais ainda. Por algum tempo, isso foi quase uma obsessão. Talvez um dia reúna todas para alimentar uma fogueira no solstício de inverno — um bom dia para afastar as trevas da vida de uma pessoa.

Tão miraculoso quanto eu ter sobrevivido ao ataque, antes de tudo, foi ter passado por aquela primeira semana sem quaisquer complicações maiores. Além disso, o inchaço diminuiu o bastante para que uma cirurgia reconstrutiva passasse a ser viável.

Seria necessária uma equipe com as capacidades específicas de quatro cirurgiões para me "refazer", além de uma imensa variedade de "materiais de construção" — tecnológicos e biológicos — e uma variedade ainda maior de ferramentas: parafusos, miniplacas, microplacas, telas de titânio, pinos, cabos, pontos e grampos, e ainda tecidos e gordura cultivados a partir de diversas partes de meu próprio corpo.

Segundo atestam os prontuários médicos, a prioridade número um era construir uma barreira impermeável entre o cérebro e o nariz, a fim de reparar a fissura na *dura mater*, a membrana que protege o cérebro e mantém o fluido cerebrospinal onde ele deve ficar. O Dr. Kallman assistiu o Dr. Louis Kralick na coleta do material para os remendos: gordura proveniente de meu abdômen e fáscia de uma de minhas coxas. Uma vez que esses materiais haviam sido coletados, armazenados e se encontravam prontos para uso, Kralick utilizou as lacerações existentes para acessar minha testa: cortou os pontos, abriu e dobrou a pele para trás, como se abrem as páginas de um livro, e manteve-a no lugar desejado com clipes de aço inoxidável.

Com a pele de minha testa fora do caminho, Kralick descascou todo o pericrânio (a fina membrana que reveste exteriormente o crânio) como uma única camada, do alto da testa até a altura das sobrancelhas. A maior parte de meus esfarelados ossos faciais estava, agora, exposta. Kralick recolheu fragmentos minúsculos e pedaços maiores e os passou para Kallman, que remontou os que eram grandes o bastante com pequeninas placas e parafusos. Então, Kralick utilizou uma serra cirúrgica para recortar uma seção oval de osso, do tamanho de um ovo de gansa, da parte intermediária ainda intacta de minha testa. Com cuidado, ele a removeu, expondo a *dura mater* localizada logo abaixo e passou-a a Kallman. Kralick levantou os lobos frontais de meu cérebro com um retrator a fim de acessar a grande laceração em forma crescente. Empregou gordura e fáscia para emendá-la, então inseriu a "folha dobrada" do pericrânio sob os lobos, no intuito de restabelecer a barreira impermeável e proporcionar o fluxo de sangue necessário à consolidação. Tudo isso foi fixado em seu devido lugar com minúsculas suturas.

Depois de muita discussão entre os dois cirurgiões, Kralick reparou o buraco na base anterior de meu crânio cobrindo a falha com tela de titânio. Kallman insistiu pela colocação desse reforço adicional a fim de assegurar que meu cérebro não escorresse pelo nariz e caísse pela estrada. Desde então, se você olhar para dentro de minhas narinas, poderá ver a tela de titânio, mas isso irá mudar, com o tempo. O titânio é o único metal sobre o qual o tecido humano pode crescer. Por fim, Kralick baixou os retratores, posicionando meu cérebro em seu devido lugar. Ele limpou a área, enquanto Kallman recolocava a secção oval de osso e a fixava com mais algumas placas e parafusos.

Em seguida, foi a vez de Ray Holloway, cirurgião bucomaxilofacial, entrar em ação. Ele recolocaria corretamente minha mandíbula com uma barra arqueada e fios, a fim de assegurar que, quando meu palato partido se consolidasse, os dentes das arcadas superior e inferior se alinhassem com perfeição. Uma vez que minha mandíbula restara intacta depois do ataque, o alinhamento de minha mordida serviria como referência para a reconstrução da parte central de meu rosto.

Quando Holloway terminou o trabalho, Kallman juntou-se ao cirurgião oculoplástico Dr. Carl Rosen. O objetivo era lidar com a área sinistrada ao redor de meus olhos, que, mais tarde, ele descreveria como "um dos casos mais drásticos de politraumatismo que já vi".

Trabalhando em conjunto, primeiro eles reconstruíram minhas maçãs do rosto: elas foram ancoradas com miniplacas aos ossos adjacentes que ainda estavam intactos ou que já tivessem sido reconstituídos. Em seguida, Rosen abriu as suturas que mantinham minhas pálpebras fechadas, a fim de examinar o meu olho morto e o outro, em vias de morrer. O que ele viu o deixou abalado. Os nervos ópticos pareciam ter sido seccionados cirurgicamente, como se o urso tivesse estudado anatomia humana e soubesse exatamente o que fazer para me cegar com precisão. O olho direito havia sido completamente separado do nervo óptico e de todo o restante, exceto de um pequeno ligamento muscular, e estava murcho como uma ameixa seca. Este foi extraído. O olho esquerdo, com a córnea parcialmente maculada, tinha um longo pedaço de nervo óptico seccionado ainda conectado a ele, apenas o suficiente para que os músculos e o fluxo sanguíneo remanescentes tornassem possível sua sobrevivência. Este foi conservado, embora não houvesse nenhuma esperança de reabilitar sua visão. O médico o manteve ali não apenas para auxiliar a reconstrução da cavidade ocular, mas também por razões estéticas, pois, se de algum modo esse olho conseguisse sobreviver, iria se movimentar de maneira mais natural que uma prótese. Ele também acreditava que a remoção de ambos os olhos não seria um procedimento eticamente aceitável sem meu consentimento. Uma vez que ele o tivesse retirado, não seria provável que conseguisse recolocá-lo. Retirá-lo sem que eu soubesse porque isso seria necessário poderia ter-me deixado com dúvidas persistentes.

Alguns fragmentos de ossos usados na reconstrução das cavidades oculares eram bastante grandes para serem reconsolidados com placas, mas as laterais mais próximas do centro de meu rosto e os ossos do nariz estavam muito fragmentados — alguns até mesmo pulverizados — para suportarem o menor dos parafusos. Então Rosen e Kallman remendaram as cavidades e construíram uma ponte para meu nariz com tela de titânio e gordura e tecido biológico cultivados. Rosen pôde, assim, colocar um implante orbital, ou seja, um globo ocular artificial, de um plástico cujo nome é quase impronunciável — polimetilmetacrilato —, encaixado na cavidade ocular direita, envolvendo-o em tanto tecido e músculo quanto possível. O olho remanescente foi recolocado na cavidade esquerda, encimado por um conformador, semelhante a uma lente de contato gigantesca, a fim de manter sua forma. Por fim, eles tornaram a suturar minhas pálpebras, mantendo-as fechadas.

Concluída essa etapa do trabalho, Kallman desprendeu a pele de minha testa, recolocou-a no lugar e a suturou. A maratona médica havia durado catorze horas.

Meus familiares, Chris, Jay e os outros à espera passaram essas longas e ansiosas horas coletando doações, dando entrada como visitantes, pesquisando sobre traumas oculares na biblioteca, dando entrada como visitantes, comendo alguma outra coisa além da comida do hospital, dando entrada como visitantes, saindo para dar longas caminhadas pelas trilhas locais, dando entrada como visitantes, andando para cima e para baixo pelos corredores, dando entrada como visitantes e tirando cochilos sobressaltados na sala de espera.

Depois de limparem tudo, Kallman e Rosen chamaram meus familiares para uma reunião na sala de conferências da unidade de terapia intensiva, no intuito de lhes dizer que a cirurgia havia transcorrido bem. Rosen lhes disse que havia removido um olho e que a esperança de recuperação da visão do outro havia morrido. Então, ele engasgou.

"Eu sinto muito. Não posso dizer como desejei que houvesse alguma maneira de recuperar a visão de Dan, mas o urso tornou isso impossível."

Por mais difícil que tenha sido dar essa notícia à minha família, a parte que Rosen mais temia ainda estava por vir: dizer isso a mim. Único cirurgião orbital e oculoplástico do Alasca, ele já tinha visto pessoas perderem a visão de incontáveis maneiras: por degeneração macular e por estilhaços de lâmina de um cortador de grama, passando por ferimentos de guerra. Pode-se pensar que ele estivesse acostumado a isso. Não que seja fácil dizer a uma pessoa que ela jamais voltará a enxergar, mas eu não havia perdido meus olhos em uma briga de bar, em uma transação de drogas que dera errado ou enquanto dirigia bêbado e espatifara o carro em uma árvore. Eu era apenas um sujeito que havia saído ao ar livre para fazer o que mais adorava e, inadvertidamente, dera de cara com o maior carregamento de azar disponível no mercado. A experiência o ensinara que era melhor dar uma notícia dessas aos pouquinhos, em vez de lhe servir logo o elefante inteiro. Mesmo assim, dizer-me que eu jamais enxergaria novamente — isto é, que eu jamais voltaria a ver minha família, meus amigos, uma baleia que irrompesse do mar, uma estrela cadente, o reluzir de uma montanha nevada ao crepúsculo, uma bela mulher ou as palavras impressas nas páginas de um livro... — era quase demais.

"Esse caso me tocou de verdade", ele disse à esposa, em sua casa, naquela noite, depois que as crianças já haviam ido para a cama. "Em algum momento da próxima semana, esse sujeito de 25 anos de idade irá recobrar a consciência e dar-se conta de quanta sorte teve em permanecer vivo; e, então, eu terei de lhe dizer que ele ficou cego. Fui treinado para consertar coisas, e quando não consigo fazer isso sinto-me muito... inadequado. Esse é um daqueles casos que me faz pensar que eu deveria ter escolhido outra profissão. Não me sinto nem um pouco ansioso para dar essa notícia ao rapaz."

Antecipando-se a tudo, meus familiares colocaram um cartaz no quarto em que eu estava pedindo para que ninguém ali falasse sobre cegueira na minha frente. Embora eu estivesse em estado comatoso, não era possível saber o que eu podia perceber do mundo exterior. Como parte da preparação para me informar de que eu passaria o resto de minha vida nas trevas, após a semana de recuperação de minha cirurgia reconstrutiva, Kallman ordenou que eu fosse gradativamente privado do Propofol.

Eu ainda nadava em um mar de sedação analgésica quando ouvi pela primeira vez a palavra "cego". Em meio ao estupor provocado pela morfina, do que eu mais me lembro relacionado a ouvir que jamais enxergaria novamente provém de sonhos opiáceos. Em um deles, eu tentava empreender uma fuga rolando para fora do hospital em uma cadeira de rodas, roubando o BMW de algum médico e o dirigindo pelo gramado, enquanto homens vestidos de branco corriam atrás de mim. Minha fuga fracassava após eu mergulhar com o carro em um rio e começar a me afogar. Os homens de branco me puxaram para fora da água, tornaram a me instalar na cadeira de rodas e me levaram de volta para dentro do hospital, onde recebi uma bronca: "Você não tem nada que dirigir! Você está cego!"

Em outro sonho, eu tinha certeza de ter acontecido um engano, e que meus médicos haviam apanhado o sujeito errado.

Este hospital se parece mais com um armazém de estocagem do que com uma instalação médica. Uma porta de garagem se abre com estrépito. Minha maca com rodas está lá dentro. Com um grande barulho, a porta se fecha atrás de mim. Alinhada contra a parede, há uma longa fila de poltronas reclináveis, e em cada uma delas há um paciente conectado a um respirador artificial e uma haste com bolsas de alimentação intravenosa dependuradas. Logo eu sou instalado em uma das poltronas reclináveis e recebo um controle remoto em minha mão. Com ele posso levantar e baixar minhas pernas, e descubro que posso conduzir a poltrona reclinável para dar uma volta. Mas há tubos e fios demais conectados a mim para que eu tente fugir. Então, um médico se aproxima.

"Eu sinto muito", ele diz. "Você está cego."

Isso é ridículo. Eu tenho ataduras em meus olhos, só isso. Você não pode ver isso? "Você está enganado", eu lhe digo. "Eu posso enxergar perfeitamente bem. Posso te ver tão bem quanto a luz do dia." A fim de provar o que digo, me inclino para apertar a mão do médico. "Se estou cego, como é que posso ver você?"

"Sinto muito", ele me diz, "mas isso é impossível."

Tenho vagas lembranças de ouvir alguém dizer que eu estava cego. À medida que eu ficava mais lúcido, a realidade começava a se fazer notar. "Exausto" é um adjetivo que não faz justiça ao modo como eu me sentia depois de ter lutado pela vida tão duramente, e por tanto tempo. Eu ainda me encontrava em um estado semivivo, por isso não dispunha de energia suficiente para ter uma grande reação emocional. Isso viria depois.

CAPÍTULO 11

A tribo de dois

Antes mesmo de eu poder começar a lidar com a questão da cegueira, entre todos os meus outros ferimentos, 965 quilômetros a sudeste de onde eu estava, na direção para onde os corvos voam, uma pessoa estranha estava prestes a fazer um desvio no curso de sua vida que viria a impactar profundamente a minha.

Lee Hagmeier estava se preparando para encerrar seus dias em Juneau e se mudar para muito além dos limites do Estado. Ele e sua esposa haviam se aposentado — Lee após uma carreira na área de reabilitação vocacional, e Christy após ter trabalhado a maior parte do tempo com a prestação de serviços para pessoas portadoras de deficiências. Os dois tinham adquirido uma casa em um condomínio em Lacey, Washington, onde os invernos eram menos rigorosos, e haviam acabado de retornar a Juneau para a resolução de algumas questões finais por lá. Quando o táxi os deixou na entrada da antiga residência, eles caminharam até a porta. Lee pousou sua maleta de mão no chão, enfiou a chave na fechadura e deu-lhe uma volta. A porta da frente da casa cinzenta, de dois andares, com vista para a baía de Auke — e as focas (chamadas de leões-marinhos-de-steller) que costumam aportar ali, além de alguma ocasional baleia-corcunda —, abriu-se com um clique. Embora aquele lugar tivesse sido o lar dos dois por quase vinte anos, a casa já não parecia familiar, com as paredes nuas recém-retocadas e pintadas e os cômodos agora mobiliados apenas com ecos do passado.

Durante o processo de despedida, eles haviam se desfeito de muito do que possuíam. Antes mesmo de promoverem duas vendas de garagem, convidaram alguns amigos que haviam perdido tudo o que tinham em um incêndio doméstico e os encorajado a pegar para si o que pudessem usar. Depois, uma maioria de estranhos carregou o restante, levando, como bônus, até produtos remanescentes do mostruário de vendas da Avon pertencente a Christy. Eles também haviam vendido um barco de pesca de vinte pés, um *sedan* Oldsmobile e a maior parte da antiga mobília. Lee dissera adeus à cidade em que nascera ao escalar pela última vez algumas das montanhas à sombra das quais crescera: o Monte Jumbo, o Monte McGinnis e a Montanha do Trovão.

Ao chegarem em casa naquele dia, somente seus gatos foram recebê-los à porta, tendo em vista que Ina, a fêmea de labrador preta, ainda estava confiada aos cuidados de um tratador. Depois de terem levado a bagagem para o andar de cima, Lee ajoelhou-se a fim de acariciar brevemente Magic e Midnight. Depois se dirigiu ao telefone e conferiu as mensagens deixadas na secretária eletrônica. Havia muitas mensagens à espera de resposta, tanto de conhecidos quanto de desconhecidos.

Se ele tinha ouvido algo a respeito? Bem, a notícia havia circulado por toda a mídia. Um jovem havia sido atacado por um urso pardo no rio Russian, e o ataque o deixara cego. Lee sentiu o corpo todo retesar. Ele ouviu uma mensagem após outra.

Ele recebeu mais telefonemas no dia seguinte, inclusive uma chamada muito emocionada de minha mãe, que tinha ouvido falar dele em uma rotatória da estrada, ainda nas imediações do Providence. Haveria alguma possibilidade, ela perguntava, de ele poder ou querer falar comigo? Lee tinha poucos dias antes de deixar o Alasca definitivamente, mas não havia dúvidas de que ele faria isso. Assim que desligou, telefonou à Alaska Airlines e reservou um lugar no primeiro voo disponível.

Minha mãe foi apanhá-lo no aeroporto e o levou até o hospital. "Não tenho como agradecer o bastante por isso", ela lhe disse.

Enquanto meu padrasto permaneceu sentado a meu lado, o restante de minha comitiva foi se encontrar com Lee na cafeteria do hospital, no intuito de informá-lo da gravidade de meus ferimentos e fornecer detalhes sobre meu estado mental — que não era difícil de intuir. Mal saído do transe do Propofol, grogue de analgésicos, eu ainda estava no "modo de sobrevivência". Parecia que eu tinha passado por um liquidificador: estava inchado, coberto por ataduras, plugado, costurado, grampeado e lambuzado de linimentos, com tubos projetando-se de minha garganta, de meus braços e de meu estômago. Parcialmente reclinado sobre o leito, para que o inchaço regredisse, eu só conseguia me comunicar erguendo ou baixando um polegar e meneando debilmente a cabeça, sem poder erguê-la do travesseiro. Eu mal tinha forças para erguer os braços.

Daquele dia me recordo de jazer deitado na mais completa escuridão neste corpo alienígena, entreouvindo vozes no corredor e, então, o ruído de vários tipos de calçado que entravam em meu quarto e se aproximavam de modo silencioso das laterais de meu leito. Brian foi o primeiro a falar comigo.

— Ei, Dan. Tem alguém aqui que gostaríamos que você conhecesse. Este é Lee Hagmeier. Ele voou de Juneau até aqui para te conhecer.

Quando Lee se aproximou para me dar um aperto de mão, Brian apanhou e guiou minha mão para a dele.

— Não temos como saber pelo que você realmente está passando. É provável que Lee seja a única pessoa no mundo capaz disso. Porque ele perdeu a visão exatamente da mesma maneira que você perdeu a sua.

Embora outros sobreviventes de ataque de urso tenham perdido um olho ou parte da visão, Lee tinha vivido por 44 anos como a única pessoa em toda a América do Norte — e em todo o mundo, até onde ele sabia — a ter sido completamente cegada por um urso.

— Jamais esperei ganhar um irmão — Lee me disse. — Você e eu somos uma tribo de dois.

No que diz respeito a Lee, seu ataque ocorrera no dia 27 de julho de 1959, alguns poucos meses depois de o antigo Território do Alasca ter sido incorporado como o 49º Estado dos Estados Unidos da América. Lee mal havia completado dezessete anos de idade e, como eu, não era o tipo que gostava de ficar sentado em casa, quietinho. Enquanto seu irmão gêmeo, John, passava a maior parte do tempo em casa, com a cabeça enfiada embaixo do capô de um carro, os lugares preferidos de Lee eram as profundezas de alguma floresta ou o topo de alguma montanha, de onde pudesse contemplar a geleira Mendenhall.

Sua mãe vivia dizendo que não conseguia fazê-lo voltar para casa nem debaixo de chuva. Ele caçou seu primeiro veado aos doze anos de idade e, aos dezessete, já havia compartilhado a carne de outros 21 com amigos e familiares. No verão anterior ao ataque, durante um fim de semana chuvoso na estação de caça, Lee se desgarrou da companhia de seu pai em uma floresta, e este o fez se dar conta do descuido que havia cometido deixando-lhe uma advertência bem-humorada rabiscada com giz no quadro-negro da cozinha da residência da família: "Não deixe isso acontecer de novo".

Naquele dia de julho, Lee e seu amigo Doug Dobyns estavam pescando trutas ao norte de Juneau. O dia estava cinzento e um tanto frio, mas as nuvens de chuva não se deixaram precipitar. Os dois haviam pescado em pontos aqui e ali, ao longo de pouco mais de um quilômetro e meio riacho McGinnis acima. O riacho McGinnis é uma corrente sinuosa com menos de oito metros de largura, cujas águas prateadas correm em um leito rochoso e são borrifadas pelo vento até desaparecerem uma curva após outra. Em alguns lugares, eles podiam caminhar sobre as pedras do fundo, em outros, onde chorões, bétulas e arbustos espinhosos que cresciam às margens faziam seus ramos mergulharem na água, eles eram forçados a atravessar a vau. Salmões pintados e alguns poucos rosados a caminho de seus lugares de desova se agitavam nos pontos em que a água era menos profunda, provocando pequenos redemoinhos. As carcaças daqueles que já haviam desovado e morrido empestavam o ar e tornavam a atmosfera pesada.

Entre tudo o que os dois já haviam pescado ou descartado, havia cerca de quarenta ou cinquenta trutas, quando Lee meteu na cabeça a ideia de sair à procura de um urso. Dependurado em seu ombro havia um rifle Husqvarna 30.06 dotado de mira telescópica capaz de ampliar a visão em quatro vezes, arma pela qual ele se apaixonara desde que a vira na loja Skinner's. Para adquirir esse rifle, ele havia economizado quase todo o dinheiro que ganhara dando duro em diversos empregos de meio período, inclusive no empreendimento familiar de reciclagem de metais e para um armazém no centro da cidade, transportando baldes de 20 litros com arenques, para que fossem embalados e vendidos. Os garotos haviam assustado um urso mais cedo naquele dia. O animal os assustara também, ao correr para o interior da mata, mas Lee havia decidido que o caminho dele e de Doug tornaria a se encontrar com o do urso exatamente naquele ponto em que eles estavam.

— Vou dar uma olhada por aí — disse Lee, indicando a mata cerrada com a cabeça.

— Não, nós não precisamos entrar lá — o amigo lhe disse.

Mas Lee não seria dissuadido. Ele media apenas 1,58 m, pesava 52 kg e era pequeno em comparação à média dos garotos de sua idade. Mas era um rapaz de dezessete anos com um rifle muito potente, em outras palavras, um ser imortal. Ele encostou sua vara de pescar em um barranco à margem do riacho e desapareceu na densa vegetação. Doug, embora relutante, o seguiu com alguma distância. Eles passaram sob a cobertura das copas das árvores maiores até chegarem a um ponto em que a floresta se abria para um campo de *sitkas** com troncos recobertos de líquen, que cresciam em um solo atapetado de agulhas de pinheiro e musgo. Os dois estavam a menos de cem metros do riacho. Doug foi o primeiro a avistar o bicho.

— Lee! Um pardo! —, ele berrou.

Lee foi apanhado em uma desajeitada tentativa de dar meia-volta e ficar de frente para o urso, que avançava diretamente em sua direção e em alta velocidade. Ele se atrapalhou com a trava de segurança do rifle, conseguiu liberá-la, mas não teve tempo de fazer mira. O tiro saiu na altura de seus quadris, o que fez voar estilhaços de casca de árvore em todas as direções. Ele deu meia-volta outra vez, intencionando fugir dali, mas o urso abocanhou o rifle, deixando profundas marcas de presas na coronha. O urso arrancou a arma das mãos de Lee com tanta força que fez seu corpo girar mais uma vez, atirando-o ao chão, de costas. O urso mordeu seu joelho esquerdo, levantando-o do chão e sacudindo-o no ar. Em seguida, mordeu sua coxa, o ergueu e o sacudiu de novo. O animal repetiu o processo ainda outra vez. A certa altura, Lee tentou se sentar, e o urso mordeu a lateral de seu corpo. Então, ele se fingiu de morto, sem emitir um som.

---

* *Sitka* (*Picea sitchensis*) é uma espécie de conífera largamente cultivada por todo o extremo setentrional da América do Norte, por sua madeira leve e muito resistente. Seu nome comum, *Sitka*, deve-se à cidade homônima situada no Alasca. [N. do T.]

Por um momento, tudo pareceu calmo, enquanto ele se manteve deitado no chão, com os olhos bem fechados e a respiração presa. Mas o urso tombou a cabeça para o lado e mordeu o rosto de Lee, que ouviu um ruído horrível, como se um talo de aipo tivesse sido partido em dois.

Ele permaneceu imóvel por alguns instantes, até que o ruído do urso irrompendo pela vegetação desaparecesse ao longe. Então, lentamente, ele levou uma das mãos ao rosto e sentiu uma massa indistinta, quente e pegajosa de ossos e carne, desde onde antes havia a ponte de seu nariz até o meio da testa. Ele sentiu o olho esquerdo pender sobre sua bochecha. E o olho direito não podia mais ser sentido.

— Lee! Você está bem? Lee? Lee?

Instantes depois, ele ouviu Doug cair de joelhos à sua frente.

Após uma tentativa frustrada de afastar-se correndo dali, Doug conseguiu recompor-se para buscar ajuda. Ele abriu uma trilha até o riacho e cravou sua faca em uma árvore à margem, no intuito de indicar o caminho de volta. Quase três horas se passariam antes de Lee ser colocado em uma ambulância, cuja sirene, então, começaria a emitir seu característico som estridente.

"Jovem Atacado e Criticamente Ferido por Urso Pardo Enfurecido", alardeava a manchete do *Juneau Empire*. "Lee Hagmeier, 17 anos, Perde a Visão após Urso Retalhar seu Rosto."

Agora, ali estava ele, sentado ao meu lado no hospital, quase quarenta e quatro anos depois de seu ataque. Meu irmão tribal.

— Tenho uma coisa para você — disse ele, enquanto vasculhava um de seus bolsos. — Este é um relógio de pulso que fala. Foi de grande ajuda logo depois do meu acidente, quando eu despertava desorientado, sem saber se era dia ou noite. Tudo bem se eu colocá-lo em seu pulso?

Ergui o polegar em sinal de aprovação. Lee apanhou minha mão, ajustou o relógio em meu pulso e pressionou um botão. "São catorze horas e cinquenta e dois minutos." Consegui esboçar um sorriso.

— Quando algo tão traumático assim acontece, você pode se sentir desesperadamente solitário — ele me contou. — Quero que saiba que você não está sozinho. Também quero que saiba que ainda há muitos motivos pelos quais a vida vale a pena ser vivida. Neste exato momento pode não parecer, mas você ainda tem um bocado de coisas pelas quais esperar.

Lee era a única pessoa sobre a face da Terra que poderia me dizer isso e me fazer acreditar. Ele tocou meu peito com a ponta de um dedo e, então, tocou seu próprio peito. Hesitou um pouco com a mão no ar até encontrar a minha e conseguir apertá-la. Então, pela primeira vez, perdi a compostura. Com meus dutos lacrimais obstruídos, eu não podia chorar lágrimas, mas senti meu peito ficar bem pesado e achei que minhas costelas iriam se partir.

Steve, meu pai, ouvira falar sobre Lee pela primeira vez ao se hospedar na Hickel House, um alojamento de baixo custo para pacientes do Providence em tratamento externo ou para familiares de pacientes hospitalizados que viessem de fora da cidade. A voluntária que atendia na recepção reconheceu o sobrenome Bigley dos jornais.

— O senhor é o pai do jovem que foi atacado pelo urso? — ela lhe perguntou.

Steve assentiu, meneando a cabeça afirmativamente.

— Eu conheço alguém que talvez possa ajudar seu filho.

Ela conhecia bem a história de Lee e disse que havia sido sua colega de classe no colegial, em Juneau, antes de ele sofrer o acidente. Disse que ainda mantinha contato com o irmão gêmeo dele, John Hagmeier, que atualmente era um construtor premiado em Anchorage. E então se ofereceu para encontrar o número do telefone de Lee.

Excitados com a perspectiva da visita dele, todos estavam um tanto nervosos. Ninguém ali tinha conhecido uma pessoa cega antes, por isso não faziam ideia do que deviam esperar. Jay, especialmente, imaginou o personagem de um velho caçador ranzinza e durão, em vez de um senhor de 1,75 m de altura, com uma voz suave e 61 anos de idade — um tipo de vovô que coleciona camisetas com desenhos humorísticos da série *Far Side*, como aquele em que dois ursos atiram pessoas um para o outro, com a legenda "Guerra de comida!". Ele usava um tapa-olho sobre o olho esquerdo e uma prótese no olho direito — tão realista que chegaram a duvidar que ele fosse mesmo completamente cego. Sobretudo após verem a naturalidade com que ele se movimentava em um ambiente e como sempre se voltava para quem quer que falasse com ele. Seu rosto não parecia ter sido "parcialmente dilacerado", como reportara o *Juneau Empire* à época em que ele sofrera o ataque. Ele parecia estar bem e sentindo-se completamente à vontade no mundo. Então, todos esperaram estar vendo uma projeção minha no futuro.

Lee passou aquele fim de semana em Anchorage e, no decorrer de várias outras visitas, contou à minha família e a mim o que fora feito do rapaz de 17 anos que ele era antes de encontrar seu urso. Tenho aprendido muitas outras coisas com as conversas que mantemos, desde a primeira.

Se há um sujeito que venceu apesar de todas as probabilidades, ele é esse sujeito. Considerando as limitações da medicina à época e que a cidadezinha de dez mil habitantes onde ele vivia era acessível somente por barco ou avião, suas chances de sobreviver eram de uma em cinquenta, segundo ouviria dizer depois. O médico que o salvou, Dr. C. C. Carter, era o mesmo que havia feito o parto em que nasceram seu irmão gêmeo e ele, em 1942.

O povo de Juneau também contribuiu para salvá-lo. O grupo municipal dos Esportistas Territoriais lançou uma campanha de arrecadação de fundos para cobrir suas despesas médicas e educacionais — um viral daqueles tempos, que levou ao recebimento de doações provenientes de dentro e de fora do Estado. Em um dos eventos promovidos, os residentes reuniram-se diante de seus receptores de rádio e televisão por três horas, a fim de acompanhar os lances oferecidos em um leilão beneficente de artigos doados, por exemplo 150 metros de cascalho, toda a madeira cortada em um dia inteiro de trabalho com uma motosserra, um galo valente e três galinhas e um arenque congelado que Lee havia trazido das docas e embalado com as próprias mãos. Um dos participantes chegou a dar um lance de 25 dólares pela camisa usada pelo leiloeiro, na ocasião.

Após sete semanas no hospital local, Lee e sua mãe embarcaram em um avião para a Costa Leste, onde ele foi submetido à sua primeira cirurgia plástica no Hospital Geral de Massachusetts, em Boston. De lá ele foi encaminhado para a escola que formou Helen Keller,* a Escola Perkins para Cegos. Até

---

* Helen Adams Keller (1880—1968) foi uma escritora, ativista política e conferencista norte-americana e a primeira pessoa surda e cega a obter um bacharelado (em Artes). Ela adquiriu ambas as deficiências aos dezoito meses de vida e foi levada à Escola Perkins para Cegos aos seis

então, segundo afirma, ele tinha sido a primeira pessoa cega que conhecia. Ele saiu de um quarto que compartilhava com o irmão gêmeo para um dormitório com vinte estranhos cegos. Tudo o que lhe era familiar havia sido deixado para trás, tão longe quanto possível, sem que ele tivesse saído do país. Na Perkins, ele teve de aprender tudo sobre como viver na escuridão. Isso em uma época em que *parecer* cego ou mesmo usar uma bengala eram atitudes desencorajadas pela escola.

A princípio, as pontas de seus dedos mal podiam sentir o que quer que fosse grafado em Braille — muito menos decifrar isso. Oito anos depois, ele se graduou com louvor em psicologia, pela Chico College (o segundo mais antigo *campus* dos atuais 23 da Universidade Estadual da Califórnia, situado na cidade de Chico). Depois obteve o mestrado em reabilitação vocacional, seguido por um doutorado em psicologia educacional, pela Universidade de Washington. Naqueles tempos, gravar uma palestra significava utilizar rolos e mais rolos de fitas magnéticas; e escrever um trabalho significava ter de utilizar uma máquina de escrever em Braille para, depois, ter o documento "traduzido" e datilografado por algum assistente capaz de enxergar. Ele conseguiu fazer tudo isso quase duas décadas antes da Lei dos Cidadãos Norte-Americanos Portadores de Deficiências (*Americans with Disabilities Act*).*

Lee jamais abriu mão da vida ao ar livre. Na Perkins, ele foi um corredor e fez dupla com outro estudante considerado legalmente cego, mas com um grau de visão suficiente apenas para guiá-lo. Os dois estabeleceram um recorde para atletas cegos e deficientes visuais na corrida de duas milhas (3,2 quilômetros),

---

anos de idade, momento em que sua educação foi entregue aos cuidados de uma ex-aluna da própria escola — também cega e com apenas vinte anos de idade. A maneira como a primeira professora de Keller, Anne Sullivan, conseguiu romper a barreira do isolamento imposta por uma quase completa impossibilidade de comunicação é retratada no filme *The Miracle Worker* ["O Milagre de Anne Sullivan"], de Arthur Penn, lançado em 1962 (adaptado de uma peça teatral homônima). Ambas as adaptações são baseadas no livro autobiográfico de Keller *The Story of my Life* ["A História da Minha Vida"]. Incluindo este último, Keller escreveu doze livros, e seu relacionamento com Sullivan perduraria por 49 anos, até a morte desta última. [N. do T.]

* O *Americans with Disabilities Act (ADA)* é uma abrangente lei relativa aos direitos civis, promulgada em 1990, que proíbe a discriminação contra pessoas portadoras de deficiências em quaisquer aspectos referentes a empregos, transportes, acomodações públicas, comunicações e atividades governamentais, além de estabelecer diversos pré-requisitos de acessibilidade a serviços de telecomunicações. [N. do T.]

concluindo o trajeto em onze minutos e vinte e sete segundos — marca que não havia sido superada até cerca de quarenta anos depois. Ele corre até hoje, às vezes em dupla com um parceiro deficiente visual, outras vezes apenas na companhia de seu cão-guia, percorrendo trajetos que ele conhece de cor.

Lee me contou histórias de quando navegou pelo rio Yukon e de quando percorreu a Trilha Chilkoot.* Sobre como navegou em pleno oceano com um caiaque. E como viajou por todo o país e pelo mundo. Ele jamais deixou de pescar. Aliás, ele tinha inclusive seu próprio barco de pesca, fato que despertou minha atenção.

Ele não apenas me ajudou a passar por meus primeiros e dificílimos dias de escuridão, mas também ajudou meus amigos e familiares a passarem pelos deles.

"Não modifique seu linguajar", ele me disse. "Isso apenas gera constrangimentos e atrai mais atenções para o fato de que 'oh, ele é cego'. Converse normalmente. Não há nada de errado em dizer 'é bom *ver* você', e não há nada de errado em dizer 'você *tem visto* tal e tal, ultimamente?'".

Ele ensinou a todos como me guiar sem ofender minha dignidade.

"Instintivamente, as pessoas agarram você pelo braço e o empurram para a frente, fazendo-o caminhar diante delas, o que é constrangedor e invasivo. Funciona muito melhor se a pessoa que guia caminha à frente, permitindo que o cego a segure pelo cotovelo."

E, mais importante do que tudo isso, ele ensinou a todos que eu ainda seria capaz de fazer grandes coisas e que ainda estaria no comando de meu próprio destino.

"Dan ainda possui sua visão", ele falou à minha família. "Ele apenas não consegue enxergar."

---

* A Trilha *Chilkoot* é um trajeto de 53 quilômetros que se estende da cidade de Dyea, no Alasca, até Bennett, na Colúmbia Britânica, Canadá. Percurso fundamental durante os dias da Corrida do Ouro no Klondike, que durou de 1896 a 1899, a trilha, hoje em dia, encontra-se nos limites do Klondike Gold Rush International Historical Park. [N. do T.]

Lee Hagmeier com um robusto salmão prateado.

CAPÍTULO 12

Agitado em meio ao nevoeiro

Muito antes de eu começar a processar minha cegueira, antes de eu bater de cara contra o batente de uma porta pela primeira vez, antes de me queimar ao tentar encher uma xícara de café, antes de me cortar ao pegar uma faca pela extremidade errada, precisei reunir forças para encontrar um caminho de saída do universo alternativo das drogas. Eu dispunha da força de um rato para fazer isso.

Quando comecei a ser privado gradativamente do Propofol, não havia uma única coisa que eu fosse capaz de fazer por mim mesmo. Eu era um sujeito incontinente de 25 anos de idade que não possuía a força ou a coordenação necessárias sequer para me coçar. Estranhos com vozes pipilantes rolavam meu corpo como se eu fosse uma tora de pinho, trocavam os lençóis embaixo de mim e me rolavam de volta. Eles assoavam meu nariz e lavavam minhas partes íntimas.

Que eu precisasse de alívio para meu sofrimento era inquestionável, eu sofria com muitas dores excruciantes. Se a duração do efeito dos analgésicos não fosse perfeitamente sincronizada com as sessões de tratamento dos ferimentos, eu sentia como se pedacinho por pedacinho de meu rosto fosse arrancado com uma pinça, e como se as feridas causadas pelas agulhas em meus braços, pernas e onde mais fossem espetadas estivessem sendo lavadas com ácido de bateria e esfregadas com uma escova de cerdas de aço. Eu queria berrar e sangrar, assassinar e atirar contra a parede quem quer que trabalhasse para me causar tanta dor, mas estava tão debilitado que tudo que me restava era permanecer deitado e aguentar. Esses procedimentos eram criticamente importantes para a minha recuperação, mas, do meu ponto de vista e com meu estado mental distorcido, a dor, o medo e a impotência não provocavam em mim uma sensação muito diferente da de ser atacado por um urso.

Ninguém queria que eu sofresse, muito menos as pessoas cujo trabalho era curar minhas feridas. Mas ser mantido drogado o tempo todo tinha que ter um preço. Nos intervalos em que o efeito da morfina começava a passar, eu me tornava mais consciente do ambiente em que me encontrava: das vozes abafadas vindas do corredor, das cortinas sendo abertas ou fechadas ao redor do leito de algum outro paciente, de uma ocasional risada aguda na sala da central de enfermagem na frente do meu quarto. Eu ouvia a voz do meu padrasto. Ouvia a voz de meu irmão. Ouvia as vozes de Jamie, de John e de Jaha. Porém, mal eu começava a me sentir reconectado com o mundo, e lá vinha o maldito som dos passos dos sapatos de solas macias. "Boa tarde, Sr. Bigley. Trouxe uma coisinha para deixá-lo um pouco mais à vontade." Eu ouvia o piparote de um polegar e um indicador atingirem uma seringa hipodérmica de plástico antes de o combustível necessário para me levar à "Terra do la-la-la" fosse injetado em meu tubo de alimentação intravenosa.

Em meus momentos mais racionais, uma certa consciência se infiltrava pelas frestas, mas as drogas "bem intencionadas", administradas para me acalmar e me poupar do sofrimento, me puxavam de volta a um lugar em que eu não tinha a menor vontade de estar: fora do ar, na maior parte do tempo, e meio fora do ar no tempo restante. Confuso em um momento, apavorado no instante seguinte; incapaz de gritar e mal capaz de me mover. Quando ainda estava no rio, tomei a decisão de viver — não apenas de continuar a respirar. Lee Hagmeier me mostrara que isso era possível. Em meus momentos mais lúcidos, senti que tinha pela frente a maior das batalhas a ser vencida, muito mais difícil do que a mera reparação de minha pele e de meus ossos. Eu podia sentir a enormidade do peso dessa responsabilidade me esmagar contra o colchão. Antes de minha jornada poder arranhar a superfície, eu precisaria contar com minha habilidade para pensar.

Não tenho certeza de onde veio a energia, mas meu primeiro esforço para fazer saberem que eu não queria mais receber as drogas pesadas anotadas em meu receituário médico se deu poucas horas depois da primeira visita de Lee Hagmeier. "Paciente inquieto; agitando os braços; recusando medicação sedativa." Tão logo recuperei força e clareza mental suficientes para progredir de uma forma de comunicação estabelecida apenas por apontar um polegar para cima ou para baixo e consegui rabiscar algumas palavras em um bloco de anotações, uma das primeiras coisas que escrevi foi "não quero mais drogas".

Embora eu só tenha ficado sabendo disso muito depois, a confusão de meu estado mental havia tornado verdadeiro o pior cenário imaginado para Amber. Ainda banida do círculo das pessoas mais chegadas a mim, ela continuava a me visitar com regularidade e, quando minha mãe afinal mencionou seu nome, eu não fazia ideia de quem se tratava.

— Aquela moça, Amber, tem me pedido para visitar você. O que devo dizer a ela?

— *Amber? Amber... Quem é Amber?* — A única Amber de quem eu podia me lembrar era uma das antigas namoradas de meu irmão. — *O que ela está fazendo aqui? Por que ela iria querer me visitar? E por que eu iria querer vê-la?*

Polegar para baixo.

Minha mãe poupou Amber da rejeição e se limitou a manter seu relacionamento com ela no mesmo nível inicial, ou seja, mantendo-a distante e se comunicando com ela apenas por telefone.

Amber não era do tipo choroso — em especial quando chorar poderia lhe fazer o maior bem. Quando se sentia arrasada, ela trancava as emoções a sete chaves, e era sempre quando ela menos esperava que essas emoções a apanhavam desprevenida. Ela poderia estar sozinha, dirigindo sua caminhonete pela estrada, e... Bam! Qualquer coisa que ouvisse pelo rádio, mesmo que nada tivesse a ver com sua vida — por exemplo, uma onda de calor que provocasse mortes na Europa —, a faria se agarrar ao volante com toda força e prorromper em lágrimas. Mas afundar-se em sua cadeira e cair em prantos em um concerto de Dar Williams, logo depois de eu ter sofrido o ataque e ao ver que o cantor incluiu *Fishing in the Morning* ["Pescando de Manhã"] no repertório daquela apresentação em particular... Isso, sim, fazia sentido.

Vamos pescar de manhã
Do mesmo jeito de sempre
Você pode ir entrando e me acordar
Pegaremos as coisas e sairemos bem cedinho
Pegaremos as coisas e sairemos bem cedinho.

Como ainda era algo muito novo, a intensidade da atração que sentíamos um pelo outro catapultou Amber para uma colisão frontal entre sentir saudade e ficar enlutada. Ela jamais havia se sentido tão confusa e fez o que podia para passar os dias e as semanas em que esteve exilada de meu círculo mais próximo. A cada manhã, ela pulava para fora da cama, atirava para um lado a colcha de retalhos, cumpria o tedioso ciclo matinal de suas tarefas domésticas, saía para dar longas caminhadas com Hobbit e, então, rolava um pouco com ele pelo chão, quando ambos voltavam para casa. À tardinha, ela se dirigia ao guarda-roupa, vestia calças pretas e uma camisa branca e prendia uma gravata-borboleta preta sobre o colarinho fechado. Então puxava os cabelos para trás, prendendo-os em um rabo de cavalo, e passava pelos eventos que seu emprego temporário de verão lhe reservasse, como garçonete de banquetes, servindo bandejas de linguado meio queimado e vegetais cozidos além do ponto, ideal para pessoas que mal notavam sua presença.

Amber havia contado aos pais que um "amigo" tinha sido cegado por um urso. Que coisa mais absolutamente horrível, eles pensaram. Não conseguiam imaginar algo assim. Porém, quando vieram de Minnesota para visitá-la, no final de julho, não puderam deixar de se admirar pelo desconcerto em que ela se encontrava e pela regularidade com que a mãe daquele amigo lhe telefonava a fim de atualizá-la sobre o estado dele, no hospital. Além disso, sempre que ela se encontrava com alguma pessoa conhecida de Girdwood, o tal amigo era o primeiro assunto da conversa. Quando os pais dela resolveram fazer uma excursão até a península de Kenai — sem sua companhia—, não pararam de ouvir ou ver referências ao tal amigo, por todo o caminho, especialmente em Cooper Landing: havia folhetos convidando as pessoas para uma coleta de fundos e recipientes com a mesma finalidade nos balcões de todos os estabelecimentos comerciais ao longo da estrada. Certa manhã, durante o café, eles entreouviram um sujeito fazer várias ligações na tentativa de angariar doações em benefício de Dan Bigley. Puxa, esse amigo da Amber tinha um bocado de gente torcendo por ele, pensaram.

Enquanto Amber se esforçava para aceitar o lugar que lhe cabia em minha vida — ou a ausência de um —, eu lutava para retomar meu caminho de volta ao mundo dos vivos. O respirador artificial foi dispensado, e o tubo fixo da traqueostomia foi substituído por um removível. Com o auxílio de fisioterapeutas, eu começava a me movimentar outra vez — o que significava dividir em múltiplas etapas a execução de movimentos simples, que eu havia aprendido a fazer por mim mesmo desde quando tive idade para engatinhar. Coisas como me sentar na cama. Com um bocado de ajuda, evoluí disso para conseguir me sentar na beirada da cama, a princípio com uma grande almofada cilíndrica do meu lado, até poder baixar a barra de proteção lateral do leito e passar minhas pernas pela beirada, apoiando-me em um cotovelo e, finalmente, depois de algum tempo de descanso, dar o impulso final para levantar o corpo. Depois, apenas me sentar, e nada mais. Sentar-me ali, sentindo-me atordoado e nauseado, com o pescoço tentando suportar o peso daquele descomunal corpo estranho que era a minha cabeça. No início, eu não conseguia aguentá-lo por mais de alguns minutos; depois, por cinco minutos e, então, dez. Ao final do exercício, eu me sentia de tal modo exausto que poderia dormir por uma semana. Lentamente, desenvolvi a força e a energia necessárias para me sentar em uma cadeira; depois, para ficar de pé e, afinal, para dar alguns passos, apoiando-me em um andador.

Duas semanas após minha cirurgia reconstrutiva e uma semana depois de ter sido informado que me tornara permanentemente cego, tive minha "formatura" da unidade de terapia intensiva e fui "promovido" para a unidade de terapia progressiva, uma espécie de transição da terapia intensiva para o mundo exterior. Eu me sentia desgraçado demais para comemorar.

Nesse momento eu havia desenvolvido um problema perturbador: uma ferida que se recusava a cicatrizar, exatamente no ponto em que o urso abrira minha testa e em que uma secção oval de osso havia sido temporariamente removida durante a cirurgia reconstrutiva. Como cinco ou seis artérias de meu escalpo haviam sido seccionadas no ataque, a ferida não tinha uma irrigação sanguínea adequada, por isso tecidos haviam morrido e os pontos de sutura simplesmente se desmanchavam. Tossir causava não apenas a sensação de que um coquetel molotov atingia meu céu da boca, mas também fazia com que o ar deslocado escapasse pela fissura em minha testa. Além disso, eu havia contraído MRSA (sigla em inglês para a condição *methicillin-resistant staphylococcus aureus*), uma infecção causada por estafilococos, resistente às drogas disponíveis e potencialmente fatal.

Além disso, sentia dor de cabeça constante, de intensidade moderada na maior parte do tempo, mas com alguns ocasionais picos enlouquecedores. Também tinha dores abdominais devido ao tubo de alimentação no estômago e uma irritação incessante na garganta, devido ao tubo inserido na traqueia. E tinha náuseas, vertigens, sangramentos nasais e acessos de tosse tão fortes que me faziam vomitar, além de erupções cutâneas pelo corpo inteiro — um dos efeitos colaterais dos potentíssimos antibióticos, administrados por via intravenosa que eu tomava no intuito de controlar o MRSA. Essas drogas também provocavam coceiras tão violentas que eu tinha vontade de esfolar minha própria pele. E mais: minha boca era tão seca quanto uma torrada amanhecida. A princípio, eu só pude ter uma esponja umedecida colocada em meus lábios; depois, pude sugar cubos de gelo. Eu sentia tanta sede que chegava a sonhar com médicos que mandavam um caminhão-pipa manobrar para entrar, de marcha à ré, em meu quarto e acionar uma mangueira de incêndio sobre meu leito de hospital.

Como eu não podia ingerir nada sólido, fantasiava constantemente com comida. Comida reconfortante. *Cheeseburgers* com batatas fritas. Pizza. *Chips* e guacamole. Eu ansiava por alimento sólido. Sonhava com pessoas que atiravam *Doritos* umas para as outras por sobre minha cabeça, enquanto eu tentava, e não conseguia, interceptar alguma coisa. Sonhava que minha família me instalava na carroceria de uma caminhonete, dirigia até um restaurante e me deixava ali, enquanto todos entravam para comer. Sonhei que tentava empurrar *burritos* e linguiças por meu tubo estomacal.

Experienciar esse grau de miséria, tão profunda quanto jamais sonhei existir, era uma grande distração que me fazia esquecer de lamentar a perda dos olhos. Em vez disso, eu focava a pouca energia de que dispunha em tornar-me cada vez mais forte. Entre as pessoas que me impulsionavam nessa direção estava meu astuto terapeuta ocupacional Will Berry, que, mais tarde, viria a se tornar um de meus amigos mais chegados.

Will não sabia nada sobre mim, até apanhar meu prontuário na central de enfermagem antes de nossa primeira sessão. Seu peito ficava apertado à medida que ele o lia. Will devolveu o prontuário a seu respectivo compartimento, tomou um longo fôlego, deu uma batidinha na porta de meu quarto, abriu-a e entrou. Se ele ficou abalado ao ver o desastre que o urso havia me causado, não deixou transparecer.

— Olá, sou Will. Sou terapeuta ocupacional. E aí, Dan, você está pronto para começar? Olhe só o que nós vamos fazer hoje...

Antes do final da primeira sessão, graças à música que tocava em meu quarto, ele soube que tínhamos algo em comum. Entre ajudar-me a ganhar força suficiente na parte superior de meu corpo, a fim de que eu conseguisse me levantar da cama, e destreza para que eu abotoasse botões e fechasse zíperes, ele conversava comigo sobre algumas apresentações ao vivo que havia assistido e algumas bandas novas que descobrira. Ele até mesmo me levou uma gravação pirata de um *show* de Les Claypool.

Ele também me ajudou a perceber que eu havia perdido algo além de meus olhos para o urso, quando, em uma de nossas sessões, colocou pequenos frascos de óleos essenciais sob meu nariz.

Lavanda, canela, hortelã.

Meneei a cabeça negativamente.

Sândalo, *patchouli*, eucalipto.

Não, nada.

O urso também arrancara minhas conexões olfativas. Estou certo de que o Dr. Kallman havia falado comigo a esse respeito em algum momento, mas aquela era a primeira vez em que a ficha caía para mim. Àquela altura, me faltava a presença de espírito necessária para ponderar sobre o que significaria terem restado apenas três de meus cinco sentidos ou para que eu considerasse quão intrinsecamente conectado o olfato estaria a meus sentidos remanescentes — para sentir o sabor da comida. Somente mais tarde eu me daria conta de que nunca mais teria o prazer de sentir o cheiro de madeira queimando em uma lareira, ou de gerânios florescendo na primavera, ou de alho recém-picado fritando em uma panela. O olfato pode impedir um cego de beber um copo de leite que tenha azedado, ou de confundir uma lavanderia a seco com uma confeitaria; ou de acender um fósforo onde haja um vazamento de gás. E eu ainda nem havia começado a lidar com a parte da cegueira. A lamentação pela perda do olfato teria de retirar uma senha e aguardar na fila.

À medida que os dias se passavam e eu me tornava mais presente, meu círculo de visitantes tornou-se mais amplo. Alguns levavam gravações musicais, outros apareciam com suas guitarras. Um deles fez um som tão legal que todo mundo que passou pelo corredor, para cima ou para baixo, naquele momento deu uma paradinha na minha porta. Sempre que alguém novo ia me visitar, eu me sentia grato por não poder falar. Minha mandíbula não estava costurada apenas para manter minha boca fechada, mas eu havia recebido ordens médicas de não falar, porque tudo que havia do céu da minha boca para cima ainda levaria muito tempo para curar e cicatrizar. Eu me sentia grato porque não tinha energia para conversar, muito menos para me mostrar atento e compreensivo, o que sempre fora uma característica minha. Quando um monólogo terminava e o silêncio tornava o ambiente incomodamente constrangedor, eu não me sentia pressionado a preencher as lacunas. Quando alguém começava a chorar e a soluçar, eu não precisava pensar no que dizer para fazer com que se sentisse melhor.

Até Maya foi me visitar. Todos se sentiram muito felizes por eu estar com minha Maya Bird — chamada assim porque, sempre que se sentia muito feliz, "piava" como um passarinho. Eu mal podia esperar para ouvir as chicotadas de sua cauda acertando qualquer coisa em um raio de 60 centímetros e sentir seu focinho contra minha pele. Quando chegou o dia, Brian a levou em uma coleira. Os dois entraram, ele fechou a porta, retirou a coleira e deu tapinhas no pé da cama.

— Suba, Maya. Vamos, suba. — Ela ficou toda dengosa, e não se moveu.
— Maya, suba. Vamos, garota. Suba!

Finalmente, ela saltou. Uma cadela famosa por abanar não apenas a cauda, mas toda a parte posterior de seu corpo, e sorrir mostrando todos os dentes, limitou-se a permanecer imóvel ao pé da cama com o rabo entre as pernas. Então ela tornou a saltar para o chão. O desapontamento de Brian era palpável. Ele a levantou do chão e a recolocou sobre o leito.

— Quietinha, Maya. Sentada. Agora, quieta. Quietinha.

Ela permaneceu ali, quietinha, por uns três segundos, então voltou a saltar para o chão. Ela não queria ter nada a ver com o que quer que fosse aquela coisa sobre a cama. Ou talvez me ver tenha lhe trazido de volta a lembrança do urso. Jamais saberei. Em outras circunstâncias, aquilo teria partido meu coração, mas seria difícil partir algo que já estava quebrado em tantos pedaços.

A reação de Maya me fez pensar sobre a última vez que a tinha visto, quando ela saltou para longe da trilha, evitando o ataque do urso. Na próxima visita de Jaha, havia chegado o momento de eu saber toda a verdade sobre o que realmente havia acontecido naquele dia. Em vez de um bloco de anotações, eu já usava um quadro que podia ser apagado a seco para me comunicar.

— O que aconteceu? — escrevi.

Jaha suspirou profundamente. Ele não esperava por aquilo e desejava ter esquecido tudo, para não precisar mais contar aquela história. Desejava também que o que ele tinha visto por debaixo daquela camiseta não tivesse ficado impresso em sua memória.

— Você tem certeza de que está preparado para isso, amigão?

Assenti com a cabeça. Eu precisava ouvir tudo.

Ele ajeitou-se em sua cadeira, baixou a cabeça por um momento e, então, lentamente, tornou a erguê-la. Inclinando-se para a frente, apanhou minha mão e a segurou firme. Ele tomou um longo, lento e profundo fôlego, reteve a respiração, exalou e iniciou seu relato.

— Estávamos esperando por vocês, quando vimos a mamãe ursa correr pelo meio do rio. Ela parecia realmente irritada...

Ele não precisou dizer mais do que isso para que meu corpo inteiro se retesasse.

— Você quer que eu pare?

Fiz que não com a cabeça.

— Dan, sério, você não precisa ouvir isso agora...

Eu precisava. Eu tinha de saber.

— Você quer mesmo que eu continue?

Acenei afirmativamente com a cabeça. Então ele me contou tudo, exceto os detalhes mais sangrentos. Mas se havia alguém que conhecia muito bem esses detalhes era eu. Repassar toda a história drenou nossas energias, enquanto revivíamos o que havia sido o pior dia de nossas vidas. Ao terminar, Jaha baixou a cabeça, sem largar minha mão. Permanecemos ali, juntos, até bem depois de meus lábios pararem de tremer e de o pesar sobre meu peito diminuir.

Mais tarde, sentindo minha mente mais clara do que nunca, me permiti revisitar os bons tempos, os tempos de antes. Pensei nos garotos com os quais eu havia trabalhado, nas fogueiras no Max's, na viagem para assistir ao Festival de Música de High Sierras, no concerto da Galactic na estação de esqui... Quando, de repente, um ruído me atingiu, como uma agulha arranhando um disco. A noite voltou correndo a minha mente, e um sopro de emoção me atingiu com a força de um vendaval. Tateei em busca do quadro.

— Onde está Amber? — escrevi.

Minha mãe franziu o cenho.

— Mas, Daniel, você disse que não queria vê-la...

"O quê!? Por que eu diria isso? Eu jamais diria uma coisa dessas!"

— Eu quero!, rabisquei nervosamente.

— Então, você está dizendo que quer vê-la, certo?

Afirmei com a cabeça e ergui um polegar.

Minha mãe telefonou para Amber: "Dan está perguntando por você. Você gostaria de visitá-lo?".

Amber arregalou os olhos enquanto pressionava o fone contra o ouvido. Ela cerrou os olhos com força e perguntou: "Tudo bem se eu for esta tarde?".

Amber agarrou o volante com firmeza durante todos os trinta minutos do percurso entre sua casa em Bird Creek até o estacionamento para visitantes no Providence. Então desceu de sua caminhonete, alisou a saia e caminhou pelo pátio com as pernas trêmulas. Ao entrar na recepção, hesitou. Olhou à sua volta, notou a existência de um quiosque de café e foi para lá. Pediu um copo de 350 ml de café *Americano*, não porque precisasse ficar mais ligada do que já estava, mas apenas porque queria algo para ter entre as mãos. Ela pagou, virou-se e caminhou pela recepção. Passou pela voluntária na cabine de informações, passou por uma frágil velhinha que empurrava o marido esquelético em uma cadeira de rodas, por uma adolescente com sapatos de salto alto que carregava um bebê nos braços e por outros visitantes que estavam ali, a caminho das alegrias e tristezas ao visitarem os entes queridos que ocupavam vários leitos no hospital. Ao chegar diante dos elevadores, ela se deteve e olhou para os botões por um momento, antes de apertar um com uma seta para cima. Dentro do elevador, apertou o botão com o número 2. As portas se fecharam e tornaram a se abrir, quando o elevador anunciou sua chegada.

Ela saiu e olhou as placas de sinalização que indicavam o caminho para a Unidade de Terapia Progressiva. Sentindo-se um tanto aérea, com o coração acelerado, ela se deu um momento, tomou um gole do café, puxou os cabelos para trás das orelhas e rumou pelo corredor. Seus passos se tornavam cada vez mais lentos à medida que ela se aproximava do quarto cujo número minha mãe lhe havia passado e que ela anotara no verso de um cupom fiscal de mercearia. Ela parou do lado de fora, diante da porta aberta do quarto, e olhou para dentro. Seu olhar saltou da minha mãe para o meu irmão e, finalmente, para mim. Por um instante, seu coração parou. Eu estava sentado em uma cadeira reclinável colocada ao lado da cama, todo envolto em ataduras, inchado e irreconhecível. Ela forçou um sorriso e entrou.

— Olá. É bom ver vocês. Brian. Ann, obrigada por telefonar. Oi, Dan... É a Amber...

Voltei minha cabeça na direção de sua voz e tentei esboçar um sorriso. Um sorriso desencorajador. Ela olhou para as protuberantes ataduras que cobriam meus olhos, ou melhor, o lugar onde meus olhos deveriam estar. Brian pigarreou:

— Dan, nós vamos dar uma voltinha pelo corredor — ele anunciou, enquanto se levantava, com minha mãe, para sair. — Voltaremos daqui a uns dez minutos.

Amber esperou que eles saíssem. Então, pôs de lado o café e se aproximou de mim.

— Dan, eu não sei por onde começar...

Apanhei o quadro em meu colo, rabisquei às pressas e o virei na direção dela. Havia somente uma palavra ali: "Absurdo".

Amber fechou os olhos com força e mordeu o lábio inferior. Ela olhou para o chão e, em seguida, ergueu a cabeça abruptamente.

— É... Completo absurdo...

Ela se ajoelhou, me olhou e pousou uma das mãos em meu joelho. Eu apanhei o quadro, apaguei-o com um pedaço de pano e escrevi: "Estou cego".

Amber balançou a cabeça.

— Eu sei — ela disse. — Eu sei. E eu... sinto... muito. Sinto muitíssimo, mesmo.

Ela pousou a cabeça em minha perna e fechou os olhos. Tornei a apagar o quadro e rabisquei uma nova mensagem: "Estou com medo".

CAPÍTULO 13

É terrível desperdiçar um binóculo

O fato de eu não estar em posição de assumir um relacionamento não poderia ser mais óbvio. Eu nem sequer era capaz de ir ao banheiro sozinho. Eu era o cartucho detonado do homem que tinha sido um dia e tinha um longo, longo caminho a percorrer antes de ter condições de começar a imaginar como seria o novo homem que surgiria disso tudo.

Amber vinha relutando em engolir essa amarga pílula de realidade desde a primeira vez em que me viu na unidade de terapia intensiva. Dia após dia, ela vinha lidando com a vertigem emocional de prantear a morte de uma pessoa que ainda estava viva. Emocionalmente forte o suficiente para suportar um quarteirão inteiro de problemas, ela aceitou que as coisas eram da maneira como tinham de ser. Resignada, deixou de lado seu papel de nova namorada para se juntar aos outros integrantes de meu círculo de pessoas mais chegadas. Ela simplesmente se sentia agradecida por voltar a fazer parte de minha vida.

Minhas próprias emoções — quando não se estreitavam em acessos paralisantes de tristeza — ainda se encontravam em estado de coma. Eu havia sofrido tantas perdas tão devastadoras, as quais ainda precisavam ser confrontadas, que a perda do meu relacionamento com Amber era apenas mais uma para a lista. Não obstante, a presença dela me confortava.

Lembro-me nitidamente da primeira vez em que uma centelha de alegria conseguiu abrir caminho em meio às teias de aranha em minha mente. Um pequenino passarinho, do tamanho de um kiwi, fez o que a farmacopeia ainda não havia feito. Isso aconteceu no dia em que recebi permissão para sair ao ar livre pela primeira vez. Meus olhos e minha testa estavam envoltos em bandagens, e, quando meu irmão e Jay saíram dali comigo, eu usava minhas próprias roupas pela primeira vez. (Steve, meu pai, havia voltado para casa, para seu trabalho e sua família, na Califórnia, e Chris havia retornado ao Oregon, mas ambos voltariam logo.) Com Jay na liderança da comitiva, Brian me empurrou para fora do quarto em uma cadeira de rodas equipada com uma tremulante haste da qual pendia uma bolsa de alimentação intravenosa atrás do encosto. Deixamos para trás a unidade de terapia progressiva, tomamos o elevador, chegamos ao piso principal e saímos por uma porta lateral, que dava acesso a um pátio interno. Brian posicionou minha cadeira ao lado de um banco sob uma árvore, acionou a trava e sentou-se ao meu lado, pousando um braço sobre o encosto da cadeira. Quando ergui o rosto para o sol, ouvi o som de passos se aproximando.

— Oi, rapazes. Disseram-me que eu poderia encontrar vocês aqui. — Amber acocorou-se à minha frente e pousou uma mão em meu joelho. — Eu não queria perder isso.

Brian e Jay se entreolharam e se levantaram.

— Ei, Dan. Nós vamos dar uma volta por aí. Quer alguma coisa? Você está bem?

Ergui um polegar, em sinal de aprovação.

Eles se foram, e Amber se sentou ao meu lado, no banco, com uma das mãos sobre meu ombro. Então ouvi um som vindo da árvore acima de mim. Instintivamente, olhei para o alto. Baixei a cabeça, apanhei meu quadro de comunicação e escrevi: "Chickadee". Mostrei-o para Amber, tornei a depositar o quadro em meu colo e pousei minha mão sobre o coração.

Um chickadee-de-chapéu-preto* — *chick-a-dee-dee-dee* — é um dos passarinhos mais facilmente identificáveis por seu canto, mas a capacidade de poder fazer isso teve um enorme significado para mim. Foi a primeira coisa que consegui fazer por mim mesmo na condição de uma pessoa cega. Havia algo

---

* O chickadee é uma ave passeriforme do gênero *Pœcilus*, não migratória e típica da América do Norte. Dentre as várias espécies desse gênero está o *black-capped chickadee*, citado no texto e traduzido livremente como "chickadee-de-chapéu-preto". Na Europa e na Ásia existe uma outra ave de aparência muito semelhante, embora pertencente ao gênero *Parus*, conhecida em português como *chapim-real*. [N. do T.]

que eu podia fazer, eu podia identificar um chickadee. Eu ainda podia apreciar esse pequenino ser emplumado, que mal chega a pesar vinte gramas, com seu penacho negro sobre a cabeça e uma faixa também negra sob o bico, para combinar. Eu ainda podia admirar sua habilidade em suportar os invernos do Alasca melhor do que a maioria das pessoas. Sentado sob o sol, eu não apenas podia ouvir seu canto, mas também o ruflar de suas pequeninas asas, enquanto ele saltava de um galho para outro, acima de minha cabeça. Não faço ideia se isso é verdade ou não, mas alguém me disse que era possível ver uma árvore da janela de meu quarto no hospital e, desde aquela ocasião, visualizei aquela árvore inúmeras vezes, sempre que me sentia desorientado e perdido — o que é o mesmo que dizer durante a maior parte do tempo. Servia-me como referência acreditar que a árvore estava ali, contemplando o interior do meu quarto e olhando por mim. Naquele dia, pude saber que o chickadee que eu ouvira era real. Partilhar de sua companhia foi o primeiro passo que dei em meu retorno ao mundo natural.

Em meados de agosto, chegou o momento de meu olho remanescente ser retirado. Embora os médicos que me atenderam soubessem desde o primeiro dia que eu jamais voltaria a enxergar, minha família havia se apegado à esperança de que meu olho esquerdo sobreviveria e que avanços da medicina poderiam, algum dia, desenvolver uma maneira de reconectá-lo ao nervo óptico e restaurar minha visão. Meu padrasto passou muitas horas pesquisando sobre essa possibilidade. Porém, o fato era que meu olho estava morto. Por isso, precisava ser removido.

Nas noites que antecederam essa cirurgia, sonhei que minha mãe me retirava clandestinamente do hospital. Também sonhei que eu fugia sozinho dali, pela porta da frente, apenas para cair diretamente nas mãos de uma porção de homens de branco.

Na cirurgia número três, o Dr. Rosen removeu meu olho esquerdo necrosado e preencheu a cavidade ocular da mesma maneira como havia feito com a outra, colocando um implante orbital recoberto por tecido e músculo e um conformador por cima de tudo, a fim de assegurar um suporte para a prótese que ali seria alojada — muito tempo depois devido a um persistente inchaço.

Uma porção de pele que o Dr. Kallman tanto havia se empenhado em salvar também não vingou — incluindo a que recobria a parte superior esquerda de meu nariz e a extremidade adjacente de minha pálpebra, deixando à mostra a ponte de titânio que ele havia implantado. Ele, então, removeu a pele morta e recobriu a área com um pequeno pedaço de pele transplantado, retirado de um ponto à frente da minha orelha. Ele também fechou a preocupante ferida que havia no centro de minha testa.

Kallman assumiu como sua missão me dar alta do hospital antes de meu vigésimo sexto aniversário, que aconteceria no dia 23 de agosto seguinte. Mas eu não iria para muito longe. Após uma série de reuniões com as várias pessoas que se encarregavam das diversas partes de minha anatomia interna e externa, o plano era minha família e eu nos mudarmos para um hotel nas proximidades, a fim de que eu fosse tratado como um paciente externo e recebesse visitas regulares de médicos, enfermeiros e terapeutas especializados na modalidade de atendimento em domicílio. Eu me esforcei muito para que isso acontecesse, praticando exercícios físicos fortalecedores e "mamando" *Ensure*, uma bebida proteica e altamente calórica, por meio de canudinhos, no intuito de suplementar os nutrientes que recebia pelo tubo gástrico de alimentação. Progredi do arrastar de pés por trás de um andador até andar com uma longa haste com uma bola de tênis afixada na ponta e minha mão direita tateando as paredes. Como parte desse treinamento com rodinhas, uma larga cinta atravessada em meu tórax era segurada por um fisioterapeuta que seguia atrás de mim, a fim de evitar possíveis quedas.

Para longo prazo, o plano previa que eu voltasse com minha família para a Califórnia e continuasse lá meu processo de cura e, em algum momento, me inscrevesse em uma escola para cegos. Enquanto me concentrava no que quer que eu precisasse fazer para ser liberado do hospital, uma distribuição de minhas coisas estava em curso na minha casa em Girdwood. Amigos ficariam felizes por guardar as coisas com eles, mas para seguir adiante na minha vida eu teria de me livrar da vida que tinha antes.

Encarreguei Brian para que doasse ou vendesse as coisas que eu não poderia usar mais. A câmera, o gravador de vídeo, o aparelho de TV, o caiaque de corredeira e boa parte do equipamento para atividades ao ar livre. O binóculo utilizado para observar pássaros já havia encontrado um destino: pouco depois de eu ter sofrido o ataque, um amigo de Girdwood — a quem eu conhecia principalmente pela participação em algumas *jam sessions* — pediu a meu companheiro de residência se poderia levar o binóculo emprestado, no intuito de usá-lo como um portal para canalizar energia curativa e eliminar a energia insalubre de meus olhos. Ou qualquer coisa assim. Talvez ele realmente tenha tido boas intenções, mas o binóculo jamais foi devolvido.

Conservei os esquis e, não sei bem por que, a *mountain bike*. Também não fui capaz de me desfazer da caminhonete. Eu adorava aquela caminhonete. Ela havia me levado a tantos lugares incríveis, por estradas pavimentadas, de cascalho, de terra, e por caminhos de areia ou lama. Eu pensava nela como minha cúmplice, tendo em vista tudo o que havíamos feito juntos. Embora, obviamente, não fosse voltar a pilotá-la, eu achava que pagando o seguro e a manutenção dela, não me sentiria tão mal em convidar alguém para alguns passeios, proporcionando o veículo. De todo modo, na ocasião isso fazia sentido. Dos bens remanescentes, tudo que não foi vendido, dado de presente ou doado ao Exército da Salvação, foi acondicionado na carroceria da caminhonete, que meu padrasto conduziria para a Califórnia.

Tanto quanto eu ansiava deixar o hospital, havia outros motivos para que me sentisse ansioso. Eu ainda tinha um tubo de alimentação estomacal, uma traqueostomia e minha mandíbula estava firmemente costurada, ainda que tivesse recebido permissão para tentar falar um pouco, vedando a entrada da traqueostomia com os dedos. Eu sabia que bateria minha cabeça com frequência, e me preocupava com o estrago que isso pudesse causar. Como eu me sentia mais frequentemente com náuseas do que sem, eu me preocupava com a possibilidade de vomitar — o que nunca é uma experiência agradável, mas pode ser levada a um nível extremo quando se está impedido de abrir a boca. Por isso, eu me preocupava com a possibilidade de me asfixiar. Eu me preocupava tanto com isso que pedi para que me arranjassem um alicate capaz de cortar arame. Queria tê-lo sempre comigo, no bolso.

No dia 19 de agosto, quatro dias antes do meu aniversário, recebi alta do hospital. Naquela manhã, eu me vesti com roupas que, então, eram grandes demais para minha figura esquálida e me instalei na cadeira reclinável. Enquanto Jay se encarregava dos preparativos no quarto de hotel, meus familiares se ocupavam de recolher e embalar o sistema de som, os audiolivros e os cartões e cartas que haviam sido afixados, camadas sobre camadas, em um quadro de cortiça. Médicos, enfermeiras, terapeutas, atendentes e outros que tanto me ajudaram vieram me desejar melhoras. Quando chegou o momento, Brian empurrou-me em uma cadeira de rodas para fora do hospital, pela porta da frente, para os sons do tráfego, das vozes de outras pessoas e até mesmo de um pequeno avião que nos sobrevoou. Ele me ajudou a entrar no carro alugado e esperou pacientemente enquanto eu me atrapalhava tentando afivelar o cinto de segurança. Então, dirigimos rumo a um mundo muito diferente daquele em que eu tinha vivido antes.

Quando o carro estacionou diante do hotel, tateei à procura da maçaneta da porta com uma das mãos e, com a outra, me apoiei na parte superior da porta, a fim de sair sozinho do carro. Segurei o cotovelo de Brian e ele me guiou para dentro do hotel. Lentamente. Caminhar ainda era duro, exaustivo e doloroso. Quando, afinal, cheguei ao quarto, precisei me deitar.

Todos fizeram um pacto para não mencionar a decoração diante da qual eu havia passado, a caminho do elevador, existente no salão de leitura adjacente ao *lobby* do hotel. A um canto, havia um urso pardo empalhado, em posição de tocaia; em outro, um urso pardo Kodiak se erguia sobre as patas traseiras, tão gigantesco que sua cabeça quase tocava o teto. Obtivemos permissão do hotel para que Maya ficasse comigo, mas, depois do que ela vira naquele dia de julho, minha família achou melhor fazê-la entrar pela porta dos fundos, sem ter de se deparar com os ursos.

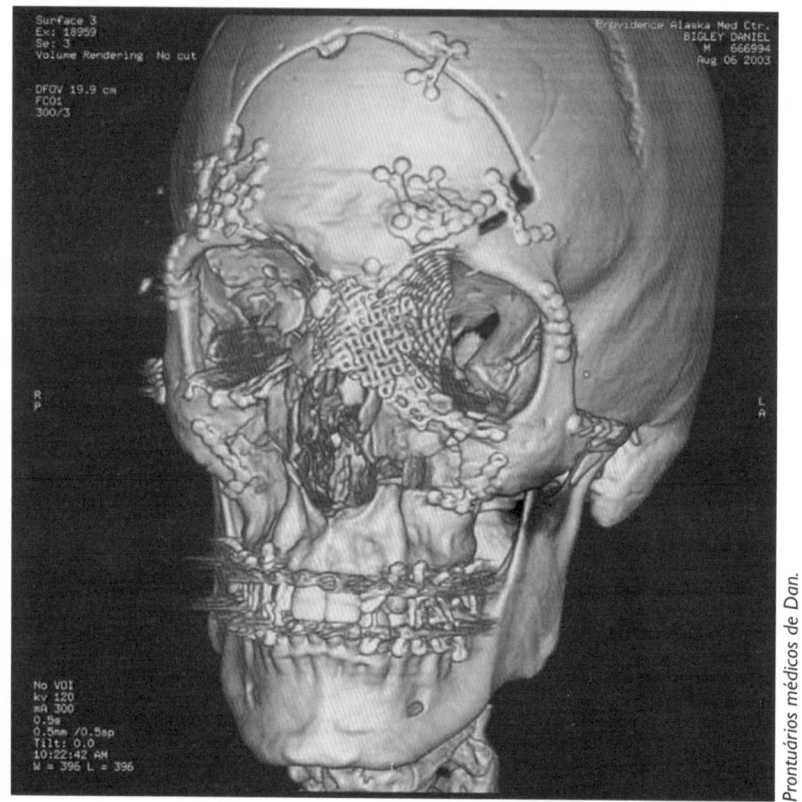

Uma equipe de quatro cirurgiões reconstruiu meu rosto e meu crânio com tela de titânio, parafusos, miniplacas e outros materiais. A cirurgia durou catorze horas.

Prontuários médicos de Dan.

CAPÍTULO 14

Mergulhando com o capitão Nemo

Desde a adolescência, sempre pensei em aniversários como algo mais do que um pretexto para festejar. Para mim, cada um deles era uma oportunidade de refletir sobre a dádiva de estar vivo. Entre minhas celebrações mais memoráveis estão me sentar na beirada da Pedra da Meia-Lua, com os braços cruzados em volta dos joelhos, e assistir ao nascer do sol e derramar um brilho dourado sobre a Ravina do Rio Vermelho, no Kentucky, no dia em que completei 19 anos de idade. Passei meu vigésimo primeiro aniversário na região das rochas vermelhas, nas proximidades de Sedona, no Arizona, em um desfiladeiro com paredões arenosos e uma corrente de águas verde-esmeralda, acampando com amigos, Maya, os amigos de Maya e uma garrafa de Bushmills.

Meu vigésimo sexto aniversário chegou e eu o passei no Hampton Inn, com ursos empalhados no *lobby*, minha mãe no quarto adjacente, meu irmão do outro lado do corredor e um frigobar bem abastecido com *Ensure*. O guarda-roupa, o parapeito da janela e a parte de cima do gaveteiro estavam lotados com frascos de remédios, desinfetante para as mãos, Bacitracin, solução salina, gaze, ataduras e um verdadeiro *goulash* de outros suprimentos médicos. Os amigos apareceram, trazendo música, audiolivros e um "bolo" líquido de chocolate, feito em liquidificador. Reclinado e apoiado sobre travesseiros em um sofá, embrulhado em ataduras e vestindo calças de pijama e uma camiseta sem mangas a fim de evitar irritar ainda mais as feridas na parte superior de meus braços, eu bem poderia estar completando 96 anos, de tão mal que me sentia. Mesmo assim, me senti grato por estar vivo; mais grato do que sabia ser possível. Amber e cerca de oito outros amigos estiveram lá, naquela noite, sentando-se ao meu lado no sofá, na cama ou com as pernas cruzadas no chão. Meus amigos se empenharam mesmo para manter o clima alto-astral: contaram histórias e piadas e fizeram gozações sobre meu *mullet*, um tufo de cabelos que crescia na base de meu crânio, deixado ali pelo Dr. Kallman no momento em que raspou minha cabeça com um cortador elétrico. O sujeito é um cirurgião talentosíssimo, mas um verdadeiro desastre como barbeiro.

"Belo corte, garotão", foi o consenso geral.

Como um paciente em tratamento externo instalado em um quarto de hotel, eu podia receber mais visitantes e tinha de obedecer a menos regras — o que não agradava à minha mãe, que mantinha aberta a porta que conectava nossos quartos adjacentes com mais frequência do que a deixava fechada. Com seus instintos protetores em alerta vermelho, ela me dizia quando era hora de meus amigos irem embora e eu dormir, o que me fazia sentir como se tivesse voltado a ser um estudante do ensino fundamental. Pelo lado bom, eu não era mais forçado a suportar gente a quem não podia ver ou falar me picando com agulhas ou medindo minha pressão sanguínea a qualquer hora do dia ou da noite. Eu não precisava mais aturar gente microgerenciando meus intestinos e minha bexiga. Afinal, eu tinha alguma privacidade — embora seja um tanto difícil acreditar nisso, quando não se pode ver as pessoas que você não quer que estejam presentes.

Certa tarde, fui deixado sozinho para descansar e pela primeira vez comecei a confrontar minha nova realidade e a fazer um inventário do que eu podia "ver". Em uma selva na Malásia, depois do pôr do sol, eu me vira em meio a uma escuridão tão densa que não podia enxergar minha mão diante do nariz. Mas isso não era a mesma coisa. Era mais como se eu estivesse olhando para galáxias distantes pelo telescópio espacial Hubble. Bilhões de pontinhos de luz, de vários tamanhos e intensidades, sobrepunham-se a nuvens luminosas que iam do rosa neon ao azul iridescente, desvanecendo até o infinito. Isso me fez lembrar de estrelas que estariam nascendo.

Então passei a explorar meus ferimentos, todos em estágios variados de cura. Sentei-me na cama, inclinei-me para a frente, coloquei a mão em minhas costas por baixo da camisa e permiti que meu dedo indicador repousasse, por um momento, sobre a ferida da perfuração em um dos lados da parte inferior de minhas costelas. Dali, deixei que meus dedos subissem até outro ferimento, tão próximo de minha espinha dorsal que me fez imaginar quão perto eu havia estado de me tornar paralisado. Fiz uma pausa considerando a sorte que tive e ponderando se a *pochette* que eu usava havia salvado minha vida, antes de trazer a mão de volta para a lateral do corpo.

Afastei as cobertas e, sobre as calças do pijama, passei os dedos suavemente sobre o que pareciam ser múltiplas feridas causadas por estilhaços em minha coxa, no primeiro lugar onde o urso havia cravado as garras, apanhando-me em pleno ar e, aparentemente, tornando a cravá-las e me puxando para fora dos arbustos. Essas eram as feridas mais doloridas de todas, especialmente quando tinham de ser limpas e receber novos curativos, experiências que, às vezes, provocavam dores tão lancinantes que meu corpo todo se retesava como um punho cerrado. Não me lembro como ou quando consegui as feridas nos pulsos, mas tenho uma nítida lembrança de como obtive as que estavam nas partes superiores dos braços e em meus ombros. Elas haviam sido feitas quando o urso me imobilizou sobre o chão, nos últimos momentos em que fui capaz de ver.

Deixei a cabeça pender por um momento e me concentrei na respiração. Após várias inspirações longas, lentas e profundas, ergui vagarosamente uma mão trêmula até meu rosto e deixei os dedos darem uma "olhadela" por ali. Começando pela maçã do rosto no lado esquerdo, eles pausaram por um momento em um lugar que achei vagamente familiar; então continuaram a percorrer o caminho em direção ao nariz. Explorando cautelosamente com as pontas dos dedos, encontrei tamanho inchaço que não consegui discernir onde estava a ponte. Com os dedos um tanto vacilantes devido ao Bacitracin, segui as linhas de sutura até o meio da testa, pausando sobre o ponto mais problemático, pouco à esquerda do centro. *Aargh! Será que esta coisa jamais vai cicatrizar?* Continuei em direção ao topo do crânio, passando pela linha dos cabelos, que recomeçavam a crescer. Ergui a outra mão e, com uma delas de cada lado, tentei compreender a nova conformação de minha cabeça. Inchada aqui, afundada ali. O que quer que houvesse acima de meu pescoço, parecia-se com algo caído da traseira de um caminhão trafegando a cem por hora. Após uma inspeção de minha têmpora direita, pude sentir uma placa metálica por debaixo da pele. Foi demais. Deixei as mãos caírem, enojado.

Desabei de costas na cama e puxei as cobertas até o queixo. Permaneci ali deitado por dez, quinze, vinte minutos, implorando pelo sono. Nada. *É melhor dar logo um jeito de superar isso.* Deitado de costas, levei as mãos até o epicentro das feridas, lentamente. O que encontrei ali foram as viscosas, escarificadas e inchadas protuberâncias que estavam no lugar onde haviam estado meus olhos. *Deus, isto é degradante.* Minha cabeça começou a girar. Inclinei-me sobre a beira da cama, certo de que iria vomitar. Naquele momento, fiquei feliz por estar cego, assim, nunca mais teria de olhar para mim mesmo em um espelho.

※

Minha quarta cirurgia foi um esforço na tentativa de desobstruir meus bagunçados sinos nasais, os quais haviam cicatrizado fechados e não estavam drenando adequadamente. Isso me fazia tossir e era um convite às infecções. Também houve mais uma tentativa de fechar minha testa, antes que as bordas da ferida passassem de vermelhas para marrons e, depois, para pretas. O Dr. Kallman tentava cada truque existente em livro para fazer cicatrizar a ferida em minha testa. Ele havia consultado o maior especialista nesse tipo de prática, o Dr. Dwight Ellerbe, além de vários outros, quando um deles recomendou a utilização de uma câmara hiperbárica. Respirar cem por cento de oxigênio sob pressão envia vinte vezes mais oxigênio aos tecidos danificados, o que estimula o crescimento de novos vasos sanguíneos e acelera o processo de cicatrização. Pode não ajudar, Kallman me disse, mas certamente não fará mal.

Primeiro passo: inserir tubos auriculares. Como quando se pratica mergulho — só que, neste caso, dentro de um cilindro de lata gigantesco, em vez de na água —, os tímpanos precisam ser equalizados no intuito de manter a pressão do ar no ouvido interno em sincronia com a pressão atmosférica. De outro modo, os tímpanos podem estourar. Porém a equalização não é possível quando se respira por meio de uma traqueostomia, daí a necessidade dos tubos. Ter os tubos colocados em meus ouvidos por um médico era um processo tão doloroso que cheguei a imaginar se a ruptura dos tímpanos pudesse, possivelmente, ser pior.

Dentro da câmara, o procedimento-padrão exige que os pacientes usem um aparelho de respiração semelhante aos utilizados por pilotos de aviões-caça F-15. No meu caso, contudo, nada era padrão. A clínica onde a câmara funcionava era nova, e eu era o primeiro paciente deles com uma traqueostomia. Ray Barrett, o técnico que supervisionava meu tratamento, adaptou um tubo à traqueostomia, o que, a princípio, fez com que eu me sentisse respirando por uma mangueira de jardim. Com alguns ajustes e um tubo menos extenso entre a traqueostomia e o regulador, eu estava pronto. O código de vestuário é cem por cento algodão. Nenhum tecido sintético, nem derivados de petróleo de qualquer espécie são permitidos lá dentro. Não se entra em uma câmara hiperbárica sem correr algum tipo de risco, sendo o menos assustador deles o de combustão espontânea.

Ray, que iria "mergulhar" comigo a fim de monitorar meus sinais vitais e me acalmar, caso eu entrasse em pânico, me lembrava de Girdwood. Ele me vira recebendo os ingressos em um festival de bandas do Alasca, no Sitzmark Bar & Grill, em uma estação de esqui. Ele também estivera presente em algumas fogueiras no Max's. A fim de dar apoio moral, Brian também "mergulhava" em minha companhia. Isso deixava o recinto um tanto congestionado. Eu permanecia deitado em uma prancha no sentido do comprimento em um dos lados, e eles dois ficaram sentados, lado a lado, em um banco diante da prancha. Duas horas por dia, sete dias por semana, durante um mês, Brian e eu nos enfiávamos em nosso pequeno "submarino", com um sujeito a quem chamávamos de "capitão Nemo".

Uma espécie de híbrido entre Steve McQueen e uma versão conservadora de George Carlin, o "capitão" contava piadas picantes e nos brindava com histórias sobre seus dias como mergulhador comercial, passados principalmente nos mares de Chukchi e Beaufort, mas, também, como soldador subaquático na enseada Cook, com zero de visibilidade sob marés tão fortes que ele tinha de ser preso por um cabo ao petroleiro a fim de evitar ser levado pelas águas. Do lado de fora, a câmara era monitorada por colegas do "capitão" e, quando não queria que eles ouvissem alguma coisa, passava um bilhete ao Brian. Brian ria, se inclinava para a frente e sussurrava em meu ouvido; então eu também ria — tanto quanto alguém pode rir por entre dentes cerrados, com um tubo inserido na garganta.

Ele fazia o melhor que podia para me divertir, ou ao menos para afastar minha mente do estado deplorável em que meu corpo se encontrava. Ele havia levado um tabuleiro de madeira com um jogo da velha — que foi muito divertido, até que eu comecei a ganhar dele, seguidamente; então o tabuleiro desapareceu. Como um projeto de grupo, nós três decidimos aprender o código Morse, e passávamos as horas tamborilando nas paredes da câmara.

Um mês de sessões na câmara hiperbárica fez maravilhas por Brian. Após todas aquelas doses cumulativas de oxigênio, ele percebeu que nunca havia se sentido tão bem. Praticamente eufórico. Deve ser assim que os atletas que usam *doping* se sentem, ele brincou. O mesmo, porém, não podia ser dito de mim. A ferida na minha testa não respondeu ao tratamento.

Seria necessário um intercâmbio de partes do meu corpo para consertar aquela encrenca. O Dr. Kallman fez alguns arranjos com um de seus mentores na faculdade de medicina para que eu fosse submetido a uma microcirurgia altamente especializada "na faixa", em San Francisco. Essa quinta cirurgia envolveria o cultivo de uma secção retangular de pele e de vasos sanguíneos de meu antebraço que seria usada como um remendo. A parte doadora seria coberta com pele retirada de minha coxa. Assim, a pele do antebraço, com seu suprimento de sangue, seria realocada sobre minha testa, e seus vasos sanguíneos seriam conectados às artérias e veias de meu pescoço ao canalizá-los sob os tecidos de meu rosto. A textura e a cor não combinavam exatamente com o fundo, e eu parecia ter sido remendado com um retalho de borracha de formato semelhante ao mapa da Geórgia. Mas não dei importância a isso; eu só queria que meu corpo fosse curado.

✑

Em meados de setembro, dois meses depois do urso, fiz minha primeira saída em público sem ser por razões médicas. Brian e alguns de meus amigos arranjaram uma forma de todos nos reunirmos para uma apresentação do grande músico de *reggae* Clinton Fearon em um dos lugares mais bacanas de Anchorage — infelizmente chamado Dente de Urso. Eu estava preparado, a despeito de minhas constantes dores de cabeça e náuseas, a despeito de sofrer com dores pavorosas, reais e imaginárias. Devido aos danos neurológicos sofridos, eu sentia uma dormência do lábio superior até o topo do crânio, bem como na minha coxa esquerda. Entre a dormência nesses lugares e uma certa rigidez em quase todos os outros, eu caminhava como um velho caquético que carregasse bolas de chumbo nos bolsos.

Um dos gerentes do Dente de Urso, que também fazia parte de meu círculo de amizades, isolou uma parte do mezanino da casa e arranjou para que eu e minha comitiva entrássemos por uma porta lateral e passássemos pela cozinha. Fiz minha estreia vestindo minha camiseta favorita da Photonz, umas calças de linho compradas em um brechó e um boné de caminhoneiro, com uma abertura regulável — além de ataduras em torno da testa e óculos de sol extragrandes, a fim de cobrir meus olhos. Os cozinheiros, lavadores de pratos e outros auxiliares abriram caminho e me cumprimentaram, enquanto eu me arrastava guiado por meu amigo do Oregon, Chris Van Ness, a quem eu segurava pelo cotovelo.

— Ei, Dan!

— É bom ter você aqui, cara.

— Muito bom ver você dando um rolê.

— Ei, cara, curta o *show*.

Eu sorri e balancei a cabeça, agradecido. Subi as escadas com gravidade, segurando o cotovelo de Chris com uma das mãos e agarrando firmemente o corrimão com a outra. Ao alcançar o mezanino, estava pronto para tirar uma soneca. Eu já estava cansado de me sentir tão cansado.

A música e a proximidade dos amigos — inclusive Amber — recarregaram meu ânimo, até certo ponto. Mas aquilo tudo era realidade demais para mim — especialmente quando Amber, após se sentar por algum tempo na minha companhia, disse que voltaria dentro de uns minutos e desceu as escadas para dançar um pouco. Tentei não pensar a respeito, mas era como uma dor renitente. Não fosse pelo urso, eu estaria lá embaixo com ela. Eu estaria lá, diante do palco, bem no centro, com um sorriso estampado no rosto, gingando sobre as pontas dos pés e assistindo Fearon canalizar sua alma pelo microfone. Não ser capaz de ver os músicos tocando é muito frustrante. Não ser capaz de ver a multidão interagir com a música é tão brutal quanto. Se eu ainda tivesse olhos, poderia ter reconhecido muitas pessoas que estavam lá embaixo. A menos que alguém falasse comigo ou pousasse a mão em meu ombro, eu me sentia completamente sozinho, isolado em um lugar fervilhando de gente. Ao final do *show*, eu estava tão esgotado, física e emocionalmente, que mal consegui descer as escadas e sair pela porta.

Amber continuava se esforçando para fazer parte da paisagem. A última coisa que ela pretendia era me pressionar para que eu lhe respondesse de uma maneira que eu seria incapaz de responder. Ela apenas fazia o que podia para estar sempre à minha disposição e da minha família. Ela levava Maya para passear e levou minha mãe para conhecer o lugar onde eu morava no Vale dos Ursos, meu sonho de viver nas montanhas, em uma cabana bagunçada, com uma vista que valia 1 milhão de dólares, diante da qual eu podia esquiar. Ela ajudou a conduzir minha mãe pelo labirinto de contas e apólices de seguro e da montanha de papelada que uma pessoa tem de escalar quando precisa contar com o sistema de saúde pública deste país. A única parte de minha tragédia que guardava alguma semelhança com um golpe de sorte era a época em que havia acontecido. Eu tinha começado a trabalhar no meu último emprego havia seis meses, e meu direito ao seguro social havia passado a vigorar apenas alguns dias antes de o urso ter me atacado.

Um grande carinho por Amber rapidamente se disseminou entre meus familiares.

"Não é de admirar que vocês tenham ficado juntos", disse minha mãe. Ela já soubera de toda a história. "Essa moça é uma joia rara."

Eu apenas assenti com a cabeça e mudei de assunto. Não havia nenhuma maneira de Amber se interessar por mim agora. Eu estava deformado, cheio de cicatrizes e incapacitado; dificilmente consistiria do material de que um bom namorado é feito. Viver qualquer tipo de vida gratificante não era algo que eu pudesse imaginar àquela altura. Seria melhor não me apoiar no que eu não tinha mais.

Então, certa noite, quando meu tempo no Alasca já estava terminando, Amber e eu, inesperadamente, nos vimos a sós em meu quarto. Não posso dizer que conversamos porque eu nem sequer podia fazer isso muito bem, afora articular algumas palavras isoladas enquanto tapava a traqueostomia com os dedos. Estávamos sentados sobre minha cama de casal, com Amber às minhas costas, contemplando meu "lado bom", enquanto massageava minha nuca. Ao terminar, ela enlaçou minha cintura em seus braços e apoiou a cabeça em meus ombros.

— Ainda sinto muita coisa por você, Dan...

Inclinei-me de encontro a ela e senti uma onda de tristeza me dominar. Permanecemos nessa mesma posição ao longo de uma canção inteira de Bebel Gilberto. Então me atirei de costas sobre a cama, fazendo com que ela ficasse deitada ao meu lado e nossas pernas se entrelaçassem. Enquanto nos abraçávamos, ela deslizou a mão sob minha camisa e acariciou meu peito, até que eu sentisse vontade de chorar. Cobri minha traqueostomia e sussurrei, com voz fanha, em seu ouvido:

— Queria que você pudesse passar a noite aqui.

— Eu também — disse ela. — Eu queria muito fazer isso...

Aquilo não iria acontecer, com minha mãe no quarto adjacente e meu irmão do outro lado do corredor — embora provavelmente, se ele soubesse, teria dado um jeito de manter minha mãe ocupada, em outro lugar.

— Eu... Senti muito a sua falta...

— E eu senti muito a sua. Muito, mesmo...

Eu não podia acreditar que ela ainda me considerasse dessa maneira. Quero dizer... Eu não podia mesmo acreditar naquilo. Talvez as luzes estivessem apagadas, ou sei lá. A química ainda existia, nós dois podíamos senti-la. Mas não havia nada que pudéssemos fazer a esse respeito.

Tão comprometido como estivera para me tirar do hospital antes de meu aniversário, o Dr. Kallman estava igualmente determinado a me levar para a Califórnia a tempo do Festival de Jazz de Monterey. Na semana seguinte à minha festa de despedida no Dente de Urso, como preparação para deixar o Alasca, tive minha mandíbula descosturada, a traqueostomia removida e meu estoma suturado. O tubo estomacal já havia sido retirado — de maneira não muito diferente de quando se puxa um cordão para fazer funcionar o motor de um cortador de grama. Assim, eu estava pronto para ir. Faltava encontrar alguma forma de agradecer aos socorristas, médicos, enfermeiras, amigos e estranhos cujos esforços coletivos foram os únicos motivos pelos quais eu ainda me encontrava entre os vivos. Embora jamais tivesse feito algo parecido, resolvi tentar expressar minha gratidão por meio de uma carta aberta.

"Não fosse pelo maravilhoso tratamento proporcionado pelas equipes do Dr. Kallman e do Dr. Ellerbe e pelo fantástico atendimento do hospital Providence, eu não teria sobrevivido. Os membros desta comunidade realmente se uniram à minha família em um momento de necessidade, estendendo seus pensamentos, serviços, apoio financeiro e, mais do que tudo, suas orações. Estou melhorando rapidamente e atribuo isso a esses alasquianos que estenderam as mãos e seus pensamentos para minha recuperação. Agradeço a vocês todos para além do que palavras podem expressar. Continuem pescando, e verei vocês lá, no próximo verão."

Trechos de minha carta e uma atualização de minha recuperação foram publicados na primeira página do *Anchorage Daily News*.

Minha mãe, meu irmão, eu e Maya, em seu transportador de animais, embarcamos em um voo matutino para a Califórnia. Amber foi ao aeroporto a fim de se despedir, antes de ir para o trabalho. Nosso entendimento mútuo era o de que ela estaria livre. Eu não sabia quando, ou mesmo se voltaria.

"Só porque a minha vida acabou não significa que a sua tenha de acabar", eu lhe disse.

Amber, que não tem sequer uma gota de drama em seu corpo, aceitou o que tinha de ser. Não sabíamos se voltaríamos a nos ver, mas sabíamos que tínhamos de seguir adiante. Não havia escolha, por isso nos abraçamos, nos despedimos e prometemos nos manter em contato. E foi só isso.

O gerente do hotel, que nos acompanhara a fim de ajudar com as bagagens e despedir-se no aeroporto, avisou que estava na hora de partir. Subi a bordo de uma *van* que me levaria até a aeronave e me instalei em meu assento, enquanto o veículo se afastava do meio-fio.

Eu acabava de me lançar na desafiadora tarefa de aprender a viver como um homem cego. Minha doutrinação começou mais cedo do que eu esperava, antes mesmo de nosso avião deixar seu hangar. Enquanto os passageiros se acomodavam em seus lugares e afivelavam seus cintos de segurança, uma assistente de voo veio até mim.

— Com licença, o senhor é o Sr. Bigley?

— Sou eu — respondi, com minha voz fanha, recentemente recuperada.

— Sr. Bigley, apenas para sua informação, as saídas de emergência estão localizadas três fileiras à frente da sua. No caso de alguma emergência, permaneça sentado até que um de nós venha auxiliá-lo. É preciso que o senhor saiba que será a última pessoa a sair deste avião.

Estas foram as minhas boas-vindas ao mundo dos cegos.

CAPÍTULO 15

As sessões de arboleda

Com um solavanco, sentei-me ereto na cama, gritando, com os braços que se agitavam contra nada além da noite. Mais uma vez, eu havia tido o mesmo pesadelo; já foram tantas vezes que até perdi a conta. Deixei os braços caírem, cerrei os punhos agarrando os lençóis encharcados de suor e esperei meus batimentos cardíacos voltarem ao ritmo normal. Apertei o botão na lateral do meu relógio falante para me situar.

São três horas e doze minutos.

Qual era a novidade? Por algum motivo, eu havia desenvolvido o hábito de acordar às três e doze da madrugada, senão exatamente, bem próximo disso. A precisão era assustadora, e eu não conseguia encontrar um sentido para isso. O pesadelo responsável por me despertar desenrolava-se em uma sequência de imagens, como em uma apresentação de *slides*, em vez de um filme que passasse em minha mente. Os últimos momentos em que fui capaz de enxergar voltavam à minha consciência como um *replay*, quadro a quadro dos segundos decorridos entre John pular para fora da trilha e eu ser atingido. Havia apenas o urso e eu; sua enorme cabeça se aproximando, chegando cada vez mais perto, com os olhos fixos nos meus.

Normalmente, eu acordaria sobressaltado assim que a ursa fizesse contato. Mas eu sonhava com cada detalhe do ataque, visto de todos os ângulos possíveis: de cima, de baixo, de lado. Em alguns sonhos, eu podia sentir o peso do animal sobre meu peito e meus pulmões desinflando como bexigas perfuradas. Em outros, podia ouvir o arranhar de suas presas contra meu crânio. Lembranças traumáticas podem ser suaves ou cruéis assim: as pessoas podem se lembrar tanto de detalhes demais quanto de menos. Eu me lembrava demais. Nas noites de pesadelo — que eram quase todas —, voltar a dormir não era uma opção. Mesmo se eu pudesse fazer isso, haveria grandes chances de o urso estar lá, à minha espera.

Mas os meus sonhos nem sempre eram sobre ursos. Sonhei que era perseguido por bandidos armados com Glocks, ou por milicianos com fuzis de assalto, e eu sem nada com que me defender. Eu corria e corria, por ruas e vielas de uma cidade, por *shopping centers*, por selvas... Em uma versão, os milicianos me alcançaram, me jogaram no chão e despejaram chumbo quente sobre mim. Eu senti o impacto das balas, uma por uma, antes de, afinal, acordar em minha cama, sem conseguir respirar.

Com o tempo e o auxílio da distância e de estratégias, prescritas por um terapeuta especialista em traumas a fim de lidar efetivamente com isso, os sonhos se tornaram menos frequentes e menos aterrorizantes, com desfechos infinitamente melhores. Os ursos — quase sempre uma mãe com filhotes — apareciam mais distantes de mim; depois, a uma distância muito grande; e, então, não mais em uma floresta, mas em campos floridos; até, por fim, surgirem nos arredores de um campo de beisebol das vizinhanças, pastando dentes-de-leão, com a fêmea tão dócil quanto uma vaca Holstein. Meu papel mudaria de ser comido vivo para me sentir alarmado, para ficar alerta, para admirar os animais, como eu fazia antes de ter sofrido o ataque real. Em um dos cenários, eu contemplava os ursos nas imediações do campo de beisebol do alto de uma arquibancada, sem temê-los. Mas esses sonhos só vieram depois de eu ter percorrido um longo caminho.

Eu não estava na Califórnia há muito tempo, e ainda tentava me ajustar à nova "paisagem" de sons. Também estava me ajustando à disposição das paredes, dos cantos, das mesas e cadeiras e dos cachorros adormecidos no chão, os quais não estavam acostumados a serem pisados por alguém. Eu ainda estava me acostumando às portas e seus batentes, encontrando-os, às vezes, com uma batida abrupta em meu rosto. Eu me sentia como uma bolinha de fliperama, batendo e sendo rebatido entre uma coisa e outra.

Por mais dolorido que fosse aprender a disposição geográfica das coisas, eu adorava aquele lugar, o segundo lar de minha família, a propriedade chamada Arboleda, "bosque de árvores", em espanhol. Depois do falecimento de meus avós, minha mãe, minha tia e meu tio venderam a cabana à beira do lago em Ontário e, por muitos anos, minha mãe sonhou em adquirir outro refúgio mais próximo de casa. Os dois lugares eram a antítese um do outro, mas, no momento em que estacionou o carro no caminho circular diante da casa, ela soube que Arboleda era o lugar que procurava. Embora a cabana de meus avós fosse um lar longe de casa, uma construção rústica, feita de toras de madeira com morcegos que se alojavam nas vigas do teto, Arboleda era uma casa de campo que passava por um solar, com seus dois pavimentos em estilo Mediterrâneo, construída em meio a um terreno de pouco mais de dois hectares sobre as colinas que contemplam San Juan Bautista, a uma hora de carro de Carmel, onde minha mãe e meu padrasto moravam. Com seus jardins e gramados impecavelmente bem cuidados, caramanchões de videiras e antiquíssimos sicômoros, o lugar havia funcionado como uma pousada e casa de retiro para pequenos grupos e havia abrigado reuniões familiares e casamentos. Trilhas serpenteavam a propriedade, levando a nichos com bancos semiocultos sob carvalhos, dos quais pendiam ramos de musgo-espanhol (uma espécie de cipó vulgarmente conhecida como "barba de velho"). Um caminho margeado por vinhas levava a um baixio gramado com um labirinto para meditação, feito de seixos brancos e conchas de abalone. Atrás da casa, havia um gramado disposto em forma de terraços, que descia até um laguinho, alimentado por um filete de água proveniente de um regato cujo murmúrio eu podia ouvir da janela do meu quarto, com as corujas, sapos e grilos, à noite. A propriedade viera até mesmo com um cachorro: um vira-lata chamado Cloey, uma contração informal de Inspetor Clouseau, o personagem de *A Pantera Cor-de-Rosa*, que aparecera por lá quando uma turma de trabalhadores estava construindo o lugar e nunca mais fora embora.

Na adolescência, eu já tinha plena consciência da situação financeira privilegiada de minha família, e me sentia constrangido quando minha mãe ia me apanhar na escola com seu BMW branco como a neve. Na faculdade, eu me orgulhava de ser um minimalista, com um criado-mudo feito de uma caixa plástica de leite, um gaveteiro doado e outros utensílios domésticos de segunda mão ou encontrados em caçambas de descarte. Se tivesse sido possível, eu conferiria a mim mesmo uma medalha pelo mérito de poder acondicionar todos os bens que possuía na carroceria de minha caminhonete. Ainda que a caminhonete não fosse exatamente um carrinho de mão, é claro. Eu ainda gostava de fingir esse tipo de coisa, mas não poderia me sentir mais grato por poder contar com um país das maravilhas como Arboleda onde me recuperar, ou pelos recursos e a extraordinária ajuda de que pude dispor, ao longo do caminho.

Como o Dr. Kallman esperara, eu cheguei a tempo para o Festival de Jazz de Monterey e, no final de setembro, já estava em forma para passar algumas horas por lá, a cada dia. Aquela foi a minha primeira incursão em meio a uma multidão, e aquele festival atraiu uma multidão admirável: 40 mil pessoas nos três dias — quase 10 mil pessoas a mais do que a população da terceira maior cidade do Alasca. Com todos os inchaços e as ataduras e a minha perna esquerda rígida como um taco de beisebol, eu parecia um fugitivo de *A Noite dos Mortos-vivos*. Mas se as pessoas se detiveram para me olhar, eu não sei.

O festival fez bem ao meu espírito e ao meu estado de ânimo, especialmente quando o pessoal do trio de *funk-jazz* Soulive, após ouvir sobre a minha história, resolveu dispensar tratamento VIP para mim, meu irmão e Jeremy, nosso amigo e caseiro de Arboleda, instalando lugares em uma das laterais do palco e, depois da apresentação, ainda pingando suor, vindo pessoalmente me abraçar e desejar melhoras. Certo dia, porém, eu abusei, ao caminhar por uma distância mais longa do que havia percorrido até então, desde a noite do urso. Temendo que as feridas da perna estivessem se abrindo, pedi a Brian para que conferisse o estado delas. Nós dois concordamos em não fazer isso no banheiro masculino, afinal, dois sujeitos em um mesmo compartimento, com as calças arriadas até o chão? Ah, não. Então nos dirigimos a um dos postos de atendimento médico do festival e perguntamos se haveria um lugar em que eu pudesse baixar as cuecas para que Brian inspecionasse minha perna. Aquele parecia ser um pedido simples, mas havia uma questão de responsabilidade legal e procedimentos burocráticos aos quais satisfazer. Tentamos argumentar que tudo de que necessitávamos era de um pouco de privacidade, a fim de resolver aquele assunto trivial, e então iríamos embora. Não houve jeito. Sem satisfazer aos requisitos burocráticos, não poderia haver prestação de serviço, insistiram os atendentes.

Burocracia. O que eu deveria fazer? Preencher algum tipo de formulário? E o que eu escreveria nele? Que fui atacado por um urso? Aquilo parecia simplesmente ridículo. Fora do contexto, a mais de 3 mil quilômetros do Alasca, eu me sentia ainda mais uma aberração.

Mesmo no Alasca, as pessoas não tinham ideia do que me dizer. Eu ouvi algumas das coisas mais estranhas. "Sei exatamente como você se sente. Eu tinha um amigo que teve um olho arrancado por um tiro de espingarda de chumbinho." Esta era uma das minhas favoritas. Eu também adorei o que aconteceu quando fui me registrar como paciente em tratamento externo para minha quarta cirurgia, e a mulher encarregada do registro, detrás de um computador, perguntou qual era o propósito de minha visita:

— Estou aqui para ser submetido a uma cirurgia, que será realizada pelo Dr. Kallman e pelo Dr. Ellerbe.

— E qual é a natureza da cirurgia?

— Fechar a ferida em minha testa.

— Qual foi a causa do ferimento?

— Eu fui atacado por um urso.

A mulher fez uma pausa, estudou a tela de seu computador por um momento, e perguntou:

— Foi um acidente?

⁂

Em Arboleda, dediquei-me a me curar por dentro e por fora. Brian tirou uma licença do trabalho na área de esqui no intuito de ficar comigo. Jay, mais uma vez, deixou sua clínica de massoterapia em Portland em suspenso e chegou pouco depois de mim. Jeremy acrescentou os cuidados que me dispensava à sua lista de tarefas como caseiro.

Ele e eu havíamos sido vizinhos em Prescott, no Arizona, em meu primeiro ano na faculdade. Ele me via passar, de carro, e, da varanda de sua casa, me cumprimentava com um aceno de cabeça ou erguendo uma lata de cerveja, até que um dia resolvi parar e me juntar a ele. Temos sido amigos desde então.

Ele também se tornou amigo de meu irmão e o estava visitando em Arboleda quando minha mãe lhe ofereceu o trabalho como caseiro do lugar. Estudando para ser um vinicultor, ele planejava cuidar da casa e da propriedade apenas por um semestre ou dois, mas, após minha chegada, decidiu permanecer indefinidamente. Entre outras alterações, ele instalou um sistema de cordas para que eu pudesse me orientar sozinho e percorrer o caminho até a horta e, dali, atravessar um riachinho que levava a um gramado com árvores frutíferas e arbustos de lavanda, que eu chamava de Jardim Secreto.

Muitas outras pessoas ajudaram, aqui e ali, mas aqueles três sujeitos eram meu esteio. Eles cuidavam de minhas feridas, me levavam e traziam quando eu tinha compromissos, cozinhavam e limpavam a bagunça que eu fazia. Quando eu vomitava — às vezes sem aviso prévio, devido ao combate que eu ainda travava contra o MRSA, com antibióticos fortíssimos —, tentava lidar com a situação por mim mesmo, mas, às vezes, precisava de alguma ajuda.

— Cara, detesto ter de pedir isso, mas eu fiz de novo. Tentei limpar da melhor maneira que pude, mas não sei se consegui limpar tudo. Você se importa em dar uma olhadinha?

Eles também me impediam de passar tempo demais sozinho com meus pensamentos. Saíamos para caminhar na praia e íamos a tantas apresentações musicais quanto eu pudesse aguentar. Quando as pessoas faziam comentários do tipo "Belos óculos, cara" porque eu usava óculos de sol à noite, eles se encarregavam de botar as coisas em seus lugares. Quando pessoas falavam comigo em voz muito alta ou muito lentamente, eles esclareciam que eu era cego e que não tinha deficiência auditiva. Quando os atendentes em algum restaurante perguntavam "O que ele vai querer?", meus amigos respondiam: "Por que você não pergunta a ele? Ele está sentado bem aqui."

O período da manhã era meu momento favorito do dia. Eu me levantava às cinco horas, com os galos, despejava café em uma xícara tão grande quanto uma tigela de cereais e saía para me sentar ao sol, ouvindo o coro de passarinhos e os galos assediarem as galinhas. Jeremy era outro madrugador, e passamos muitas manhãs lá fora, juntos, saudando o sol assim que este despontava sobre a serra, falando sobre toda e qualquer espécie de coisa, exceto sobre o que havia acontecido comigo. Jeremy nada sabia dos detalhes, jamais quis saber, e se afastava quando outras pessoas perguntavam algo a esse respeito.

No decorrer do outono, contei com uma corrente incessante de amigos de Prescott e do Alasca, os quais vinham e partiam, para ajudar com os cuidados e fazer música: artistas, músicos, estudantes de graduação, esquiadores e um fila boia ou dois. Além da rota convencional, o caminho para minha cura passou por acupuntura, meditação, massagens, remédios homeopáticos, terapia craniossacral e algumas sessões com um "curandeiro intuitivo". Foi quando resolvi estabelecer um limite: aquilo era esotérico demais para mim. Também passei algum tempo em Esalen, o centro para retiros espirituais fundado em Big Sur, nos anos 1960, em uma propriedade com mais de 48 hectares, considerado o berço do movimento Nova Era, termo que, segundo ouvi dizer, hoje em dia é desprezado no próprio lugar. Entre os que ministraram palestras, conferências e seminários ali, estão grandes nomes da literatura, filosofia e espiritualidade, como Aldous Huxley, Buckminster Fuller, Joseph Campbell, Deepak Chopra, Timothy Leary, Jack Kerouac, Ken Kesey, Allen Ginsberg, Carlos Castañeda, Moshe Feldenkrais e Andrew Weil. Embora muitos concordem com a pichação que alguém fez uma vez, com tinta em *spray*, na entrada — "Enganação para gentalha branca endinheirada" —, eu estava desesperadamente necessitado de nutrição para meu corpo e minha alma e lá entrei para sessões de massagem e de banhos de imersão em água quente natural, vinda de uma fonte e recolhida em banheiras aninhadas sobre o Pacífico. E me limitei a absorver a energia restauradora que permeava o lugar.

Ilene Connelly, a massoterapeuta que me atendeu em Esalen — mãe da atriz Jennifer Connelly, ganhadora do *Oscar* —, me olhou, na primeira sessão, e disse: "Muito bem, nós precisamos conversar". Ela acabou se tornando uma grande fonte de compreensão e apoio e uma grande amiga, que levou seu trabalho até mim em Arboleda e, depois, recusou-se a receber meu dinheiro. Ela esteve a meu lado quando sofri o primeiro ataque de pânico: meu coração entrou em ritmo acelerado e eu me convenci de que estava morrendo. Ela me ajudou a me manter presente onde eu me encontrava, em vez de viajar por remotas paragens de minha mente. Ela me deu contas de oração abençoadas pelo Dalai Lama, que mantenho sempre comigo, desde então.

Manter os pensamentos negativos longe requer vigilância e um ato de vontade consciente. Eu fui testado de maneira implacável e com muita regularidade, logo depois de chegar a Arboleda, quando entrei em uma frequência cardíaca capaz de cozinhar meu cérebro. Certa vez, Jeremy e eu passávamos alguns momentos em meu recanto favorito, chamado Jardim de Bella, uma clareira circular com uns 3 metros de diâmetro, semioculta entre algumas árvores, com bancos e cadeiras de madeira e uma mesa com topo de pedra. Jeremy me contava sobre algumas melhorias que pretendia fazer na propriedade.

— Aquelas árvores frutíferas dão um bocado de trabalho. As nectarinas, tenho quase certeza, estão mortas e...

Uma horrível agitação estalou sobre nossas cabeças. Pulei, fiquei em pé, e ele me agarrou por um braço, puxando-me para o lado no exato instante em que um enorme galho de salgueiro desabou sobre as cadeiras que ocupávamos, com um grande estrondo.

— Cara, você não vai acreditar nisso — ele falou.

Jeremy me levou de volta ao local, a fim de inspecionar a zona do impacto. Corri as mãos sobre a casca da árvore, ao longo de toda a extensão do galho imenso. Aquilo teria feito purê de nós dois. Naquela época, eu sofria com uma dor de cabeça constante, e só de pensar na proximidade daquele risco a dor piorava. Antes do ataque do urso, eu costumava pensar que o universo velava por mim. Eu tinha muitos motivos para pensar e sentir isso. Depois do urso e da queda do galho, imaginei mesmo isso...

Meus esforços para não mergulhar de cabeça no lado escuro começaram no hospital, ou ainda antes, no rio, quando prometi jamais lamentar minha decisão de permanecer vivo. Quando minha mãe me deu o audiolivro *There's a Spiritual Solution to Every Problem* ["Há uma Solução Espiritual para Cada Problema"], do Dr. Wayne W. Dyer, eu o ouvi. Mas ouvir a gravação de um texto espiritualista não faz de ninguém uma pessoa espiritualizada, tanto quanto nadar em um lago não faz de ninguém uma truta. Ainda que o livro não fosse particularmente profundo, no momento em que o ouvi ele foi exatamente aquilo de que eu precisava, e nem tanto pela parte espiritual. Eu acreditava na existência de forças além do tangível muito tempo antes do urso, o que se confirmava a cada vez que eu subia ao topo de uma montanha ou assistia ao nascer do sol.

Mais de um amigo bem-intencionado tentou atribuir algum significado espiritual ao ataque que sofri, dizendo coisas como eu ser alguma espécie de eleito, ou sobre o espírito do urso agora residir em meu interior. Certo. Assim, se você for assaltado e atacado em uma rua escura, o espírito do assaltante irá mudar-se para dentro de você também? As ciências naturais, compreendendo desde os micróbios no solo sob meus pés até as migrações anuais das andorinhas-do-mar do Ártico, que voam de um hemisfério do planeta ao outro — o equivalente, de acordo com o potencial de vida dessas aves, a trinta anos de uma vida humana e a uma vez e meia uma viagem de ida e volta à lua —, proporcionam toda evidência de que eu necessito para acreditar que há magia no ar, sem que seja preciso inventar mais coisas.

"Tudo acontece por um motivo", dizem certas pessoas. *Isso está correto? E qual seria, exatamente, o motivo para um urso arrancar fora a minha cara?* O que aconteceu comigo foi um exemplo de sociobiologia, em sua forma de manifestação mais básica. A ursa julgou que eu representava uma ameaça aos filhotes dela, e fez o que qualquer boa mãe faria: pôs um fim à ameaça. Não foi nada pessoal. Não foi o destino que fez com que nossos caminhos se cruzassem. Não era meu destino tornar-me um "irmão tribal" de Lee Hagmeier. Não houve nada mais cósmico em relação àquele momento em particular, afora eu ter tido uma sorte de merda.

Ter chegado tão próximo da morte fez com que eu mudasse, em minha mente, a concepção das coisas que considerava importantes. Ter estado naquele "lugar azul" fez com que eu mudasse profundamente, e isso teria acontecido ainda que eu não tivesse perdido a visão. Assim, a questão espiritual não foi tanto o que me atraiu para a mensagem do Dr. Dyer, foi a parte da solução. O postulado de Dyer em relação ao poder da intenção fez sentido para mim, ao dizer que nós temos o poder de controlar a maneira como respondemos às tragédias que acontecem em nossas vidas. Ele falava de transformar a adversidade em algo significativo e sobre como os traumas podem se tornar nossos pontos fortes. Isso me deu algo em que me concentrar. Isso me deu esperança.

Tão bem quanto posso me lembrar, Harlow Robinson, que fora meu chefe nos Serviços Infantis do Alasca, foi a primeira pessoa a quem eu expressei isso. Durante uma das visitas que ele me fez no hospital, escrevi em meu quadro: "Algo de bom há de vir disto".

"Aquele foi, provavelmente, o momento mais inspirador de minha vida", Harlow iria dizer a um repórter do *Anchorage Daily News*, ao falar sobre minha história. "Dan é o tipo de sujeito cujo nome você daria a um filho seu." De fato, ele fez isso, um ano depois, quando seu primeiro filho nasceu, Eli Daniel Robinson.

Durante todo esse tempo de cura, tormentos, busca espiritual e sonho, Amber e eu nos mantivemos em contato, por telefone. Não muito frequentemente, a princípio, talvez um telefonema a cada duas semanas; depois, de forma gradual, a frequência foi aumentando. Amber ainda atuava como conselheira escolar para o Conselho Tribal da enseada Cook, então falávamos sobre o trabalho dela com as crianças. Falávamos sobre amigos comuns e sobre os *shows* musicais a que havíamos assistido. Falávamos sobre nossos cães e o clima. Nossas conversas eram amigáveis, mas resguardadas. Isso funcionou bem para mim, até que meu irmão soltou a bomba.

Brian havia arranjado uma namorada no período que passara no Alasca e tinha viajado para vê-la. Lá, casualmente, ele encontrou Amber no Dente de Urso, em uma apresentação de David Grisman. Ela estava com um sujeito, e ficou óbvio que havia algo entre os dois. Não que alguém a culpasse por isso, muito menos eu. Eu não queria que ela esperasse por mim, devido a algum senso de caridade ou de obrigação. Amber estava fazendo o que precisava fazer, o que eu esperava que ela fizesse e praticamente lhe dissera que fizesse. Ela estava seguindo em frente.

— Ãhh... Tudo bem — comentei, quando Brian me deu a notícia. — Por mim, está tudo bem. Amber e eu somos apenas amigos. Sério, nós ficamos juntos apenas um dia... Ou menos que isso. Eu a envolvi em um monte de problemas, e ela merece ser feliz.

Ai! Isso dói!, era como eu realmente me sentia em relação àquilo. Surpreso por constatar como eu estava em conflito, trouxe o assunto à baila no telefonema seguinte.

— Tem uma coisa sobre a qual quero falar. Brian disse que você está namorando alguém. Quero que você saiba que está tudo bem para mim. Quero que você viva sua vida, que siga em frente. Eu detestaria que você pensasse que não pode fazer isso. Mas preciso dizer: ele é um sujeito de sorte.

Pausa.

— Obrigada por dizer isso — Amber falou. — Mas você não precisa se preocupar com ele. Ele já está bastante chateado comigo pelo tanto que falo sobre você.

Pausa — da minha parte, desta vez.

Nossos telefonemas ficaram mais frequentes depois disso. Ela continuava a se resguardar, presumindo que eu realmente acreditava no que havia dito quando parti para a Califórnia, que estava "bagunçado" demais para entrar em um relacionamento. De minha parte, eu não podia deixar de pensar nela. Isso começou a erodir o muro que eu havia construído entre como achava que deveria me sentir e como me sentia de fato.

❧

Fui submetido à minha cirurgia "na faixa", a fim de reparar minha testa, no início de novembro, na Escola de Medicina da Universidade da Califórnia, em San Francisco. Essa quinta cirurgia foi excepcionalmente difícil, em relação ao sofrimento e à ansiedade. Nenhum outro procedimento ou intervenção havia funcionado antes; este seria um fracasso também? Quando os cirurgiões se debruçaram sobre minha cabeça, descobriram que a secção oval de osso que havia sido temporariamente removida na cirurgia reconstrutiva em julho não apenas não era viável, devido à ausência de suprimento de sangue, mas também abrigava um foco de MRSA. A secção teria de ser descartada, deixando a parte de meu cérebro imediatamente sob ela sem qualquer proteção. Uma bola perdida que me acertasse ali durante uma prática esportiva, por exemplo, decretaria o fim do jogo para mim, segundo o Dr. Kallman. Aventou-se a hipótese de eu precisar usar um capacete pelo resto da vida. Um capacete! O que pensei em relação a isso foi: ah, dane-se!

Devido ao MRSA, tive de aumentar a dosagem de antibióticos, voltando a usar os do tipo peso-pesado, administrados por via intravenosa. Tão potentes que tingiam minha transpiração de laranja. Duas vezes ao dia, sem importar se eu estava deitado no sofá, em casa, ou em público, Brian, Jay ou Jeremy me conectavam a um CCIP (Cateter Central de Inserção Periférica), instalado na parte superior de meu braço direito, e injetavam, antes, uma seringa de solução salina, a fim de desobstruir a entrada e limpar a região. Então acoplavam uma bolsa com antibióticos que levava cerca de meia hora para esvaziar-se. Quando isso terminava, seguia-se outra aplicação de solução salina. Esse procedimento, segundo me disseram, atraía olhares suspeitos e fazia algumas cabeças se virarem em certas apresentações musicais. Em uma delas, uma "princesa espacial" convenceu-se de que eu estava "mandando ver" heroína e insinuou que eu deveria compartilhar.

Após a cirurgia "na faixa", havia um longo processo de restabelecimento a cumprir, e eu tinha toda a intenção de fazer isso bem o bastante no intuito de celebrar o fim daquele ano e o início do próximo de maneira espetacular. Steve Kimock faria três apresentações no Colorado àquela época, incluindo uma na véspera do Ano Novo. Estar recuperado o bastante para comparecer àqueles *shows* me pareceu algo bem simbólico, uma vez que a música dele havia sido a trilha sonora da vigília em meu leito hospitalar. Um amigo comum entre Steve Kimock e eu, meu antigo companheiro de residência na Prescott, havia lhe contado a minha história e o mantinha atualizado sobre meu estado. Contei tudo a Amber na primeira vez em que ela telefonou depois disso.

— Tenho esse plano, com o qual venho sonhando. Estabeleci uma meta para mim mesmo, de me esforçar a fim de voltar a estar de pé a tempo de ir aos *shows* de Ano Novo de Kimock, no Colorado. Estar bem o bastante para ir será um marco importante, isso irá colocar todas as cirurgias definitivamente no passado. Por isso estou pedindo a alguns amigos que me encontrem lá. Estava pensando se você estaria interessada em juntar-se a nós. Jeremy e sua namorada, Paige, irão. Brian certamente irá, e há uma lista de vários outros ainda não confirmados. Se você puder ir, eu adoraria que me permitisse comprar sua passagem de avião.

— Uau, isso é mesmo tentador. A escola não recomeça as atividades senão depois do dia cinco, então, quanto a isso, tudo bem. Eu tampouco tenho outros planos. Então sim, estou nessa! Mas você não precisa comprar a minha passagem...

— Eu insisto.

— Se você coloca as coisas dessa maneira, acho que posso permitir. Isso realmente ajudaria. Estou meio "dura". Acho que deveria fazer uma reserva já, não?

Que nós dois compartilharíamos um quarto de hotel estava implícito. No final de dezembro, Amber e eu nos encontramos no Colorado, e eu tinha toda a intenção de retomar as coisas no ponto em que havíamos parado em Girdwood. Na primeira noite, no Fox Theater, em Boulder, diante do palco, com Amber a meu lado e meus amigos também, eu não podia me sentir mais grato, ou mais profundamente tocado pelo que nós, fãs empedernidos de Kimock, chamamos de "ondas K". As notas que ele não toca são tão importantes quanto as que são tocadas, e as que toca, ele as faz dançar em círculos. Eu já me sentia voando, quando, do palco, ele me chamou.

"Eu não costumo fazer esse tipo de coisa, mas esta canção vai para o grande Dan Bigley, que viajou por um longo caminho para estar aqui hoje."

Fiquei petrificado. Amber passou um braço na minha cintura e me abraçou. Kimock, então, atacou uma de minhas canções favoritas, *Tongue n'Groove*. Eu tinha um sorriso tão largo no rosto que minha mandíbula chegava a doer.

Foi uma noite épica em muitos sentidos, uma celebração espiritualmente elevada dos tempos melhores que viriam. A cirurgia "na faixa" fora bem-sucedida; minha testa, afinal, tinha sido curada. Eu estava de volta ao meu *habitat*. Eu estava com Amber. Só que, por algum motivo, me sentia mais nervosamente brincalhão do que romântico.

Quando a apresentação terminou, ela e eu voltamos ao hotel. Ela sumiu, entrando no banheiro. Sentei-me no sofá, com um nó no estômago e um caso grave de dor na perna. Ela saiu do banheiro com uma camisola curta, de seda, e um ligeiro toque de *Egyptian Goddess* nos pulsos e no pescoço — ainda que esse detalhe fugisse à minha percepção, tendo em vista que eu não possuía mais olfato. Amber puxou as cobertas e deslizou para a cama. Com minhas mãos estendidas para a frente, como um sonâmbulo, encontrei o caminho para o banheiro, esbarrando ligeiramente no batente, rebatendo e entrando, e fechei a porta. Tirei as roupas e as deixei no chão mesmo. Vesti apenas as calças de meu pijama e voltei, tateando em direção à cama, que encontrei primeiro com minha canela esquerda. Deitei-me entre os ainda frios lençóis de algodão, usando óculos escuros. Quando ouvi Amber desligar a luminária da cabeceira, senti-me suficientemente seguro para tirar os óculos e colocá-los no criado-mudo, ao alcance da mão, caso fossem necessários em caso de emergência. Amber se aconchegou a mim, eu a enlacei em meus braços e a trouxe ainda mais para perto. Ela repousou a cabeça em meu ombro, pressionando seu corpo contra o meu, lançou uma perna sobre a minha e pousou uma mão em meu peito. Então... Nada. Eu não conseguia me mover. Eu mal conseguia respirar. *O que havia de ERRADO comigo?*

Ficamos ali, deitados, completamente despertos, ambos imaginando o que diabos estaria acontecendo. Ficamos na mesma posição, sem nos falarmos, sem nos movermos, até pegarmos no sono.

Meu comportamento foi ainda mais desconcertante na noite seguinte. Quando Amber me abraçou durante o *show*, eu permiti, por alguns instantes, depois me virei me desvencilhando dela. Quando ela se sentou ao meu lado no sofá, em nosso quarto de hotel, permaneci ali apenas por alguns instantes; então me levantei e fui fazer qualquer coisa idiota, como apanhar uma cerveja ou coisa assim. Depois voltei, sentando-me na extremidade oposta do sofá. Na cama, após quinze embaraçosos minutos em que nada acontecia, Amber se virou para o outro lado e dormiu.

Na terceira noite, véspera de Ano Novo, ela nem sequer tentou algo. Até o beijo à meia-noite pareceu mais como beijar minha tia. Na cama, naquela noite, deitados lado a lado, senti-me claustrofóbico, como se minha pele quisesse fugir de cima dos ossos e esconder-se embaixo da cama. Foi um momento muito constrangedor e frustrante para nós dois.

Para meu irmão e nossos amigos, que alimentavam grandes esperanças por nós dois, parecia evidente que eu estava estragando tudo. *Qual diabos será o problema do Dan?*, eles imaginavam. *Amber é uma garota fantástica. Será que ele ficou maluco?*

Ninguém estava mais perplexo do que eu diante de meu comportamento. O que teria acontecido àquele espetáculo pirotécnico que havia entre nós? De um lado, havia eu: cego e desfigurado, não exatamente o homem dos sonhos de uma mulher. De outro, havia ela: uma bela mulher, que obviamente me queria, a despeito de tudo. A química não estava mais ali, deduzi. Nenhuma outra coisa fazia sentido.

No aeroporto, dois dias depois, esperávamos nossos voos, sem nos falarmos muito. Brian, Jeremy, Paige Howarth e eu embarcaríamos no mesmo voo. O de Amber partiria duas horas depois. Após a chamada para o nosso voo, ela e eu nos abraçamos e nos despedimos de novo. Desta vez, as coisas realmente terminariam entre nós. Eu apenas esperei não ter estragado tudo a ponto de impedir que continuássemos amigos.

— Eu me diverti muito — falei, sem soar minimamente convincente. — Vou me manter em contato.

— Tá. Tudo bem. Obrigada por tudo. Cuide-se bem.

Eu me sentia inteiramente vazio, como um bolso virado pelo avesso. O agente chamou a nossa fila, e todos rumamos para o avião. Amber assistiu à nossa partida; então virou-se e foi-se embora.

CAPÍTULO 16

A volta da vitória

Uma semana depois de voltarmos do Colorado, Jeremy me levou, de caminhonete, pela estrada sinuosa do desfiladeiro, de Arboleda até San Juan Bautista, e, dali, tomou o rumo noroeste até a cidade costeira de Capitola, a fim de entregar-me aos cuidados da única pessoa que parecia me conhecer melhor do que eu conhecia a mim mesmo naquele momento. Minha mãe havia agendado consultas com a terapeuta Joanne Young antes que eu deixasse o Alasca, pensando em ajudar-me com os pesadelos, o estresse pós-traumático e minha vaga sensação de perda. No caminho, Jeremy e eu paramos, como de costume, para tomarmos café com sanduíches no desjejum. Devido à minha contínua batalha contra a náusea inspirada pelos antibióticos, eu precisava ter alguma coisa no estômago antes de engolir minha dose semanal de realidade, a qual, às vezes, era tão difícil de engolir quanto alvejante de roupas.

— Obrigada por trazê-lo, Jeremy — Joanne agradeceu ao nos encontrar na sala de espera. — Nos vemos em duas horas. Dan, você está pronto para retomarmos?

— Ahhh, sim — respondi, pondo-me de pé. Apanhei o cotovelo dela e caminhamos pela sala de espera até uma área comum e, dali, para seu consultório, uma sala repleta de estantes de livros, almofadas, plantas e com uma iluminação suave como algodão, cujas paredes eram tão infundidas com problemas que seria quase possível descascá-los com a pintura.

Jeremy iria passar o tempo comprando meus remédios em alguma farmácia local e lendo um jornal em uma confeitaria rua abaixo, ou ficaria sentado na caminhonete, ouvindo Howard Stern pelo rádio. Ele jamais sabia qual versão de mim apanharia após essas sessões: o que falava psicobaboseiras o caminho todo, dizendo mais do que ele gostaria de saber, ou o que se sentaria como uma tora de madeira no banco do passageiro, cofiando a barba, com os pensamentos perdidos na exosfera, e que rastejaria de volta para a cama assim que chegasse em casa, desaparecendo pelo resto do dia. Daquela vez, após ter encarado o modo como eu havia tratado Amber, Jeremy levaria para casa o tipo solene, que cofiava a barba.

No consultório de Joanne, livrei-me de minhas sandálias de dedo e sentei-me com as pernas cruzadas sob mim em um sofá de couro. Ela me deu uma xícara de um excelente chá de limão, e eu ouvi o farfalhar de tecido quando ela se deixou afundar em sua poltrona.

— Então, Dan, me conte, como foi no Colorado? Como foram as coisas com Amber?

— Bem, na verdade... Estou muito desapontado. Foi tão estranho e constrangedor... O oposto do que eu esperava. A química, a energia... Eu simplesmente não as sentia. Então acho que isso significou o fim de tudo...

— Humm, humm. Você acha isso mesmo? — Joanne não estava comprando aquela história. — Isso não é sobre Amber — ela falou. — Duvido que o que você estivesse sentindo tivesse qualquer coisa a ver com uma ausência de química. Fico imaginando se não seria exatamente o contrário...

Fiz uma pausa momentânea.

— Tudo bem — eu disse. — Estou ouvindo.

Duas horas depois, saí de lá dolorosamente consciente do pouco progresso que eu havia feito em relação ao aspecto emocional de minha recuperação. No hospital, quando tomei consciência sobre minha condição, concentrei toda força e energia de que dispunha em meu restabelecimento físico, mas nada fizera em relação aos anseios interiores. Eu ainda não me sentia plenamente conectado à minha própria cabeça acidentada, muito menos com o ser amorfo que vivia dentro dela. Até meu coração era um estranho para mim.

Eu não estava interessado em manter um relacionamento apenas casual com Amber. Se estivesse, as coisas teriam sido muito diferentes no Colorado. Apaixonar-se significa tornar-se vulnerável, o que é algo arriscado, mesmo sob as melhores circunstâncias. E lá estava eu, um homem cego desprovido das habilidades de um cego, cujos limitados atrativos falhavam desastrosamente em seus apelos. Por que Amber iria me querer? Por caridade? Embora sofresse de um temor primordial de viver sozinho no escuro, eu preferiria isso a um relacionamento motivado por piedade. Misturadas minhas inseguranças pós--urso com as inseguranças comuns de trilhar o território de um novo relacionamento, e somados a isso os frenéticos altos e baixos do furioso coquetel de substâncias químicas do amor, o resultado não é nada diferente de um ataque de ansiedade. A teoria de Joanne era a de que a sobrecarga sensorial havia acionado meu freio de emergência, e, quanto mais falávamos, mais eu me dava conta de que ela estava certa.

Eu ruminava isso fazia alguns dias, quando Jeremy e Paige trouxeram o assunto à baila, em um jantar.

— Amber parece mesmo bacana. O tipo de garota capaz de enfrentar qualquer parada — Jeremy comentou. — Mas você não parece disposto a tudo. Estávamos imaginando se você não teria perdido a cabeça. Você já telefonou para ela desde que voltamos?

— É, ela é muito legal. E não, não telefonei.

— Sério? Mas que babaca você é!

— Eu não poderia estar mais de acordo com você.

Reuni toda a minha coragem para telefonar a Amber naquela noite. Apanhei o telefone na cozinha, tateei o caminho pelo corredor, correndo a mão pela parede, entrei em meu quarto e fechei a porta. Sentei-me na beira da cama pensando no que diria. Antes de perder a coragem, digitei o número dela. Amber respondeu ao terceiro toque. Eu pude senti-la ficar tensa ao ouvir minha voz, então fui direto ao assunto.

— Tenho uma coisa que preciso te dizer. Acho que você sabe... Tenho certeza de que sabe que o que houve entre nós no Colorado foi muito esquisito. Não quero que você pense que tem alguma coisa a ver com a maneira como eu agi. Você não fez nada errado; você não disse nada errado. Você foi totalmente fantástica e linda. Não sei como dizer isto de modo que faça sentido. Eu só achei que, de alguma maneira, a química não estava rolando. Agora eu sei que esse não era o caso. Acho que simplesmente perdi o controle sobre minhas emoções e fiquei delirantemente excitado.

O fato de Amber ser uma grande ouvinte era algo muito bom, porque eu tinha um bocado de explicações a dar. Eu apenas esperava que não fosse tarde demais.

— Estou certo de que feri seus sentimentos, e por isso sinto muito, mesmo. Se houver algum modo de você me dar outra chance, eu adoraria. Eu realmente adoraria isso.

Amber permaneceu em silêncio por um tempo bastante longo, a ponto de eu imaginar se não teria tornado as coisas ainda piores. Afinal, eu praticamente havia dito que era um caso grave de desequilíbrio emocional.

— Amber? Você ainda está aí?

— Sim, estou aqui. Foi uma viagem difícil, sabe? — ela disse, afinal. — Obrigada pelo pedido de desculpas. Quero continuar a conversar com você e ver o que acontece. Sem promessas, está bem?

— Amber, muito obrigado. Eu me sinto um perfeito idiota. A boa notícia é que saí com uma grande bagagem disso tudo. A má notícia é que saí com um bocado de bagagem. Mas vou trabalhar duro, mesmo, a fim de me assegurar de que ela não fique mais entre nós.

Depois disso, entrei em modo de "perseguição implacável, a toda velocidade". Passei a telefonar para Amber quase todas as noites e, às vezes, falávamos ao telefone por mais de uma hora. Ou melhor: eu falava por bem mais de uma hora. Eu me sentia ansioso por compartilhar com ela tudo que aprendia em minhas sessões com Joanne. Eu queria lhe mostrar os progressos que vinha fazendo e como estava me comprometendo a fazê-los. Eu falava e falava sobre meus medos e minhas inseguranças e sobre as revelações que obtinha. Amber ouvia, sem fazer drama ou julgamentos. Em algumas noites — na maioria das noites, na verdade —, ela me ouvia até pegar no sono. Eu notava a mudança em sua voz e, em seguida, no ritmo de sua respiração, que se tornava pesada e ritmada.

— Ei, Amber? Você ainda está comigo? Amber?

Eu sorria e a imaginava encolhida sobre o edredom, ao lado de Hobbit. Sua cabeça descansando sobre o braço, a boca ligeiramente aberta, o fone abandonado, fora do gancho. Eu me imaginava deitado ao lado dela, afastando os cabelos do seu rosto com meus dedos.

Durante todo o inverno e a primavera, mantivemos nossas conversas noturnas, falando em tons suaves, nos informando, um ao outro, ao compartilharmos nossas histórias. Namorar por telefone nos colocava em igualdade de condições. A cegueira era irrelevante, éramos apenas duas vozes na noite. Sem a distração de trilhas a seguir, rios a percorrer e peixes a serem pescados, Amber — conforme vim a perceber — fora a melhor coisa que jamais me acontecera. Na vida inteira.

Eu sabia que, em algum momento, teria de voltar ao Alasca, para visitar minha antiga vida e arrematar as coisas de um modo que não havia conseguido fazer quando saí de lá, no outono. Eu ainda podia ouvir a voz de Jaha, no rio Russian, pouco antes de as portas da ambulância se fecharem entre nós. "Estaremos pescando outra vez, antes que você se dê conta", ele dizia. Já era hora de eu voltar a "montar na minha sela"; então, reservei lugar em um voo para julho. Após seis meses de trabalho com Joanne, eu me sentia preparado para me candidatar a namorado de Amber mais uma vez. Visitá-la no Alasca marcaria a minha volta. Pescar mais uma vez com John e Jaha seria a minha volta da vitória.

Assim que meu avião tocou o solo em Anchorage, precisei me conter e ficar sentado até que todos os outros passageiros saíssem e uma atendente de bordo viesse me auxiliar. Eu já manejava uma bengala relativamente bem, mas não pretendia forçar as circunstâncias. Assim, segurei o cotovelo da atendente, e ela me conduziu pelo corredor da aeronave e pela pista de pouso e me levou até a área de espera, no portão de desembarque, onde me passou aos cuidados de outra assistente, uma mulher com uma voz autoritária, sugerindo estar acostumada a abrir caminhos.

— Olá, Sr. Bigley. Eu tenho uma cadeira de rodas aqui para o senhor.

— Não, obrigado. Eu estou bem.

— Não há problema, senhor. Ela está pronta para ser usada. O senhor não gostaria de aproveitar o serviço e ganhar uma carona?

— Não, não, mesmo. Eu não preciso de uma cadeira de rodas. Se você não se importar, eu apenas segurarei seu cotovelo e nós poderemos caminhar juntos.

Ela suspirou e pigarreou.

— O senhor tem certeza?

— Tenho. Tenho *muita* certeza.

— Bem, tuu-uudo bem, então.

Tão logo passamos pela segurança e entramos no terminal, ouvi a saudação familiar que era marca registrada de Amber:

— O-ooi, cara!

— Obrigado — falei à minha acompanhante. — Já estou bem aqui.

Senti os braços de Amber me enlaçarem, e enlacei os meus nela. Abraçamo-nos por um tempo longo o bastante para qualificar aquela como uma cena romântica.

⋄

Amber nunca adquiriu um terreno no Vale dos Ursos, mas ela havia encontrado uma cabana para alugar não muito distante da minha. Chegamos à cabana dela por volta de uma hora da tarde. Antes de entrar, permaneci diante da porta por alguns minutos, inspirando e sorvendo a atmosfera familiar das montanhas Chugach e ouvindo o crocitar dos corvos. Então apanhei o braço dela e entramos. Tirei minhas sandálias, livrei-me da mochila e me acomodei a um canto. Ela tirou sua jaqueta e a dependurou no encosto de uma cadeira.

A cabana em que ela vivia era quase tão ao estilo "gueto do Alasca" quanto a minha, com a vantagem de ter tubulações de água encanada no interior da construção. Mesmo assim, mais de uma vez, enquanto ela estava no trabalho, os fortíssimos ventos do inverno haviam aberto a porta da frente e congelado as tubulações, depositando flocos de neve em sua cama. Aquele não era o menor lugar onde ela já tinha vivido, mas estava bem próximo disso. Era tão pequeno que sua cama de solteira também servia de sofá. Muito conveniente. E muito embaraçoso também. Enquanto ela preparava um chá, foi ali que eu me sentei: com as pernas cruzadas sobre a cama de Amber, cofiando minha barba. Havia muito que cofiar. Um traço remanescente de meu antigo eu, minha barba era uma coisa sobre a qual eu tinha controle, não tendo permitido que ninguém a retirasse, desde o hospital. Na Califórnia, eu a deixei crescer de maneira selvagem, até a altura do peito. E com meus avantajados óculos de sol, ela garantia que eu fosse alvo de diversas referências espirituosas ao ZZ Top.

Enquanto eu a enrolava entre meus dedos, familiares nuvens de dúvidas se adensavam em minha mente. Sério, por que Amber iria me querer? Durante a metade do tempo eu nem sequer conseguia encontrar meus próprios sapatos. Um ano depois de meu acidente, ainda havia inchaço demais para que próteses oculares pudessem ser implantadas. Enquanto isso, eu ainda precisava usar aqueles contentores de plástico verde. As pálpebras de meu olho direito estavam completamente fechadas, embora inchadas; e as do meu olho esquerdo permaneciam entreabertas, expondo um pouco do conformador verde que me conferia a aparência de um alienígena. Que coisa excitante. E ali estava eu, no Alasca, em julho. Ao menos no Colorado ficava escuro à noite. Amber me deu uma xícara de chá, fazendo-me libertar dessa corrente de pensamentos.

Bebericamos nosso chá, eu arranquei a etiqueta na ponta do cordãozinho e a amassei até transformá-la em uma bolinha. Bebericamos mais um pouco de chá. Um mosquito zumbiu e pousou em meu braço. Tentei acertá-lo com um tapa, mas falhei. Continuei a bebericar o chá, sem pressa de terminá-lo. Quando, afinal, terminei, Amber apanhou minha xícara e a levou para a pia da cozinha. Voltei a cofiar minha barba. Eu podia ouvir o nervosismo dela, enquanto batia os utensílios na cozinha. Eu não pretendia uma reprise do que tinha havido no Colorado. Desta vez, eu a queria tanto que mal podia aguentar. Mas, primeiro, tinha de tomar uma decisão. Eu ficaria com os óculos escuros ou os tiraria? Com os óculos? Sem os óculos? Com os óculos? Com os... *Ora, para o diabo com isso!*

— Ei, Amber, por que você não se senta aqui um instantinho? — perguntei, dando tapinhas na cama. Ela abandonou a louça na pia com tudo, foi e se sentou a meu lado, fazendo ranger as molas do colchão. Ela vestia calças *jeans* e uma camiseta do tipo tomara que caia, e eu podia sentir o calor de sua pele contra a minha. Inclinei-me sobre ela e a beijei, suavemente, no ombro. Ela inclinou sua cabeça para mim, e eu me virei de lado, depositando minha mão sobre sua nuca, a fim de me orientar, e beijei-a na têmpora, sentindo a doçura de seus cabelos. Ela jogou a cabeça para trás, expondo o pescoço.

Meus óculos saíram voando e foram aterrissar no chão, com um ruído seco.

❦

Fazer amor pela primeira vez nos deixou reluzentes. Todo o embaraço semioculto foi lavado de nossos corpos. Se pudesse, eu teria corrido até o topo da montanha mais próxima e berrado, a plenos pulmões: "Eu amo esta mulher!"

Em vez disso, eu a abracei como se não fosse soltá-la mais. Adormecemos agarrados na pequena cama dela, em sua pequena cabana, enroscados nos braços um do outro. Então, tal como no verão anterior, acordei tarde no dia seguinte, abracei-a e dei-lhe um beijo de despedida. Eu iria pescar, com John e Jaha, no rio Kasilof. Minha carona acabava de chegar.

— Telefono para você quando voltar da pescaria — eu lhe disse.

Ela já tinha ouvido essas palavras, e isso lhe provocou um arrepio. Mas, diferentemente do verão anterior, eu não apenas telefonei para Amber depois da pescaria, como voltei para casa com um salmão-rei de 18 quilos em meu refrigerador portátil e um descomunal sorriso no rosto.

CAPÍTULO 17

Plano de vida, tomada dois

De volta a Arboleda, como de costume, levantei-me com os galos, peguei uma xícara de café, encontrei meu caminho até a varanda diante da casa, tateando com os pés como se andasse por um campo minado, sentei-me em minha cadeira favorita e comecei a formular um novo plano de vida. Eu havia tomado uma grande decisão durante a viagem ao Alasca. Eu voltaria e retomaria minha vida. Eu dedicaria tudo quanto pudesse dedicar de mim mesmo ao meu relacionamento com Amber — o que não era muita coisa à época. Essa parte precisaria ser modificada.

Disse a mim mesmo que pretendia fazer algo de bom da granada que a vida tinha atirado contra mim. Agora que tinha alguém mais a considerar além de mim mesmo, eu me sentia muito motivado a fazer com que essa parte boa acontecesse. Eu não tinha ideia de como fazer isso — não podia sequer identificar as meias de um mesmo par —, mas estava determinado a descobrir uma maneira.

Inscrever-me em uma escola para cegos estava nos planos, mas eu ainda não me sentia pronto para isso. Antes, eu tinha muitas outras coisas de que me livrar. Nem sempre cabia a mim decidir de que coisas eu me livraria ou quando faria isso. Eu era apanhado com a guarda baixa regularmente, como ao receber, do nada, um telefonema dos Patrulheiros Estaduais do Alasca, a respeito de uma certa caixa com meu nome escrito nela.

— Eu tenho umas coisas aqui que pertencem a você. Algumas peças de roupa que você usava na noite de seu acidente — o patrulheiro me falou. — O que você gostaria que eu fizesse? Posso enviá-las pelo correio ou me desfazer delas para você.

— Bem, o que é que você tem aí?

— Há uma jaqueta de sarja verde, da marca North Face, que se encontra realmente em mau estado...

— Tipo, como se precisasse de uma lavagem ou algo assim?

— Não, não mesmo. Desculpe-me, mas ela está, hã... Em farrapos.

— Não. Então, não a quero mais.

— Há um suéter cinza, mas creio que você também não irá querê-lo de volta.

— Tudo bem. Livre-se dele.

— Há um boné de beisebol verde...

Minha atenção foi subitamente despertada.

— *Isso* eu quero de volta!

— Ei, caras! — gritei para Brian e Jeremy. — Meu boné de "Fogueira" ainda existe! Ia-á-huu!

Quando a caixa chegou pelo correio, Brian a abriu, viu seu conteúdo e constatou que não havia motivos para celebrar.

— Xii, Dan. Eu não acho que você vá querer isto. Eu não quero nem tocar nessa coisa.

Evidentemente, o boné havia sido vitimado pelo ataque, junto comigo. Senti um aperto em meu peito. Tratava-se apenas de um boné, mas havia sido uma parte importante de mim.

— Jogue-o fora — ordenei. — Tire isso daqui.

Eu precisava me livrar de certos amigos também. Alguns de meus mais frequentes companheiros de esqui eram apenas isto: tudo o que tínhamos feito juntos foi esquiar. Nós nos tornamos próximos por algum tempo, até que eles, gradativamente, sumiram de minha vida. Eu sabia disso. Eu compreendia. As pessoas seguem com suas vidas.

Eu já havia começado a sentir um distanciamento entre mim e John, mas por um motivo muito diferente. Não tinha como ser fácil ele olhar para mim. Ele havia fitado aquele mesmo urso nos olhos. Ele tinha me ouvido ser dilacerado, e nada pôde fazer para impedir o que acontecia. Eu não sei como alguém poderia voltar a ser a mesma pessoa depois de algo assim. Na excursão que marcou a minha volta às pescarias, pude jurar que John, Jaha e os outros dois amigos de pesca que nos acompanhavam, Nick Ohlrich e Nigel Fox, haviam combinado seus carmas de pescadores para desejar que eu pescasse não apenas um peixe, mas *aquele* peixe: meu salmão-rei de 18 quilos. John berrou e celebrou com entusiasmo, com os outros, mas, na noite anterior, quando todos nos reunimos em Cooper Landing, ele me pareceu silencioso demais e ficava saindo porta afora com muita frequência. Ele deve ter se sentido mal ao me ver esbarrando nas coisas, acho eu. Ele deve ter se sentido mal ao ver que eu precisava de um acompanhante para ir ao banheiro e de uma bengala para tatear até encontrar o caminho em um ambiente qualquer.

Depois do urso, ele abandonou seu trabalho na estação de esqui e, alguns meses depois, seu programa educacional de antropologia na Universidade do Alasca. Preocupei-me com a possibilidade de o urso ter alterado o curso de sua vida. Tenho quase certeza de que ele discordaria disso, mas trata-se apenas de um palpite, pois jamais conversamos a respeito. Por mais próximos que tivéssemos sido em nossas filosofias, em nossa reverência à terra, em nossa compreensão dos caminhos do vício da pescaria, éramos opostos nesse sentido. Eu precisava explorar cada centímetro quadrado do terreno emocional circundante ao ataque de urso que sofrera; eu precisava revirar cada pedra. John era mais do tipo que achava melhor deixar essas coisas em paz. Eu precisava falar a esse respeito; ele não.

Senti falta dele; tivemos tantos bons momentos e rimos tanto juntos. Mas se eu começasse a pensar demais sobre tudo de que sentia falta, não seria capaz sequer de me levantar da cama.

Amber era a exceção a essa regra. Sentir sua falta era um "combustível de foguete" motivacional. Eu estava loucamente apaixonado por ela, por sua ternura e sua obsessão por sapatos. Após sentir sua falta ardentemente a cada dia, ao longo de quatro meses de contas telefônicas de chamadas interestaduais, planejei uma segunda viagem ao Alasca a fim de estar com ela no Dia de Ação de Graças. Eu já estava usando minhas próteses oculares. Meu caído olho direito continuava semicerrado e muito inchado, e nenhuma de minhas pálpebras funcionava adequadamente, por isso eu não podia piscar, nem fechar os olhos, exceto ao dormir — o que me preocupava, por achar que pudesse ser um tanto perturbador. Apesar disso, eu continuava a ouvir que meus olhos novos eram muito melhores do que os estranhíssimos globos verdes que eles substituíram. Isso, presumi, tornaria as coisas mais fáceis para Amber — embora ela jamais tenha dito uma só palavra sobre minha aparência. Nem uma única vez. Só muito tempo depois, eu viria a saber quanta repugnância ela sentia por minhas feridas — especialmente no início, quando minhas pálpebras e cavidades oculares recém-reconstruídas secretavam um fluido viscoso. Eu nunca havia conhecido alguém tão disposto a fazer vistas grossas diante de algo assim tão difícil de contemplar.

Amber também fizera os próprios progressos desde minha primeira visita. Ela havia se mudado de sua diminuta cabana no Vale dos Ursos para uma casa de verdade, atravessando ao outro lado da estrada: uma sólida construção de dois andares, com grandes janelas e uma varanda com vista para a enseada Cook. Ela tinha se mudado na condição de corresidente de um funcionário do setor petroleiro de North Slope, com filhos que viviam no Oregon, de modo que ele raramente era visto por ali. Além disso, podendo dispor de um lugar muito espaçoso, com um sistema de aquecimento confiável, portas que o vento não conseguia escancarar e encanamentos que não congelavam, sua rangente cama de solteira havia ficado na história. Agora ela possuía um *futon* duplo, que eu estava ansioso para conhecer.

Meu estado de espírito estava nas nuvens enquanto ela dirigia, conduzindo-nos do aeroporto ao Vale dos Ursos, contornando o sopé das montanhas Chugach, com minha mão esquerda pousada em seu joelho e a mão direita dela em meu joelho. Então a primeira neve da estação começou a cair.

— Ah, cara! Começou a nevar — ela disse, inclinando o corpo na direção do painel e agarrando a parte superior do volante com ambas as mãos.

— Sério? É uma nevasca pesada ou apenas alguns floquinhos?

— Está nevando bacana. Grandes flocos fofos. Mas eu estou usando pneus para neve, por isso, não há motivo para preocupações.

Meu corpo reagiu em um nível celular, da mesma maneira como costumava fazer antes. *Aaaahh, sim! Que se inicie a temporada de esqui!* Neve fresca, como um novo cardume de salmões nadando contra a corrente, rio acima, era um chamado à ação; e eu nunca deixava de responder a esse chamado. A excitação inicial logo arrefeceu, quando me ocorreu que, se meu caminho não tivesse cruzado com o daquele urso, eu estaria apanhando os esquis, a mochila, o sinalizador — para o caso de avalanche — e meu cão, e ambos rumaríamos para os campos nevados e as geleiras de toda a região. Eu e Maya estaríamos lá. Virei minha cabeça como se olhasse pela janela, lá para fora. Amber estacionou diante de sua casa, desligou o motor e girou o corpo para me olhar.

— Você está bem?

Assenti com a cabeça, abri a porta da caminhonete e saí. Assim que fiz isso, senti cristais de neve, do tamanho de sucrilhos, pousarem em meu rosto. Dei um passo, então parei e ouvi com atenção. Flocos de neve amontoando-se, uns sobre os outros, compunham minha forma preferida de silêncio. Permaneci ali, na neve recém-caída, com os braços rígidos ao longo do corpo e os cantos de minha boca crispando-se para baixo.

Amber ofereceu-me seu braço; eu o apanhei e fui guiado para dentro. Ela abriu uma garrafa de vinho e serviu uma taça para cada um de nós. Então se dirigiu ao banheiro principal da casa: um aposento com azulejos em tons terrosos, toalhas desemparelhadas e uma espaçosa banheira Jacuzzi. Ela abriu a torneira de água quente, despejou um pouco de sais de banho e deixou que a banheira começasse a se encher. Quando tudo ficou pronto, ela me guiou para dentro. Nossas roupas foram atiradas ao chão, eu entrei na banheira e ela me seguiu. Ela massageou meu pescoço, meus braços e ombros. Enlaçou seus braços em volta do meu corpo, apertando-me contra seu peito. Com meus dutos lacrimais obstruídos, lágrimas não podiam rolar. Mas eu chorei. Chorei com meu corpo inteiro. E chorei por um longo tempo.

De tudo que eu tinha de me livrar, o que mais me incomodava era deixar que minha tragédia se tornasse minha identidade. "A vida é dez por cento o que acontece com você, e noventa por cento o modo como você lida com isso", segundo o ditado. A despeito de tudo que perdi, eu era grato por ainda poder ser grato.

Eu era grato por ter gozado da visão pelos primeiros 25 anos da minha vida. Eu era grato pelas vívidas lembranças que tinha para guardar, e que eram só minhas, como mergulhar no mar de Cortez, à noite, em meio à bioluminescência; e por uma hora de piração ao meditar sobre sopa de libélulas. Como flutuar em uma caverna na Nova Zelândia, com milhares de vagalumes pingando do teto, feito gotas de orvalho iluminado. Como contemplar o sol de verão no Alasca se pôr no horizonte, eletrificando as nuvens com tons de rosa e azul e, então, nascer de novo, em noites nas quais eu me sentia tão cheio de energia que me esquecia de dormir.

Pensei em um antigo colega de trabalho que havia visto muito pouca coisa com os próprios olhos. Depois de ter retornado da Malásia para Cincinnati e de me formar no curso colegial lá, arranjei um emprego como varredor de ruas, recolhendo o lixo e limpando a bagunça deixada pelos bebedores contumazes. Meu colega de trabalho sustentava sua família com um emprego desses. Kenny nascera e fora criado na cidade e jamais havia se aventurado para além de seus limites. Ele era o tipo de sujeito que se assustaria diante de uma rena. Eu me apresentava para o trabalho nas manhãs de segunda-feira e o regalava com histórias de escaladas e pescarias nos desfiladeiros do rio Vermelho. Ele nem sequer podia imaginar essas coisas.

"Você vai lá para o meio do mato e essas coisas? Meu Deus! Isso é loucura! Quase me mijo nas calças só de pensar!"

Aos 25 anos de idade, eu havia visto mais coisas extraordinárias do que a maioria das pessoas jamais veria em uma vida inteira: desde a Grande Muralha da China até os raios "manta" — enquanto nadava em Baja, via os raios "manta" acima da superfície e em ambos os lados de meu corpo, até onde me era possível enxergar.

E então o quê? Havia os Erik Weihenmayer* da vida, pessoas cegas capazes de fazer o aparentemente infactível — no caso dele, acrobacias em quedas livres, jornadas de longas distâncias em bicicleta e a escalada do monte Eve-

---

* Erik Weihenmayer (1968-) foi o primeiro alpinista cego a escalar o monte Everest, no dia 25 de maio de 2001. Graças a seu feito, ele recebeu um prêmio da ESPN e da Idea. Posteriormente, Weihenmayer escalou todas as sete montanhas mais altas do planeta, os chamados "Sete Cumes". Ele também foi professor do ensino fundamental, palestrante motivacional e é autor do livro *Touch the Top of the World: A Blind Man's Journey to Climb Farther Than the Eye can See* ["Tocar o Topo do Mundo: A Jornada de um Homem Cego para Escalar mais Além do que o Olho Pode Ver"], do qual desconhecemos a existência de uma tradução em português. [N. do T.]

rest. Depois da cegueira, cheguei a praticar um pouco de esqui e naveguei no mar com um caiaque. Escalei algumas rochas no Monumento Nacional dos Pináculos e mochilei pelas Sierras e pelas cercanias de Big Sur. Mas eu não era nenhum Weihenmayer, nem aquelas eram o tipo de metas que eu tivesse em mente atingir. Após tantos anos em constante movimentação, descobri que já era tempo de eu aprender a arte de ficar parado.

Por anos me questionei sobre o que teria para oferecer ao mundo, além de aquecer a economia com minha frequência a lojas de equipamentos para a prática de esportes ao ar livre. Esse questionamento tocou-me mais fundo em meu último ano na Prescott, com um momento catártico nos montes Tetons, durante uma descida em uma pista de esqui um pouco retirada, na companhia de Scott McGee, um dos instrutores de esqui profissionais da equipe America National Nordic. Certa vez, na estação de esqui em que nosso grupo estava hospedado, meus colegas de classe e eu nos reunimos após o jantar para uma sessão noturna. Nós nos sentávamos em sofás ou mesmo no chão, vestindo longas ceroulas sob nossas calças de lã e calçando botas, e bebericávamos chá ou chocolate quente enquanto ouvíamos nosso palestrante convidado, Scott Wood, da Universidade Brigham Young, de Idaho, nos falar sobre o valor da aventura. Entremeada em sua oratória havia a história de uma de suas ex--alunas, Suzie Francis, que havia acompanhado seus colegas de escola em uma excursão ao Parque Nacional Arches anos antes. Ele nos contou como Suzie, durante aquela viagem, havia decidido tratar a cada um dos estudantes do mesmo modo como Cristo os teria tratado e como ela se tornou querida por todos graças a seus esforços. No segundo dia da excursão, um dos estudantes encontrou uma pequena caverna secreta, cuja entrada era semioculta por arbustos, e todos a adentraram no intuito de explorá-la. Lá dentro, Suzie enterrou-se a si mesma na areia, como uma criança na praia. Quando chegou o momento de ir embora, ela se levantou, sacudiu a areia de suas roupas e saiu da caverna.

Suzie morreu em um acidente automobilístico no outono daquele mesmo ano. Fazer um discurso durante o funeral dela, contou-nos Wood, fora uma das coisas mais difíceis de sua vida. Ele voltou àquela área no ano seguinte, com um novo grupo de estudantes, lembrou-se da caverna secreta, entrou nela e quase caiu de joelhos ao ver a marca deixada na areia pelo corpo de Suzie ainda intacta, como se ela tivesse acabado de se levantar dali. Vários amigos dela o acompanhavam naquela excursão, e todos choraram e compartilharam lembranças sobre o modo como ela vivera a vida e deixara uma impressão duradoura nas memórias de todos.

Eu me senti tão tocado pela história que, ao término de nossa sessão, esquiei noite adentro até encontrar um lugar fora da trilha no qual tive certeza de me encontrar sozinho. Finquei meus bastões de apoio na neve, recostei o corpo neles e contemplei o luar que era filtrado pelas copas das árvores, soluçando. A história havia me feito pensar no quanto a vida é imprevisível, com seu potencial para terminar sem aviso prévio, e de como há tempo apenas para que o utilizemos da melhor maneira possível. Puxei a bandana que cobria meus cabelos, sequei os olhos nela e a enfiei no bolso traseiro de minhas calças. Então esquiei por mais uns três quilômetros antes de voltar à estação de esqui. Rastejei para dentro de meu saco de dormir, naquela noite, sabendo que queria usar meu tempo neste planeta para fazer alguma coisa significativa e duradoura, que deixasse minha própria marca na areia.

Então veio o urso. Ter sobrevivido ao ataque que sofri, contra todas as chances, trouxe-me clareza. O velho Dan se fora. O novo era uma obra em andamento. Eu havia lutado muito por essa segunda chance e não iria desperdiçá-la.

Uma coisa boa que aconteceu após minha tragédia foi meu pai biológico ter voltado *à minha vida*. Steve e sua família viviam em Salinas, a quarenta minutos de carro de Arboleda, e nós estávamos nos empenhando em conhecermos melhor um ao outro desde que eu voltara à Califórnia. Ele tinha doutorado em Psicologia e havia dedicado grande parte de sua carreira ao trabalho com crianças que haviam sofrido severos danos psicológicos. Talvez estivesse nos meus genes, mas eu sempre me sentira atraído por esse tipo de trabalho. Após muitas buscas espirituais e conversas com Lee Hagmeier, decidi voltar a estudar, no intuito de obter um mestrado em Assistência Social, pela Universidade do Alasca. Eu pretendia aprender como ajudar os outros a navegarem por suas próprias tragédias.

Ao mesmo tempo que tomava a decisão de voltar a estudar, eu também encarava outra, muito mais arriscada: uma decisão com potencial para alterar meu futuro tanto de maneira construtiva quanto destrutiva. Diante da insistência de muitas pessoas, minha família e eu procurávamos mover uma ação judicial por negligência contra o Estado e as agências federais responsáveis pela manutenção da área onde eu tinha sofrido o ataque. Da maneira como víamos as coisas, as políticas e os procedimentos ali aplicados — ou a falta dessas coisas — haviam criado uma situação perigosa no rio Russian, tanto para as pessoas quanto para os ursos. Embora alguns esforços tivessem sido feitos no intuito de lidar com o problema dos verdadeiros chamarizes de urso, as pilhas de carcaças de salmões ao longo dos rios Russian e Kenai, as medidas de pouco haviam adiantado. Um número crescente de ursos via a região como um grande bufê e ensinava às gerações mais novas a fazerem o mesmo. Não é preciso ter uma graduação em biologia da vida selvagem para saber que nada de bom poderia resultar disso.

Os conflitos entre pessoas e ursos tinham aumentado em quantidade no mês anterior ao ataque que sofri, incluindo o caso daquele pescador que atirou e matou uma fêmea que o havia atacado, matando, em decorrência disso, os três filhotes dela, que precisaram ser sacrificados. Segundo Craig Medred, que fez a cobertura de meu ataque e de suas consequências para o *Anchorage Daily News*, à certa altura, treze ursos haviam sido avistados no ponto em que a balsa cruza o rio Russian, não muito distante de onde John e eu havíamos pescado naquela noite. "Segundo agentes oficiais da vida selvagem que trabalharam nessa mesma área por décadas", Medred escreveu, "ninguém, nos últimos 25 anos, jamais tinha visto tantos ursos, ao mesmo tempo, nas proximidades da confluência entre os rios Kenai e Russian."

Não foi senão depois de eu ter sofrido o ataque que os oficiais tomaram medidas mais enérgicas, vedando o acesso às trilhas e às margens durante a noite, admoestando pescadores que deixassem comida, refrigeradores portáteis e peixes dependurados para secar sem vigilância, e alvejando os traseiros dos ursos mais ousados com balas de borracha.

Obter os recursos para fazer minha vida funcionar teria sido um fardo muito pesado, uma vez que eu não sabia se seria capaz de ganhar meu próprio sustento de modo decente. Mas o dinheiro não era a única motivação. Um processo judicial teria o potencial para mudar as práticas gerenciais e evitar que mais alguém fosse atacado, além de evitar que ursos fossem alvejados por tiros. Nós encontramos um advogado disposto a levar o caso adiante, mas ele me preveniu que aquela seria uma jornada árdua — especialmente no Alasca, onde os júris não são muito propensos a se posicionar contra a natureza. Eu estaria de fato disposto a passar um ano, dois ou, possivelmente, mais envolvido em uma ação judicial? Aquele seria um processo muito difícil, durante o qual eu certamente compraria uma briga com a opinião pública e a mídia. Eu quase podia ouvir: "O que ele está tentando fazer? Processar o urso?".

A última coisa que eu pretendia ser era o motivo de riso do Alasca. E certamente não pretendia arrastar Amber para essa situação. Embora acreditássemos ter um caso consistente em mãos, decidi que aquilo não valeria a pena. Preferi deixar tudo para trás. Eu queria que minha vida seguisse em frente, para além do urso.

Mas, em primeiro lugar, eu precisava me sentir bem. O tempo faria a sua parte, ainda que a dormência em meu rosto e as dores fantasmas em meus olhos provavelmente viessem a me acompanhar por toda a vida. Eu ainda estava tomando uma bomba de antibióticos, como precaução contra o MRSA, que havia feito de mim sua residência. Eu estava cansado da coceira constante. Eu estava cansado de me sentir nauseado, cansado de vomitar espontaneamente — inclusive uma vez, no meio de um estacionamento, quando fui acometido por um acesso de náusea *tão súbito* que me surpreendeu no meio de uma passada. Eu tomava aquelas drogas indefinidamente, para manter o MRSA a uma distância segura. Se eu deixasse de tomá-las, correria o risco de uma recidiva, permitindo que o mal alcançasse minha corrente sanguínea e, possivelmente, me matasse. Ponderei as opções. Eu tinha uma vida para levar adiante. E arriscaria minhas chances. Abandonei os antibióticos.

Além do mais, para que algo viesse daquela história de "deixar minha marca na areia" eu teria de aprender a ser um homem cego. Eu precisaria adaptar as habilidades que possuía à vida na escuridão. Eu precisaria aprender a me orientar por uma cidade, a pagar minhas contas e a fazer meu próprio sanduíche de manteiga de amendoim sem destroçar o pão. Precisaria aprender maneiras de distinguir um tubo de pomada hidratante para os lábios de uma bisnaga de supercola, um frasco de Listerine de um de desinfetante para banheiro, um pedaço de chocolate de um tablete mastigável de laxante. Havia chegado o momento de me matricular em uma escola para cegos.

Jeremy Grinkey, meu amigo e caseiro em Arboleda, 2006.

Arranjei um novo conjunto de próteses oculares: meu segundo par, em 2012.

Em 2010, voltei ao Centro de Habilidades Vitais — atual Centro Hatlen para Cegos — no intuito de visitar meus amigos, os membros da equipe da casa, Arif Syed, Ron Hideshima e Samir Shaibi.

CAPÍTULO 18

Barba Negra e os ceguinhos

Lee Hagmeier gostava de dizer que ele tinha sido a primeira pessoa cega que havia conhecido na vida. A mesma afirmação valia para mim, mas isso estava para mudar. Depois de muito procurar por uma escola para cegos, eu me decidi pelo Centro de Habilidades Vitais para Deficientes Visuais, em San Pablo, Califórnia, atualmente chamado Centro Hatlen para Cegos.

Eu gostei das dimensões da escola, que comportava apenas dezesseis estudantes por vez. Gostei do fato de ela não possuir salas de aula convencionais, nem sinais nas portas que indicassem sua existência, e pela maneira não condescendente como tratavam os estudantes que estavam muito acostumados a que outras pessoas fizessem por eles o que seriam capazes de fazer por si mesmos. Comprometidos a ensinar os estudantes a viverem no mundo em vez de serem amparados por ele, o Centro proporcionava uma imersão total e dispunha de oito apartamentos ocupados por dois estudantes cada, um apartamento para o gerenciador noturno, dois escritórios e um outro aposento com um laboratório contendo a última palavra em matéria de equipamentos de tecnologia adaptativa. Essas doze unidades eram algumas das partes componentes de um prédio de três andares, composto por 75 unidades de um complexo que reunia várias pessoas não cegas que ali trabalhavam e seus familiares. Em vez de os estudantes se dirigirem aos instrutores, eram estes que se dirigiam aos estudantes, trabalhando com eles nos próprios apartamentos que ocupavam e lhes ensinando tudo: desde como cozinhar ou limpar um banheiro, até o controle de suas finanças pessoais. Normalmente, é preciso cerca de um ano para que um estudante adquira um alto nível de independência, mas eu estava ansioso demais para voltar para Amber e não queria permanecer ali por tanto tempo. O pessoal do Centro, então, mostrou-se feliz por trabalhar comigo em meu próprio ritmo, em um programa acelerado.

Naquele outono, fiz minhas malas com tudo que precisava para uma estadia por tempo indeterminado. O apartamento era mobiliado, de modo que só precisei levar o essencial: roupas, lençóis e cobertores, uma cafeteira francesa, um *laptop*, meu som estéreo, a guitarra, uma mesa de mixagem sonora portátil de dezesseis canais e um par de microfones, para o caso de haver outros músicos no lugar. Brian e eu acondicionamos todas essas coisas em caixas e as levamos para fora, para a carroceria de minha caminhonete. Tão logo ajeitamos tudo, puxei a cobertura conversível sobre a carga e tateei pela lateral do veículo até encontrar a porta do passageiro. Abri a porta, e Maya entrou imediatamente. Subi atrás dela e lhe dei um ligeiro cutucão nos quadris, pois ela ainda não estava acostumada a me ver ocupando o lugar que havia sido seu. Ela foi se instalar no banco traseiro da cabine dupla bufando. Brian assumiu o volante, ligou o motor e dirigiu pelo desfiladeiro abaixo, a fim de entregar-me ao capítulo seguinte de minha vida.

Chegamos a San Pablo no final da tarde do domingo anterior ao meu primeiro dia de aula. Havíamos excursionado pelo lugar uma semana antes, então sabíamos aonde ir e eu já estava com minhas chaves. Com os braços carregados, começamos a primeira de três viagens, dois lances de escada acima, até meu apartamento no terceiro piso, com Brian arrastando propositalmente os pés no chão para que eu pudesse segui-lo. Antes de subirmos com o último carregamento, deixei Maya sair da caminhonete e dar umas voltas pelo estacionamento. Por causa disso, tive de ouvir da administração do edifício sobre uma política de estrita proibição ao trânsito de animais de estimação. Ela ficaria sob os cuidados de Jeremy, em Arboleda, com sua amiga Cloey, e eu ficaria com ela durante minhas visitas nos finais de semana. Agachei-me para ter uma palavrinha com ela.

— Não vá criar problemas para Jeremy, ouviu, garota? Nada de pular para beijá-lo, a menos que ele peça. E nada de atormentar a vida das galinhas também. Entendido?

Ela lambeu meu rosto e agitou toda a sua traseira. Abracei-a pelo pescoço e abri a porta do passageiro. Ela saltou para dentro do veículo. Envolvi sua cabeça com minhas mãos e plantei-lhe um beijo no focinho, assegurando-me de que sua cauda não estivesse no caminho antes de fechar a porta.

Eu já havia conhecido meu colega de quarto, um rapaz de 18 anos de idade, cego de nascença. Mas ele não estava ali naquela tarde, então tivemos o lugar somente para nós. Guardamos as compras de mercearia que havíamos feito pelo caminho e instalamos o som estéreo naquele quarto em que eu voltaria a dormir em uma cama de solteiro. Meu apartamento e seu mobiliário eram um tanto gastos, e as paredes pareciam não ter recebido uma demão de tinta desde antes do meu nascimento. Não que alguma dessas coisas tivesse importância para mim. Saímos para a varanda, a fim de conferir o ambiente dali. Ouvi sirenes soando ao longe. Eu ouvi carros frearem ruidosamente, uma mulher gritar com seus filhos, uma conversa animada em espanhol e os latidos de um cão em disparada. Inclinado sobre a balaustrada da varanda, com os óculos de sol na testa, Brian descreveu a vista para mim.

— Não há muita privacidade — ele comentou. — Seus vizinhos podem ver tudo o que acontece por aqui. Você tem uma vista para o estacionamento e as caçambas de lixo da Dumpster e também é possível ver uma loja de bebidas e uma casa de penhores rua abaixo. Parece uma vizinhança um tanto decadente, Dan.

— Óóótimo — eu falei, balançando a cabeça em sinal de aprovação. Já bastava ter uma existência superprotegida. Eu queria viver no mundo real, e era isso que eu teria.

Arranjamos cadeiras de plástico, daquelas usadas em jardins, abrimos umas cervejas e nos sentamos ali, na varanda, ouvindo os sons da irrequieta vizinhança. Ao terminar sua cerveja, Brian permaneceu sentado, tamborilando nervosamente com um dos pés contra a perna de sua cadeira. Então, com um suspiro, ele se levantou.

— Provavelmente é melhor eu ir embora agora — ele sugeriu, tão ansioso para se afastar dali quanto relutante em ir. Nós nos despedimos com um abraço. — Pegue leve, cara. Se precisar de qualquer coisa, me telefone. Boa sorte com tudo.

Eu não o acompanhei até a saída, pois ainda não sabia se seria capaz de encontrar o caminho de volta sozinho. Fiquei em pé na varanda, agarrado à balaustrada, saboreando a brisa fresca da baía Leste. Ouvi o clangor metálico da tranca do portão de segurança, o abrir e fechar da porta da caminhonete, o motor dando a partida e o vazio quando o veículo se afastou. Assim que o ruído de minha caminhonete se misturou ao do trânsito, eu voltei para dentro e, com uma das mãos à minha frente, à altura da cintura, tateei lentamente até encontrar o caminho pelo quarto. Coloquei a música do Grateful Dead para tocar, fiz a cama e comecei a retirar peças de roupa de minha mochila de lona e a acondicioná-las em gavetas e prateleiras do guarda-roupa. Depois disso, distribuí meus objetos de uso pessoal pelo banheiro e pela cozinha. Quando minhas caixas foram esvaziadas, sentei-me em um sofá desconhecido, em uma sala de estar desconhecida, em uma cidade desconhecida. Apanhei a guitarra e retornei a um lugar que conhecia muito bem, minha mente.

Minha "estreia" no mundo dos cegos — com sua linguagem, sua cultura e sua política — se daria na manhã seguinte, com batidas na porta do apartamento às nove horas da manhã, pontualmente.

— Você deve ser Dan Bigley — ouvi uma voz feminina, quente e entusiástica, que imediatamente me deixou à vontade. Levantei-me no intuito de apertar a mão da pessoa que falava comigo. — Seja bem-vindo, Dan. Estamos felizes por termos você aqui. Você está pronto para começar?

Eu estava mais do que pronto. Aquele primeiro dia de aula significava que eu estaria um passo mais próximo de voltar ao Alasca, de voltar para Amber.

Não me senti um estranho em uma terra estranha por muito tempo. Aos 27 anos de idade, eu era um pouco mais velho que os outros estudantes, cujas idades se aproximavam mais da do meu companheiro de quarto. Além disso, eles nunca tinham vivido de maneira autônoma. Antes do fim da minha primeira semana, eu já tinha feito uma sólida amizade com alguns dos membros da equipe de trabalho: Arif Syed, que podia ver, e Samir Shaibi, que era cego; ambos eram músicos danados de bons. Àquela época, Arif era o gerente-executivo do lugar, um sujeito boa praça e uma espécie de "homem de sete instrumentos", com uma bem-aparada barba negra e uma graduação como bacharel em Ciências Ambientais pela Universidade da Califórnia, em Berkeley. Samir era o supervisor nos horários além do expediente, um destemido e carismático ex-estudante com retinite pigmentosa, uma condição genética que havia reduzido, lentamente, seu campo visual, até ele só conseguir enxergar como se uma pessoa dotada de visão normal olhasse através de um canudinho de refresco para o interior de uma sala enfumaçada. Eu comecei a convidar Arif para me ajudar a comer meu dever de casa, uma caçarola de galinha e arroz que eu havia preparado como trabalho da aula de culinária. Ele contou o episódio a Samir, e então convidei ambos na oportunidade seguinte. Desses encontros surgiram as guitarras, e nós formamos um trio. Chamamos a nós mesmos de "Barba Negra e os Ceguinhos".

Nós compartilhávamos refeições, bebericávamos Johnnie Walker e improvisávamos música juntos até tarde da noite. Às vezes, até tão tarde que quase avançávamos pela manhã seguinte. Nos fins de semana, eu "fugia" para Arboleda e, algumas vezes, eles iam comigo, para fazermos mais do que já fazíamos. Gravamos um CD com o material de nossas sessões em Arboleda, com auxílio de Evan Raymond, meu amigo da Prescott, que se encarregou do contrabaixo, da percussão e das harmonias. Barba Negra e os Ceguinhos se apresentavam para a equipe de trabalho, para os outros estudantes e para quem mais pudesse nos ouvir através das paredes. Fizemos até mesmo uma apresentação em um café ao ar livre, em Sacramento, que atraiu um contingente considerável de pessoas do Centro, além de meus pais.

Quando não estava matando o tempo ou tocando na companhia de meus dois melhores amigos mais recentes, eu trabalhava duro. Aperfeiçoava minhas habilidades com a utilização de uma bengala em vários graus. Aprendia a utilizar algum *software* "falante", como o *Windows-Eyes* ou o *Kurzweil*, que me permitiam fazer pesquisas na internet, controlar minha conta bancária, receber e enviar e-mails e ler jornais. Aprendia a lidar com esteiras rolantes nas filas dos caixas em supermercados, a evitar "armadilhas" relacionadas à colocação de produtos para exposição nesses estabelecimentos e a assinar meu nome no lugar certo em uma folha de cheque. Aprendia a afixar rótulos grafados em Braille às coisas em casa, a fim de poder distinguir a carne de porco moída da carne de peru, um frasco de remédio de outro e, na lavanderia, o detergente líquido do fluido desentupidor de encanamentos.

Ron Hideshima, um instrutor de tecnologia da acessibilidade que perdera a visão mais ou menos quando tinha a mesma idade que eu — em um acidente automobilístico no Japão, durante uma viagem de volta para casa, visando acompanhar os últimos momentos de seu pai moribundo —, trabalhava em regime de horas extras, no intuito de acelerar meu aprendizado em tecnologia para cegos e outros truques que eu precisava conhecer para poder me formar na escola. Eu aprendi apenas o suficiente de Braille a fim de me conscientizar do tempo e da dedicação necessários para me tornar verdadeiramente proficiente — o que me fez respeitar ainda mais os desafios enfrentados por Lee Hagmeier em sua época. Também aprendi alguns macetes simples, não baseados em tecnologia, que me permitiriam lidar com tarefas simples do dia a dia, por exemplo combinar as meias de um par: ou compra-se exclusivamente meias de um mesmo tipo e mesma cor ou conecta-se as meias de um par com um alfinete de segurança antes de atirá-las à lavadora. Para diferenciar o frasco de xampu do de condicionador, eu colocava um elástico ao redor de um deles e não do outro. Para controlar o dinheiro que levava na carteira, eu dobrava as notas de cinco dólares ao meio, as de dez dólares também ao meio mas no sentido do comprimento, e as notas de vinte dólares e maiores eu dobrava em três partes, guardando-as em um compartimento separado de uma carteira que também se desdobrava em três partes.

A princípio, eu me sentia intimidado demais e temia ficar muito atrás dos outros estudantes, que haviam passado suas vidas inteiras sem jamais ter enxergado qualquer coisa além de — no máximo — alguns lampejos de formas, cores e luzes. Com o passar do tempo, descobri que a verdade era exatamente o contrário. Como já havia gozado de uma visão perfeita, eu tinha bem mais consciência, de compreensão, sobre o modo como o mundo e as coisas se parecem e, consequentemente, sobre as maneiras de me movimentar e interagir em meio a tudo. Logo ficou claro para mim que muitos pais subestimam — e até mesmo sabotam — as capacidades de seus filhos cegos. Quando chega o momento de eles trilharem os próprios caminhos pelo mundo, eles se veem chegados à idade adulta com uma debilitante falta de autoconfiança, de independência e de vontade. Uma das histórias que circulavam pelo Centro era a de um homem na casa dos cinquenta anos de idade que vivera a vida toda na companhia de sua mãe e que, quando ela morreu, ele não era capaz sequer de digitar um número de telefone. Segundo nosso ponto de vista, isso remontava a um caso de abuso infantil.

À medida que trabalhava com minha instrutora de mobilidade e uma bengala, meu mundo tornava-se gradativamente maior e mais amplo. Meu primeiro desafio foi o de conseguir orientar-me pelo complexo de apartamentos e, depois, pelas ruas. Com britadeiras, buzinas e silenciadores de escapamentos defeituosos poluindo a atmosfera sonora, atravessar meu primeiro cruzamento congestionado pelo tráfego foi uma experiência que fez disparar meu coração. A cada freada, guincho ou zunido dos automóveis em trânsito eu me sentia encolher ante um suposto impacto iminente. Eu praticava vezes e vezes seguidas, indo até um pouco mais longe a cada dia, confiando em meus ouvidos e em minha bengala como substitutos de meus olhos. No início, a instrutora permanecia ao meu lado; depois, a um metro atrás de mim; e, à medida que eu conquistava mais confiança e habilidade, a meio quarteirão de distância, até que, por fim, eu conseguisse andar sozinho.

A primeira excursão que fiz sozinho, a um lugar em que jamais havia estado, foi para um mercado de peixes nas proximidades de Berkeley, o qual encontrei ao seguir instruções que me foram transmitidas por telefone. Após cruzar uma série de ruas e fazer duas baldeações de ônibus, entrei no mercado, desferi — mentalmente — um soco no ar e saí. Eu não experimentava uma sensação de liberdade tão grande desde o episódio com o urso. Minha instrutora, que havia chegado ali sozinha, estava à minha espera, na calçada.

— Você conseguiu! — ela comemorou. — Excelente trabalho!

Com o tempo, tornei-me bom o bastante para percorrer sozinho todo o caminho até Gilroy, nas noites de sexta-feira: uma jornada de três horas de duração, que envolvia uma caminhada de dez minutos de meu apartamento até uma parada de ônibus, uma viagem de ônibus até uma estação do BART (*Bay Area Rapid Transit*; uma espécie de veículo articulado sobre trilhos, que transita pelas ruas em uma faixa exclusiva), espremer-me por uma catraca cujo acesso só é permitido com o uso de um bilhete de passagem, uma subida de escada rolante até a plataforma, uma viagem no BART até San Francisco, outra caminhada até a estação de trens urbanos da Caltrain e, então, uma viagem de trem, passando por San José, até Gilroy, onde Jeremy estaria à minha espera para me levar de volta a Arboleda.

Em minhas saídas nos finais de semana, às vezes eu combinava com Jeremy de ele me apanhar em Fremont, o que envolvia uma baldeação no BART, mas me poupava uma viagem adicional no Caltrain. Porém, sair da estação de Fremont direto para a rua era a parte mais problemática da viagem. Eu tinha toda a operação esquematizada em minha mente, embora minha técnica para executá-la não fosse a mais elegante, uma vez que incluía esbarrar com a bengala — ou mesmo com os ombros — nisso ou naquilo, aqui e ali, como forma de me orientar. Eu desembarcava do trem e esperava na plataforma até que a correria das pessoas diminuísse. Com o lugar mais calmo, eu encontrava meu caminho até me deparar com uma longa fileira de assentos; nesse momento eu me voltava para a esquerda até a parede mais próxima, caminhava até o final dela e então podia ouvir o ruído das escadas rolantes. Eu contornava a extremidade final da parede e tomava uma escada rolante que descia até o nível mais baixo da estação. Lá embaixo, deixava a escada rolante e encontrava o caminho até uma ampla área aberta, em cujo centro havia um mostrador de vidro. Dali eu me dirigia para a esquerda, passando por um balcão de informações, e, então, dobrava à direita, até encontrar as catracas de acesso à saída. Após passar por elas, eu subia um lance de escadas até a rua e encontrava o caminho pelo meio-fio até um banco em que me sentava e esperava pela carona que me levaria de volta a Arboleda.

Aprender a locomover-se de maneira independente inclui aprender a lidar com pessoas que têm certeza de que você não é capaz de fazer isso. Para encontrar a porta de entrada de um ônibus, é preciso, às vezes, encontrar a lateral do ônibus primeiro, e certas pessoas se sentem muito incomodadas ao presenciar uma cena como essa. Em uma de minhas viagens até Jeremy, eu desci do BART, como costumava fazer, encontrei o conjunto de assentos — como de costume — e virei à esquerda. Tudo estava indo bem, até que, ao encontrar a parede conhecida, senti uma mão agarrar meu ombro e me puxar para trás.

"Calma! Ei, eu estou bem. Obrigado, estou bem. Eu sei para onde estou indo."

O homem não falava inglês.

Eu me recompus e continuei minha trajetória, ao som de pés que me seguiam a não mais de dois passos de distância. Enquanto tentava encontrar meu caminho ao longo da parede, eu me distraí com o perseguidor e terminei encontrando outro conjunto de assentos com o qual não estava familiarizado. O homem tornou a agarrar meu ombro e me direcionou para o rumo que ele presumia que eu quisesse seguir.

Virei-me de frente para ele e disse: "Está tudo bem, cara. Tudo bem; eu não preciso de ajuda. Nada de ajuda. Obrigado". Apontei um dedo para mim mesmo, ergui positivamente um polegar e continuei a seguir meu caminho. Ao tatear com a bengala na direção das escadas rolantes, senti o sujeito me puxar pela camisa. Eu estava furioso. Virei-me bruscamente para encará-lo. "Ei! Deixe-me em paz! Não. Preciso. De. Ajuda!"

Voltei-me para descer pela escada rolante, mas ainda podia sentir a presença dele logo atrás de mim. Desci da escada rolante e caminhei, mais rápido do que habitualmente, até o mostrador de vidro do qual eu precisava para me orientar no grande espaço aberto, e, é claro, antes de eu conseguir chegar até lá, o sujeito me agarrou pelo ombro mais uma vez.

Livrei-me dele com um safanão e, com a bengala erguida acima de minha cabeça, gritei: "Cara! Veja se me deixa em paz, merda!". Voltei-me para o balcão de informações e falei: "Por favor, alguém pode dizer a este sujeito para ficar longe de mim? Digam a ele que eu não preciso de sua ajuda". Ouvir os passos dele se afastarem velozmente de mim foi um tremendo alívio.

Com o passar do tempo fui lidando melhor com situações como essa, em que pessoas bem-intencionadas, mas que não tinham nenhuma noção sobre os caminhos trilhados pelos cegos, quase tripudiavam sobre minha dignidade. As pessoas me empurravam constantemente ou me puxavam, como se eu fosse uma espécie de boneco de corda prestes a marchar em direção a um abismo. Isso acontecia com tanta frequência que, se não tivesse aprendido a relevar, poderia ter me tornado alguém que jamais pretendi ser: um sujeito revoltado.

֍

Depois de passar o Natal com sua família em Minnesota, Amber veio me visitar, a tempo de celebrarmos o Ano Novo juntos, em uma segunda chance de acertarmos as coisas. O plano dela era voar até San Francisco, alugar um carro e dirigir até o Centro de Habilidades Vitais, no intuito de conhecer o lugar que estava devolvendo minha independência. Dali, iríamos passar algum tempo em Arboleda e, então, viajaríamos até Carmel, para visitarmos meus parentes. Todos no Centro sabiam tudo sobre Amber. Eu falava dela sem cansar. "Amber irá adorar isto", eu dizia ao meu instrutor de culinária, enquanto preparava ovos Benedict ou caramelizava cebolas para um molho de borgonha, acompanhamento para um bife à moda de Nova York. "Mal posso esperar para trazer Amber aqui", falava à minha instrutora de mobilidade, depois de uma bem-sucedida "navegação" até o meu restaurante mexicano preferido. Todo mundo sabia sobre nossas ligações telefônicas tarde da noite e dos meus planos de me mudar para o Alasca e viver com ela. Assim, quando ela finalmente foi me visitar, eu queria mostrá-la a todos, admito. E todos queriam conhecê-la também, a fim de certificarem-se de que ela era boa o bastante para o "nosso Dan", brincavam. Mas ela chegou no meio da madrugada. Desapontado, imaginei que todos já tivessem ido para suas casas.

— Vamos dar uma passadinha pelo escritório, ver se ainda há alguém lá — sugeri, enquanto seguíamos para o meu apartamento.

Abrimos a porta, e Amber, vestida com uma calça *jeans* e um suéter de abotoar, deteve-se sobre seus passos. Eu podia praticamente "ouvir" seu rosto corar e seus ombros tensionarem-se. Quase toda a equipe esperava, em fila, para conhecê-la e cumprimentá-la, todos exibindo seus melhores sorrisos.

"Olá, Amber! Seja bem-vinda. Dan nos falou tanto a seu respeito. É *muito* bom conhecer você, afinal."

CAPÍTULO 19

De volta para o futuro

Fiz minhas malas no Centro de Habilidades Vitais no início de fevereiro, com uma rodada de abraços e promessas de me manter em contato. Aquele lugar havia tomado um pouco mais de seis meses da minha vida, em minha busca pela independência. Dali em diante, a vida teria de ser a minha professora.

Logo depois de deixar o Centro, mudei-me de volta para Arboleda, onde Amber foi me visitar pelo Dia dos Namorados.* Considerei a hipótese de preparar um jantar romântico para ela, ansioso para lhe mostrar como minhas habilidades culinárias haviam progredido desde antes da cegueira, quando meu repertório ia de *burritos* descongelados no forno de micro-ondas a pizzas entregues em domicílio. Qualquer coisa que eu pudesse preparar para ela, considerando essas alternativas, seria um ponto a meu favor, imaginei. A iluminação de velas estava fora de questão, uma vez que a relação entre risco e benefício nesse caso não favorece um sujeito cego. Isso também valia para taças de vinho. Lidar com esse tipo de objeto é pedir para que um acidente aconteça, e servir um bom vinho em vidros de conserva, de boca larga, não parece adequado. Contudo, a questão foi definitivamente encerrada quando minha primeira tentativa de preparar o prato que pretendia oferecer a ela — um bife à moda de Nova York com molho de borgonha — resultou em algo mais próximo de "sola de sapato com molho desastre".

---

* O "Dia dos Namorados" nos Estados Unidos (bem como em grande parte do Ocidente) é celebrado em 14 de fevereiro, dia de São Valentim, conhecido como o padroeiro dos casais apaixonados. [N. do T.]

Então, em vez disso, levei-a até Carmel, a um de meus lugares preferidos para *sushi*, o Robata's Grill and Sake Bar, restaurante japonês tradicional, cujas instalações lembravam as de uma hospedaria rural, com lanternas de papel pendendo do teto baixo e um interior rústico, construído em madeira. Devido a um planejamento deficiente, eu telefonei ao restaurante tarde demais para que fosse possível reservar uma mesa, de modo que teríamos de nos contentar com lugares no salão dos excedentes — o que não poderia ter sido mais bem planejado, pois terminamos com o salão inteiro apenas para nós dois. Amber estava deslumbrante naquela noite, com um vestido de seda negra com alças finas como espaguete e uma fenda diagonal que principiava logo acima de seu joelho esquerdo. Ela me deixava muito para trás no que diz respeito a classe e bom gosto. Eu estava vestido com minhas roupas marrons, beges, marfins e outras cores mortiças, porém seguras, que havia me acostumado a usar, a fim de evitar quaisquer acidentes de moda. Minhas sandálias de dedo pretas também não contribuíam muito. Além disso, assim como costumava fazer naqueles dias, eu usava meu amuleto, as contas de oração abençoadas pelo Dalai Lama, que ganhara de presente de Ilene Connelly, minha massoterapeuta.

Pedimos um tempurá de vegetais, *maguro*, *hamachi*, *unagi* e rolinhos arco-íris com corvina, em porções iguais para cada um de nós — além de saquê suficiente para fazer tudo o que dizíamos soar muito engraçado. "*Saque*-me, querida!", "*Saque*-me, querido!", dizíamos a cada vez que esvaziávamos nossas pequeninas taças, as quais, a cada vez que voltavam a ser enchidas, faziam com que tudo parecesse mais hilariante do que da vez anterior.

Eu tinha aprendido a comer com *hashis* — aqueles pauzinhos tipicamente orientais — enquanto cursava o ensino médio na Malásia, e ainda era bom o bastante para manuseá-los sem dificuldade "no escuro". Então apanhei um pedaço de *sushi*, mergulhei-o no molho de soja e fortifiquei-o com *wasabi* a fim de obter o desejável efeito de ardência no nariz. No momento em que o bocado tocou minha boca, agarrei as bordas da mesa com ambas as mãos e virei a cabeça para um lado. "Ahh, sim... Uh-hu-hu-hu! Calma!" Esgasguei enquanto voltava a cabeça para a posição central e golpeei a mesa duas vezes com o punho cerrado. "Cacete! Calma, cara! Essa foi boa!"

Amber riu, mergulhou seu próprio pedaço de *sushi* no molho, colocou-o na boca, engasgou e esfregou o nariz na palma da mão até conseguir voltar a respirar.

Enquanto uma música japonesa contemporânea de flauta soava ao fundo, veio-me à memória tudo pelo que já havíamos passado até chegarmos àquele ponto, até passarmos nosso primeiro Dia dos Namorados juntos. Ainda havia muito de desconhecido em nosso relacionamento, mas eu estava vivendo "o" momento naquela noite, e meu coração parecia que ia explodir a qualquer momento. Eu me inclinei sobre a mesa, alcancei as mãos dela, trouxe-as até meus lábios e as beijei. Ainda me contendo, baixei suas mãos e apoiei meus antebraços na mesa, inclinando-me para mais perto dela. Então, eu apenas disse:

— Estou tão apaixonado por você...

— Humm... Bem, eu...

— Está tudo bem. Você não precisa dizer nada. Eu não pretendo te pressionar. Só queria que você soubesse como eu me sinto de verdade. Então, é isso aí.

— Ah, obrigada. Eu sinto uma coisa engraçada em relação a...

— Não, sério. Está tudo bem... De verdade. Ei, você está relaxando. Minha taça de saquê está doendo de tão vazia. *Saque*-me, querida.

— Não. *Saque*-me você.

— Isso poderia te levar direto à unidade de terapia de queimados...

Nós dois rimos, enquanto Amber enchia as taças outra vez.

— Saúde! — brindei, erguendo minha taça.

— Saúde! — ela respondeu, tocando sua taça na minha.

Esvaziei a taça e a recoloquei na mesa com um baque ruidoso. Então visualizei o sedoso vestido dela atirado descuidadamente no chão de meu quarto.

❦

Por mais ansioso que estivesse para voltar ao norte, para estar com ela, decidi dar a mim mesmo mais um mês em Arboleda, no intuito de lhe dizer adeus de uma maneira que não pude dizer ao Alasca, quando o urso apressou minha partida de lá. Eu saboreei cada dia, começando pelos recitais matinais dos pássaros à hora do café da manhã até os pios soturnos dos casais de corujas orelhudas que sobrevoavam o desfiladeiro, para cima e para baixo, à hora em que eu ia dormir. Agradeci e disse adeus a cada uma das pessoas que haviam me ajudado em minha jornada de cura. Agradeci e disse adeus a cada uma de minhas árvores e trilhas favoritas e aos bancos semiocultos em recantos no meio dos bosques. Apreciei imensamente o tempo que ainda me restava na companhia de Jeremy, pois sua presença ali foi uma dádiva divina para mim.

Além do cumprimento de todas as recomendações médicas, seu acompanhamento às minhas consultas e os serviços prestados ao buscar e me trazer coisas, ele me ajudou a evitar incontáveis cabeçadas, varreu as trilhas de cacos de vidro que, às vezes, eu deixava pelo caminho e me levou a apresentações musicais, a fim de que eu pudesse ouvir desde Los Lobos até Grateful Dead. Desde muito antes de me tornar cego, eu já apreciava a maneira como nós dois éramos capazes de nos sentar juntos e passar longas horas lendo livros, sem que precisássemos trocar uma só palavra.

Durante meus últimos dias em Arboleda, meu velho colega de quarto de Girdwood veio me visitar para tocarmos algumas músicas e me ajudar a fazer as malas para a viagem de volta. Jamie desencavou caixas do fundo dos armários, abriu todas elas e lhes retirou o conteúdo — na maior parte intocado, desde que eu tinha me mudado para lá. Vasculhamos meu equipamento para práticas esportivas ao ar livre, minhas ferramentas, meus livros, CDs, itens de uso doméstico, mais isto e aquilo. O que eu pretendia levar para o norte foi separado para ser acondicionado em minha caminhonete, que meu padrasto dirigiria pela autoestrada do Alasca. O restante formou uma pilha de doações para o Exército da Salvação.

— Ei, você tem uma tonelada de fotos aqui — disse Jamie com sua característica voz grave e profunda, enquanto coçava a parte de trás da cabeça incorrigivelmente despenteada. Ele apanhou um enorme envelope plástico com fecho *ziplock* de uma das caixas e sentou-se ali, balançando a embalagem diante de mim e aguardando minha resposta.

— Jogue-as fora — falei.

— Hã? Você tem certeza? Não sei, não, Dan... Talvez você goste de conservar algumas delas.

— Eu jamais voltarei a vê-las. É para isso que elas servem, para serem vistas. Eu não preciso delas. Eu não as quero. Sério, elas são totalmente inúteis para mim agora.

— Hãã... Bom, tudo bem. Mas você se importa se eu ficar com algumas?

— Pegue quantas quiser. Pegue todas para você.

Jamie sentou-se à mesa da sala de jantar e selecionou cenas de minha vida, uma por uma. Ele descartou as imagens fotografadas com iluminação deficiente e as que pareciam ter sido capturadas em meio a alguma espécie de abalo sísmico e ficou com as boas, que retratavam alguns dos momentos que havíamos compartilhado na Prescott e em Girdwood — incluindo uma de minhas fotos favoritas, em que eu aparecia voando com meus esquis em uma rampa improvisada que havia construído no nosso quintal na Prescott, depois de uma grande nevasca, com um largo sorriso apatetado estampado no rosto. Todas as fotos restantes, ele separou para que fossem entregues a meu irmão — pelo que eu ainda viria a lhe ser grato.

À medida que o dia de minha partida se aproximava, eu me sentia tanto preparado para isso quanto despreparado. Depois de um ano e meio na Califórnia, mudar-me de lá seria abandonar a segurança de minha própria pequena ilha para lançar-me em um oceano desconhecido. Mas, para que eu pudesse ter minha vida de volta, seria preciso deixar aquele refúgio, de onde o estresse fora banido, a música era um imperativo e não se esperava nada de mim além de que eu me curasse. Eu teria de abandonar o que havia se tornado confortável e familiar, tanto quanto as pessoas que ali se encontravam à minha inteira disposição, dia e noite, para me acalmarem durante meus acessos de ansiedade, para me levarem aonde eu precisasse ir, para me avisarem se eu tinha vestido a camiseta pelo avesso ou se aquela salada de batatas que eu havia retirado da geladeira estava verde e felpuda.

O que mais me preocupava era meu relacionamento com Amber. Ela era a maior motivação que eu tinha para voltar lá para cima. Nós mal havíamos tido um encontro, uma única vez, antes do urso, e depois nos encontramos vez ou outra durante férias ou dias de folga. E se as coisas não funcionassem entre nós? Eu não tinha um plano B.

Enquanto eu remoía minha ansiedade no sul, na Califórnia, ela lutava contra seus próprios temores lá no norte. "Está chegando a hora. Dan logo se mudará para cá", ela escreveu no diário com o qual eu a tinha presenteado no Natal. "Sinto-me excitada e nervosa. As coisas estão indo muito bem, e eu estou cada vez mais apaixonada por ele. Quem diria, hein? Mas se trata de um desafio. Acho que gostava tanto do relacionamento que mantínhamos por telefone porque eu podia abstrair completamente o fato de ele não poder enxergar."

Ela não tinha elaborado nada disso, tampouco se comprometera a fazer uma análise, por escrito, da profundidade de suas dúvidas. Hoje eu conheço um bocado sobre os questionamentos que a corroíam àquela época, do tipo como seria ter um namorado deficiente quando ambos envelhecessem? Como seriam as coisas se ela se ressentisse por ter sempre de dirigir o carro, explicar todas as piadas não verbais, lidar com todas as exigências que me seriam feitas durante meu mestrado? E se meu trauma emocional e meus acessos de ansiedade acabassem por cansá-la? E se sua paixão acabasse? Isso já tinha acontecido antes, mas como alguém poderia viver consigo mesmo com a consciência de ter ferido alguém que já tivesse sido ferido em um nível muito além da compreensão? Amar alguém é uma grande responsabilidade, e ela não estava bem certa de poder suportar a carga adicional. Ela já vivia uma vida bastante cheia, com seu trabalho desafiador como conselheira de estudantes alasquianos nativos do ensino médio — alguns provenientes de diminutas aldeias remotas. Aquele trabalho exigia que ela lidasse com toda espécie de casos difíceis: desde a conquista de metas no colegial até a gravidez precoce, da violência em ambientes domésticos aos episódios de suicídio. Ela tinha um bocado de amigos e amigas que a ajudavam com as dificuldades de manutenção de um cão extremamente exigente, dotado de uma audição seletiva e conhecido pela predileção muito embaraçosa pelas galinhas da vizinhança. Ela temia que, se quisesse ter comida suficiente em seu prato, não pudesse sustentar um namorado cego. Além de tudo isso, sentia estar sofrendo de um caso comum de fobia de comprometimento, que, devido ao nível de envolvimento que havíamos alcançado antes do urso, eu sentia estar me acometendo também.

— É que eu tenho vivido sozinha há tanto tempo — ela me disse em uma de nossas conversas telefônicas — que não estou acostumada a ter alguém a quem responder.

Eu desejava ardentemente que ela se sentisse à vontade para falar comigo sobre qualquer coisa, mas aquilo não foi nada divertido de ouvir. O que ela estava dizendo — sem falar abertamente — era que tinha medo que eu pudesse atrasá-la em sua vida, ou que limitasse sua liberdade, ou que viesse a ocupar muito do tempo e do espaço de que ela necessitava para si mesma. Eu precisava lhe provar que poderia me virar por mim mesmo. E, mais importante, eu tinha de provar isso a mim. Eu queria que ela fosse minha amante, não minha cuidadora. Assim, o plano era eu alugar uma casa para mim, enquanto ela continuaria a viver na casa dela, no Vale dos Ursos, e nós continuaríamos a nos encontrar, para que pudéssemos ver que rumo as coisas tomariam a partir daí.

Viver na minha antiga cabana no Vale dos Ursos estava fora de questão. Eu teria de depender de transportes públicos para me locomover, e a cabana se localizava muito distante deles. Eu precisaria de um lugar de onde pudesse chegar a pé até uma parada de ônibus e de um lugar em que me fosse permitido coabitar com Maya. Um mês antes de minha mudança, Amber encontrou um lugar assim: o piso superior de um sobrado, construído em um terreno de pouco mais de dois hectares densamente arborizados — propriedade que eu compartilharia com os locatários de três *trailers*, estacionados a pouca distância da Estrada Huffman, na zona sul de Anchorage.

Uma coisa com a qual eu não teria de me preocupar — ao menos por enquanto — era minha situação financeira. Apenas alguns dias antes de ser atacado pelo urso, eu havia cumprido o prazo de carência da apólice de meu seguro trabalhista, o que me asseguraria o recebimento parcelado de uma quantia que beirava um milhão de dólares. Uma apólice de seguro de vida, também obtida por meio do emprego, rendia-me duzentos dólares mensais adicionais por invalidez permanente. Como eu me encontrava desempregado, também recebia mensalmente um cheque do Seguro Social por Incapacitação. Além disso, eu tinha inquilinos morando em minha cabana, dos quais recebia o valor do aluguel. A Divisão de Reabilitação Vocacional pagaria as despesas com a universidade, desde que eu a frequentasse com o propósito expresso de tentar obter uma colocação profissional remunerada depois. Outros serviços também me seriam importantes ao longo do caminho.

O reinício oficial de minha vida se deu no começo da primavera, em um lugar que não parecia nem um pouco apropriado para isso. Cheguei a Anchorage com duas malas e meu cão, meio eufórico e meio apreensivo no que diz respeito a começar de novo em uma cidade instável, que crescera sem muito planejamento, muitas semanas antes de ela ser totalmente coberta pelo gelo e pela neve do inverno. Uma cidade que eu havia conhecido muito bem, mas que agora não poderia distinguir uma de suas extremidades da outra. Na manhã seguinte ao meu quente e reconfortante reencontro com Amber, em sua casa, ela conduziu a mim e a Maya ao meu novo lar, distante cerca de vinte minutos, de carro, colina abaixo, de onde ela vivia.

— É melhor você estar preparado para isso — ela me alertou, à medida que nos aproximávamos do destino. — O caminho que leva até a porta de sua casa é meio maluco.

Agarrei-me com força à porta, enquanto sacolejávamos e chocalhávamos por um campo minado de buracos e poças, triturando o gelo com as rodas da caminhonete dela.

— Sua casa nova é, definitivamente, bem melhor do que a cabana em que você vivia em Girdwood — ela comentou —, mas a propriedade não ganharia nenhum prêmio de paisagismo.

— Você se importaria em descrevê-la para mim?

— Está bem. Seu endereço está localizado no topo de uma colina, onde termina um caminho traçado com tinta *spray* sobre folhas de madeira compensada. Há dois outros caminhos que derivam do principal e levam até dois dos *trailers* residenciais. O terceiro *trailer* fica bem de frente para a sua casa e é um clássico. Há todo tipo de "ornamento" espalhado pelo gramado: carcaças de carros velhos, móveis e utensílios danificados e quem sabe mais o que haverá sob a neve. Basicamente, parece que seus vizinhos promovem uma dessas vendas de garagem em regime permanente.

— Adorável... — comentei rindo.

— Ah, e também há uma dessas caçambas de entulho Dumpster, de dimensões industriais, no final do caminho principal.

Para mim, caçambas Dumpster equivaliam a chamarizes de ursos.

— Acho que terei de portar uma escopeta, a cada vez que tiver de levar o lixo para fora — brinquei.

Amber estacionou na frente da casa, e eu deixei Maya sair para explorar o terreno. Notei o ruído distante da autoestrada Seward e pensei que levaria algum tempo para me acostumar a ele. Amber me guiou pelos degraus que levavam à varanda e, depois, pela escada que conduzia ao piso superior de uma casa tão completamente vazia que fazia meus ouvidos zumbirem. Os únicos objetos em seu interior eram meu colchão e um estrado de molas, que Amber pegara com um amigo que os estivera guardando para mim.

Depois de me mostrar o lugar, Amber e eu começamos a garimpar lojas de segunda mão, das quais acabamos saindo com uma mesa e cadeiras para a cozinha, um sofá, um guarda-roupa e outros itens que fizeram daquele espaço vazio algo semelhante a um lar. Aplicando alguns dos truques que eu havia aprendido no Centro de Habilidades Vitais, ela me ajudou a marcar a posição exata de certas partes dos móveis com rodelas adesivas de plástico e pedaços de velcro cortados em diferentes formatos. Colamos uma rodela sobre a posição inicial do botão do micro-ondas e aplicamos tirinhas de velcro para marcar as várias gradações de temperatura no forno. Uma marcação similar servia para me fazer saber até onde eu deveria girar o botão seletor da máquina de lavar roupas. Ela me ajudou a organizar minhas roupas, de modo a minimizar potenciais desastres no guarda-roupa. Etiquetas em Braille me informavam o que havia nos armários. Uma espécie de arranjo obsessivo-compulsivo me orientava para que fosse possível encontrar as coisas certas dentro da geladeira: condimentos nesta prateleira, frios e laticínios nesta outra, um elástico ao redor do frasco de molho para salada e nenhum elástico no frasco de molho para churrasco.

Em uma loja Office Max, comprei uma cadeira de escritório e uma dessas mesas para computador, do tipo "monte você mesmo". Passamos horas "brigando" com aquela coisa: eu segurava as partes em seus lugares, e Amber as parafusava. Alternávamos risos e xingamentos, chegando quase a atirar todas as partes da geringonça "fácil de montar" pela janela. Somente depois de terminar de montar completamente o móvel foi que nos demos conta de termos montado um pequeno navio dentro de uma garrafa, pois não era possível passar a estrutura pela porta sem desfazer o que tínhamos acabado de fazer. Ao final de tudo, não restava outra coisa a ser feita, senão uma "visitinha" ao colchão.

A estratégia de jogo para os meses seguintes consistia em dedicar algum tempo para minha adaptação à nova vida e trabalhar para conseguir frequentar alguma faculdade em que pudesse realizar o mestrado. Eu precisava ficar ligado nos serviços oferecidos pelo Centro Alasquiano para Cegos e Deficientes Visuais e pela Divisão de Reabilitação Vocacional. Precisava me acostumar a voltar para casa e não encontrar ninguém além de Maya. Era tanto a fazer que parecia não ter fim. Amber passava o dia todo ocupada em seu trabalho, então eu teria um bocado de tempo para me dedicar a essas coisas. Eu nem sequer pude contar com minha guitarra nas primeiras duas semanas, até meu padrasto aparecer com minha caminhonete.

Depois de aprender os vários caminhos das pedras pela minha nova casa, comecei a aprender os caminhos pelos arredores de Anchorage, utilizando o sistema de transporte público local. Uma linha de ônibus comum satisfazia as necessidades básicas de locomoção, mas algumas vezes eu iria precisar utilizar o *AnchorRIDES*, serviço de *vans* porta a porta, compartilhado por idosos e portadores de deficiências. Primeiro, seria preciso me candidatar para que fosse comprovado que eu me qualificava como usuário. O *AnchorRIDES* me apanhou em casa e me levou até seu escritório central, onde obtive o devido atestado médico que comprovava que eu era, de fato, cego. Precisei demonstrar, ainda, que era capaz de escalar sozinho um conjunto de três degraus e subir e descer uma rampa. Com isso, pude passar a utilizar o serviço como meu transporte de volta para casa. Após ter sido aprovado no teste, usei minha bengala para orientar-me até o Centro de Trânsito de Anchorage, no intuito de aguardar por minha primeira viagem. Ali, esperei e esperei. Cerca de uma hora depois, encontrei o caminho de volta ao escritório para indagar: "Ei, caras! Vocês se esqueceram de mim?". Informado de que não havia sido esquecido, abri caminho com a bengala de volta ao banco de espera. No total, esperei cerca de uma hora e meia até que minha carona chegasse. Depois disso, levou mais meia hora até eu chegar em casa. Imaginei como seriam as coisas quando eu estivesse frequentando regularmente uma faculdade. Na Califórnia, o sistema de transportes públicos é tão bem integrado que raramente eu tinha de esperar por mais de dez minutos, mas, pelo visto, transitar por Anchorage seria uma tarefa muito mais difícil do que eu havia imaginado.

Assim que me senti mais ou menos acostumado com o novo lugar, passei a realizar algumas visitas que tinha de fazer. Àquela altura, o Dr. Kallman havia-se tornado sócio do consultório do Dr. Ellerbe, e ambos me convidaram para um almoço, na companhia de alguns dos profissionais que eu tinha conhecido durante o tratamento externo do hospital, vivendo em um quarto de hotel. Kallman me recebeu com o tipo de abraço que se espera receber ao reencontrar um velho amigo.

— Você é o tipo de sujeito que faz valer a pena ser médico — ele me disse.
— Sinto-me abençoado por ter estado de plantão naquela noite.

Senti um nó na garganta ao pensar em tudo pelo que nós dois havíamos passado juntos e no impacto que exercemos sobre a vida um do outro. Entre nós, eu soube, se estabelecera um vínculo e uma amizade para a vida inteira.

Também voltei às unidades de terapia intensiva e progressiva do hospital Providence. Todos lá haviam sido muito bons para mim, desde quem segurava minha mão durante os procedimentos mais dolorosos, até a enfermeira que tocou violão e cantou em meu leito quando eu ainda mal podia me mover. Amber e eu tínhamos ido ao hospital para averiguarmos um probleminha estomacal que vinha me incomodando, quando, em um repente, decidi visitar o local para saber se alguém que havia cuidado de mim ainda se encontrava por ali.

No controle de segurança da entrada da unidade de terapia intensiva, expliquei quem eu era e por que tinha ido parar ali, enquanto meu irmão vivia o pior dia de sua vida, quase dois anos antes. As portas se abriram, e nós entramos.

— Por que vocês não esperam um instantinho, enquanto vou ver se encontro alguém que tenha estado aqui naquela ocasião? — uma enfermeira sugeriu.

À medida que a notícia corria pela unidade, algumas pessoas começaram a agrupar-se diante da sala da central de enfermagem. Segurei a mão de Amber com força e tentei não soluçar. Equilibrei-me sobre os calcanhares e dei alguns passos para a frente.

— É difícil saber exatamente o que dizer quando se pretende agradecer a alguém por ter ajudado a salvar sua vida. Apenas "obrigado" não me parece expressivo o bastante.

Fiz uma pausa e ergui o queixo, distraído pelos sons à minha volta, que me pareciam tão familiares. Tornei a me concentrar e continuei:

— É exclusivamente devido aos esforços de vocês que me encontro aqui, em pé, agora. Eu apenas queria que vocês soubessem como aprecio tudo o que fizeram por mim e por minha família.

Por alguns momentos, ninguém proferiu uma só palavra. Então alguém falou:

— Obrigado, Dan. Nunca ouvimos com frequência falar de gente que tenha voltado aqui para um oi.

— Nós nunca ficamos sabendo o que acontece com essas pessoas — outra voz comentou. — É muito raro um paciente voltar para nos agradecer. Isso realmente significa muito para nós. Por isso, muito obrigado por se dar o trabalho de vir até aqui.

Mas minhas visitas ainda não tinham terminado. Eu precisava voltar ao rio Russian e tentar fazer as pazes com o lugar no qual estive tão perto da morte. Naquele verão, Amber recebera a visita de três amigas de Minnesota que pretendiam fazer uma pescaria, e decidimos levá-las para lá. Não que estivesse muito ansioso com isso, mas se eu pretendia seguir adiante, aquilo precisava ser feito. Fortaleci-me espiritualmente o melhor que pude e me assegurei de não esquecer minhas contas de oração.

Passei tanto tempo indo e voltando de Cooper Landing que conhecia o caminho de cor. Sabia exatamente onde estávamos a cada curva na autoestrada Sterling. Sabia que nos aproximávamos da estradinha que dá acesso ao acampamento do rio Russian antes mesmo de o carro reduzir a marcha. Depois da primeira curva dentro da área do acampamento, o carro parou no estacionamento Grayling, e eu cravei as unhas em meus joelhos. Permaneci sentado, em silêncio, por alguns momentos, antes de descer do carro. Fazia um dia de céu claro, como tinha sido aquele dia, quando a temperatura permite usar apenas uma camiseta e a brisa é leve, o suficiente para manter os mosquitos longe da gente. Uma torrente de lembranças começou a me puxar para baixo, e eu a desviei de minha mente. As amigas de Amber estavam ali para se divertir, e não para serem enredadas em meu drama pós-traumático. Enquanto todo mundo se equipava, eu permaneci de pé, encostado no carro. Elevei a cabeça para o topo das árvores e deixei-me embalar pelos sons dos preparativos da pescaria: o deslizar dos calções de neoprene, o ruído das varas de pescar, o estalido dos fechos dos refrigeradores portáteis...

Pela primeira vez na vida, eu não me sentia interessado em pescar. Para mim, era mais importante "falar" com aquela terra, uma vez que, obviamente, não havíamos nos despedido de maneira civilizada. Eu amava demais os arredores do rio Russian para passar o resto da vida os evitando. Aquela seria uma missão solo; não se tratava de algo que eu tivesse de compartilhar com outras pessoas. Nem mesmo com Amber.

— Tem certeza de que vai ficar tudo bem se você descer até lá?

— Tanta certeza quanto jamais terei. Eu tenho de fazer isso, você sabe.

— Está bem. Mas se você sentir que é demais, a qualquer momento, basta dizer uma só palavra e nós cairemos fora dali.

— Obrigado pela força, mas eu me sinto pronto para isso.

— Bem, se você mudar de ideia...

— Eu não vou.

Sugeri irmos a um buraco que havia rio acima, a partir do estacionamento, onde ela e suas amigas poderiam evitar as hordas que frequentam o Santuário. Enquanto descíamos os degraus da mesma escadaria de cujos pés eu fora içado sobre uma maca dois verões antes, eu lutava para obter um equilíbrio entre pensar demais e pensar de menos. Caminhando rumo à junção com a Trilha dos Pescadores, eu podia sentir a mata densa fechar-se sobre mim. Um urso poderia surgir do interior dela a qualquer momento, mas o medo não iria me ajudar em nada caso isso acontecesse; assim como o medo não me ajudaria a seguir adiante na vida. Além do mais, as probabilidades estatísticas de ser atacado por um urso duas vezes, no mesmo lugar, pesavam esmagadoramente a meu favor. Era o que eu dizia a mim mesmo.

Viramos à esquerda na junção e, então, rumamos rio acima, assim como John e eu havíamos feito ao tentarmos nos afastar do urso pela primeira vez. Minhas mãos cerravam-se à medida que nos aproximávamos do ponto onde o urso se lançara contra mim como um foguete. *Siga em frente, siga em frente, siga em frente.* Um pouco adiante, nas proximidades do local para onde o urso havia me arrastado, meus ombros enrijeceram, minhas unhas cravaram-se nas palmas das mãos e meu coração disparou. *Não pense; apenas continue a caminhar. Apenas ande para a frente.* Redirecionei minha atenção para o rumorejar do rio e, poucos passos além, o "marco zero" já havia ficado para trás.

Quando chegamos ao buraco que eu tinha em mente, encontrei um lugar onde me sentar, ao longo da margem, enquanto Amber e suas amigas saíam para perseguir vermelhões. Enrolei as pernas das calças, desafivelei minhas sandálias, livrando-me delas, e batizei meus pés na água corrente. Sentei-me, recostando-me em minha mochila, e apanhei o solo da margem do rio com ambas as mãos, deixando que a areia e o cascalho fluíssem entre meus dedos. Tateei à minha volta em busca de alguns pedregulhos e os atirei, um por um, à água.

Tchi-pluf.

Tchi-pluf.

Tchi-pluf.

Empurrei minha mochila para um lado e estirei-me completamente, deitando de costas no chão. Com o sol aquecendo meu rosto e o Russian banhando meus pés, ouvi o fluir do rio e o farfalhar das folhas nas árvores, ao sabor da brisa. Permaneci ali pelo resto da tarde, sentindo a terra, tão viva e tão antiga, sob mim, enquanto dedilhava minhas contas de oração.

Duvidei ser capaz de fazer as pazes com aquele pedaço de chão assombrado, trilha abaixo; o que havia acontecido ali fora muito horrível. O que importava era ter tentado. Quanto mais vezes eu passasse por ele, menos poder ele exerceria sobre mim. Esperei, um dia, retornar àquele ponto exato na companhia de John e Jaha, no intuito de fazer uma prece e depositar flores sobre meu quase túmulo. Esse, eu esperava, seria o momento em que nós três poderíamos, afinal, expulsarmos o urso de nossas vidas de uma vez por todas.

Lee Hagmeier havia feito uma cerimônia de encerramento semelhante — mas só quase quarenta anos depois de seu ataque. Ele e Doug Dobyns, o amigo de infância que o acompanhava naquele dia, criaram um vínculo para a vida toda, devido ao que passaram juntos: um, por ter estado à soleira da morte; o outro, por ter carregado o fardo de tentar evitar que seu amigo a transpusesse. Ambos se encontraram em Juneau pela primeira vez desde sua desventura ursina — como Lee se refere ao incidente — e decidiram voltar ao lugar juntos, no intuito de se confrontarem com o acontecido e gravarem suas iniciais no tronco de uma árvore. *Eu ainda estou seguindo em frente, muito obrigado*, pensou Lee, à medida que eles se aproximavam do lugar. Dez anos depois disso, ele patrocinaria uma recepção em Juneau, a fim de comemorar o quinquagésimo aniversário do ataque que havia sofrido e agradecer ao povo de sua cidade natal por todo o apoio que lhe fora prestado ao longo dos anos.

Após minha própria desventura ursina — ocorrida quarenta e quatro anos depois da dele —, Lee deu início a um novo ritual: o de me telefonar a cada ano, no aniversário de meu ataque, para me desejar seus melhores votos e me lembrar de como nós dois éramos sortudos por ainda estarmos vivos.

Enquanto ruminava sobre assuntos não resolvidos, outro negócio com que tive de lidar naquele verão foi a necessidade de resolver a situação de minha cabana no Vale dos Ursos. Como eu jamais poderia voltar a viver nela, era tempo de passá-la adiante. Com pesar no coração, publiquei um anúncio de venda — diretamente com o proprietário — de duas linhas, na seção de classificados de um jornal. Não seria fácil me desapegar daquele lugar, por isso era importante que a casa fosse para pessoas que gostassem dela tanto quanto eu. T. J. e Audrey (Cotter) Miller seriam essas pessoas. T. J. dedicava-se ao seu mestrado em educação de adultos na Universidade do Alasca em Anchorage e, mais tarde, lecionaria sobre liderança ao ar livre lá mesmo. Audrey cursava a escola de enfermagem. Eles tinham exatamente os mesmos planos para o lugar que eu havia tido: transformá-lo em uma casa de verdade e, um dia, criar uma família ali. Eles não apenas admiravam a vista, mas, também, gostavam de brincar pelas montanhas que havia bem diante da porta de entrada. Mesmo que alguém viesse a me oferecer dinheiro à vista, eu estava disposto a vender a casa para aqueles dois, inclusive lhes propondo um financiamento direto com o proprietário.

Voltando da empresa de registro de títulos imobiliários, após ter fechado o negócio, me senti um tanto triste. Então Amber e eu pensamos em sugerir aos dois que fôssemos tomar uma cerveja juntos — quando paramos bem atrás do carro deles, em um semáforo. Então, T. J. saiu de sua caminhonete e veio até o nosso carro. Amber baixou o vidro.

— Ei, vocês não querem tomar uma cerveja ou qualquer outra coisa? — ele nos perguntou.

Nós rimos.

— Estávamos pensando na mesma coisa!

Então eles nos seguiram até minha casa, onde abrimos algumas cervejas, e isso marcou o início do que viria a ser uma profunda amizade. Como acabou acontecendo mais tarde, eu nunca precisei dizer adeus à minha cabana. Amber e eu temos estado lá por incontáveis vezes, partilhando jantares, fazendo sessões improvisadas de música e levando nossos cães para longas caminhadas. Passar o Ano Novo na casa dos Miller tornou-se uma tradição familiar. Mais uma vez, senti que o universo estava olhando por mim.

Senti isso de maneira ainda mais intensa quando Amber começou a passar cada vez mais tempo em minha casa. A rapidez com que nos tornamos mais próximos foi algo surpreendente para nós dois, pelo modo como isso transcendia minha cegueira e a bagunça que havia por trás de meus óculos. Ela apareceu por lá com seu pijama, sua escova de dentes e uma muda de roupas. Depois, apareceu com tudo isso e acompanhada por Hobbit; até começar a ficar vários dias sem voltar à própria casa. Quando retornava à sua casa, era apenas para lavar as roupas usadas e apanhar algumas outras. Até que ela passou a lavar suas roupas na minha casa e, em seguida, a guardá-las lá também.

— Você se importaria de eu trazer algumas coisas para guardar em seu guarda-roupa? — ela me perguntou.

Eu lhe dirigi um sorriso aberto.

— Nós economizaríamos um bocado de dinheiro se você simplesmente se mudasse para cá.

Em termos práticos, ela já havia feito isso, mas apenas então se sentia preparada para tornar a situação oficial e para dar a notícia "às instâncias superiores". Quanto mais manhãs acordávamos juntos, mais o amor triunfava sobre as dúvidas dela, até abafar completamente os ruídos que ainda pudessem existir em sua mente.

— Não há maneira de saber o que acontecerá daqui para a frente — ela comentou sobre a decisão que havia tomado; como se eu, entre todas as pessoas, não tivesse plena consciência disso. — Então, por que não fazer o que achamos certo?

— Estou te ouvindo.

— O que quer que aconteça entre nós, ao menos poderemos sempre dizer que fizemos nossa melhor tentativa, você não acha?

— Sem dúvida. É tudo que qualquer pessoa pode fazer. Mesmo depois do que aconteceu, eu não posso imaginar passar pela vida sem correr riscos. Há mais de uma maneira de não estar vivo.

Ter-me privado da companhia de Amber durante as férias de verão, desde os primeiros dias de junho até o início das aulas, em setembro, era exatamente do que nós dois estávamos necessitando para amarrar as coisas. Nós nos divertimos ao máximo naquele verão, comparecendo a tantas festas ao ar livre, festivais de música e fogueiras quanto pudemos. Dançamos em nossa sala de estar. Dançamos na sala de estar dos outros. Dançamos na chuva e dançamos sob o sol da meia-noite. E, de algum modo, quando Michael Franti & Spearhead veio se apresentar na cidade, eu terminei dançando com o próprio Franti, no palco — se é que se pode chamar àquilo de dançar.

Antes da apresentação de Franti no Dente de Urso, ele havia feito uma apresentação especial para os garotos e funcionários de meu empregador antes do urso, nos Serviços Infantis do Alasca. Jim Maley, o chefe da organização e, desde longa data, um fã incondicional do Grateful Dead — bem como de bandas musicais improvisadas (meu caso) — deve ter-lhe contado minha história, pois Franti me reconheceu ao me ver diante do palco. Durante o bis, ele interpretou "Sometimes" e, enquanto cantava, foi dançando em minha direção.

Sometimes, I feel like I could do anything,
Sometimes, I'm so alive, so alive.
Sometimes...
(Às vezes, eu sinto que poderia fazer qualquer coisa,
Às vezes, eu me sinto tão vivo, tão vivo.
Às vezes...)

Amber me cutucou com o ombro.

— Dan, ele está bem aqui, na nossa frente...

Sometimes, sometimes, I sit in the dark alone,
Sometimes...
(Às vezes, às vezes, eu me sento sozinho no escuro,
Às vezes...)

— Oh, meu Deus! Ele está cantando para você, Dan! Ele está se aproximando de você. Erga os braços! Levante as mãos! Vá um pouco mais para a esquerda...

Ergui os braços e Franti me puxou para o palco, envolvendo-me em um caloroso abraço. Ele falou no meu ouvido: "Eu sei quem você é e sei pelo que você tem passado. Vamos dançar". Então começamos a dançar, ou melhor, a pular, para cima e para baixo, enquanto nos mantínhamos abraçados, parecendo dois sujeitos que tivessem acabado de ganhar na loteria. A próxima coisa de que me dei conta foi que estávamos diante do microfone; ele cantava, e eu comecei a cantar também — se é que se pode chamar àquilo de cantar. (Se eu soubesse, teria pegado mais leve com a tequila.) É provável que minha voz tenha soado como a de Peter Boyle tentando cantar "Puttin' On the Ritz", em *O Jovem Frankenstein*, mas Franti pareceu não se importar com isso. A cena tornou-se ainda mais memorável quando, enquanto eu cantava e pulava, com meus braços envolvendo Franti, minha bengala branca saiu voando, como se eu proclamasse à multidão "É um milagre! Estou enxergando!".

Entre outras façanhas daquele verão, Amber e eu percorremos trilhas pelas montanhas Chugach, escalando de gatinhas alguns dos trechos mais íngremes, enquanto Maya e Hobbit enfiavam o focinho em cada buraco de *pika** existente em um raio de 400 metros. Descemos o Pontal Homer enterrando os pés na areia e ouvindo as ondas quebrarem na costa. Fizemos uma parada no Salty

---

* Designação comum a várias espécies de pequenos mamíferos roedores do gênero *Ochotona* — aparentados do coelho selvagem —, encontráveis principalmente em territórios desérticos e montanhosos do Hemisfério Norte. O nome genérico *pika* deriva do idioma tungus (*piika*), falado pelo povo Evenki, da Sibéria. [N. do T.]

Dog Saloon, um típico boteco alasquiano, com o piso coberto por serragem e aparas de madeira e as paredes empapeladas com notas de um dólar autografadas com marcadores de tinta permanente. Acampamos ao lado das águas cerúleas e puríssimas do lago Kenai, onde, pela primeira vez desde o urso, lancei minha cabeça para trás e uivei para a lua.

Nem é preciso dizer que Amber e eu pescamos um bocado naquele verão — principalmente halibutes, na baía da Ressurreição, e salmões, ao longo da península Kenai. Na ocasião, Jaha era coproprietário de uma empresa de excursões turísticas guiadas, a *Alaska Drift Away Fishing*. Ele levou Amber em uma excursão de pesca de salmões-rei pela primeira vez em seu rio favorito, o Kasilof, onde ela fisgou um espécime tão magnífico e ficou tão excitada que nem se importou muito quando o bicho conseguiu escapar. Mas apenas quando meu irmão veio nos visitar e nós a levamos para uma pescaria de vermelhões que ela começou a compreender minha obsessão por pescarias. Nós a levamos até aquele ponto preferido do rio Kenai, o mesmo em que John e eu pescamos, mais cedo, no dia do urso. Àquela época, o limite diário era de seis peixes por pescador. Ela e eu os estávamos apanhando a torto e a direito, com Brian correndo entre nós, golpeando os peixes na cabeça e os dependurando para secar. Nós apanhávamos os peixes tão rápido que ele quase não conseguia dar conta do recado.

Foi mais ou menos nessa época que Amber e eu começamos a completar as frases um do outro. Era óbvio para nós — e para todos à nossa volta — que formávamos uma grande equipe. Quando Jeremy e Paige vieram nos visitar, passaram a nos chamar, coletivamente, de "Danber". E quando juntavam-se a nós os nossos dois cães, nós éramos chamados "Danber Mayobitt Biglevitz".

À medida que o verão se aproximava do fim, Amber começou a pensar na volta ao trabalho, e eu me tornei mais sério em relação à minha candidatura ao mestrado — mas não antes de comemorar meu aniversário, no final de agosto. Aniversários revestem-se de um significado completamente novo quando se chega tão perto de não voltar a ter um. Perto de meu vigésimo oitavo, dediquei-me a pensar seriamente em como gostaria de honrá-lo. Decidi que uma volta ao *saloon* Urso Pardo seria a coisa mais apropriada. Embora o nome não seja dos mais felizes, aquele parecia ser o lugar perfeito para celebrá-lo — não somente porque eu estava vivo para celebrar mais um aniversário, mas, também, para fechar o ciclo com Amber. Assim, nós dois planejamos voltar ao bar no Braço Turnagain, onde paramos na noite em que presenciamos a convergência das belugas, e centelhas faiscaram pela primeira vez entre nós.

O lugar não havia mudado nada. Entramos e encontramos o mesmo *bartender* e a mesma dupla de cachorros decrépitos largados no piso. Sentamos na mesma mesa e pedimos a mesma marca de cerveja.

Alguns dias antes, em casa, Amber viera a mim e disse:

— Feche os olhos e abra a boca.

— Muito engraçado...

— Não, sério. Apenas abra a boca.

— Ahh... Não sei se devo confiar em você...

— O quê? Você não confia em mim? Por que você não confiaria em mim? Vamos, seja homem! Confie em mim.

— Tudo bem, mas é melhor isso não doer...

Obedeci, e ela colocou um escalope enrolado em bacon na minha boca.

Enquanto Amber ia ao bar para buscar uma nova rodada, apanhei uma coisinha no bolso da calça. Ela voltou, colocou as cervejas sobre a mesa e voltou a se sentar.

— Amber, feche os olhos e abra a boca.

— Hã?

— Feche os olhos e abra a boca.

— Pode esquecer...

— O quê? Você não confia em mim?

— Não é que eu não confie em você, mas... Eu não confio em você.

Nós dois rimos.

— Além do mais, como é que você vai encontrar a minha boca?

— É mesmo, bem pensado. Tudo bem, então, que tal fechar os olhos e estender sua mão para mim?

Ela estendeu a mão, e eu coloquei um anel em seu dedo.

— Amber, você se casaria comigo?

— Espere um minuto... Você está falando sério?

— Seríssimo.

— Você não está apenas brincando comigo?

— E eu faria uma coisa dessas?

— Sim. Quero dizer, sim! Eu adoraria me casar com você.

Meu corpo inteiro começou a tremer. Projetei-me sobre a mesa, como eu teria feito, tempos atrás, se vivesse uma vida diferente, e segurei as mãos dela entre as minhas. Desta vez eu não a deixaria escapar. Então me levantei, encontrei o caminho até o bar, fiz soar um sino e anunciei que a próxima rodada seria por minha conta.

— Ei, todo mundo! Minha namorada e eu acabamos de ficar noivos! Iá--huuu!

O recinto irrompeu em vivas e aplausos. Os cachorros levantaram a cabeça do chão, olharam ao redor e tornaram a baixá-la, bufaram e voltaram a dormir.

Martha McCord Photography

Depois de tudo o que aconteceu, tentei deixar Amber livre. Não consegui.

CAPÍTULO 20

Minas terrestres unguladas e esgotamentos estatísticos

Ninguém nunca me acusou de ser careta, mas, em uma viagem para Minnesota a fim de conhecer os pais de Amber, fiz questão de oficializar nosso noivado pedindo permissão ao pai dela. Tenho certeza de que Frank e Diane Takavitz tinham as mesmas dúvidas que Amber e eu: como as coisas poderiam funcionar se eu nem sequer podia aparar um gramado e, muito menos — à época —, arranjar um emprego que nos sustentasse? E o que dizer sobre eventuais filhos? Como é que um papai cego poderia olhar as crianças enquanto a mamãe desse um pulinho ao supermercado? Como é que um papai cego trocaria fraldas? *E-eca!* Essa era uma ideia demasiadamente escatológica para considerar. Para todas essas questões, Amber e eu tínhamos apenas uma única e simples resposta: não fazemos a menor ideia. Mas, a despeito de todas as incógnitas, Frank não hesitou: "Nós adoraríamos ter você em nossa família". No intuito de provar o que dizia, ele me presenteou com um de seus mais preciosos tesouros, uma bola de beisebol rebatida em um *home run* durante uma partida dos Minnesota Twins, que foi parar direto em suas mãos, no lugar que ele ocupava nas arquibancadas, logo acima do banco dos reservas, no campo esquerdo. Eu a mantenho em uma prateleira sobre minha cômoda, ao lado de minhas contas de oração.

A fé que Amber depositava em mim e o voto de confiança de sua família só acrescentaram combustível às chamas de minhas ambições. Amber confiava que eu encontraria meu próprio caminho e que nós dois encontraríamos o nosso; e eu não pretendia decepcionar nem ela, nem sua família.

Lee Hagmeier encontrou seu próprio caminho, e ele se deparou com obstáculos muito mais intimidadores na sua época. Se eu começasse o mestrado na Universidade do Alasca, teria acesso a uma imensa tralha falante, de alta tecnologia, para me auxiliar durante o curso. Os Serviços de Apoio aos Deficientes da universidade, o Centro Alasquiano para Cegos e Deficientes Visuais e outros serviços, dentro e fora do *campus*, também contribuiriam comigo. Quando Lee começou a faculdade, em 1962, além de uma ajuda financeira ele não tinha nenhum outro apoio, como o desses serviços. Todo o aparato tecnológico de que dispunha consistia de uma máquina de escrever em Braille e gravadores de fitas magnéticas de rolo. Além de ser cego, ele era surdo do ouvido direito — condição adquirida como resultado de uma meningite espinhal, a qual eu consegui driblar, mas ele não. Perder a audição de um dos lados desequilibrou seu senso de orientação auditivo, algo particularmente ruim em ambientes muito congestionados e barulhentos, como um *campus* de faculdade.

Na Chico State, quase trinta anos antes de a Lei dos Cidadãos Norte-Americanos Portadores de Deficiências entrar em vigor, ele teve de abrir seu caminho "à unha" em um mundo pouco propenso a aceitá-lo. Entre a Divisão de Reabilitação Vocacional e um fundo estabelecido e administrado pelos Esportistas Territoriais de Juneau, suas despesas com mensalidades, livros, suprimentos e os custos de leitores remunerados podiam ser cobertos, mas Lee teve de criar o próprio sistema para fazer com que as coisas funcionassem.

Ele recrutava leitores em seu alojamento estudantil e por meio de anúncios em murais pelo *campus*. Ele usou um programa estadual de presidiários voluntários para transcrever livros em fitas de áudio. Com os professores, ele conseguia com bastante antecedência as listas dos livros que deveria ler, os comprava e os enviava à prisão pelo correio, onde os presidiários os liam em voz alta, enviando-lhe, depois, as fitas gravadas.

Sua máquina de escrever em Braille fazia um barulho bastante incômodo para ser utilizada em classe, então ele gravava as aulas e palestras e, de volta ao alojamento, tornava a ouvi-las, ligando e desligando o gravador a todo instante, a fim de conseguir transcrevê-las com sua máquina. Para fazer sua tese, ele e um leitor "atacaram" a biblioteca juntos, no intuito de obter o material de pesquisa. Todo esse material foi lido para ele, que fazia seus apontamentos. Assim, ele escreveu toda a tese em Braille, depois contratou um tradutor de Braille para convertê-la à linguagem escrita e um leitor para lê-la em voz alta, a fim de poder fazer as correções necessárias. Pagou alguém para datilografar o texto e, finalmente, outra pessoa que o lesse uma última vez, antes de entregá-lo. Por mais complicado que fosse e por mais tempo que todo esse processo demandasse, o esforço terminou por lhe render uma graduação *summa cum laude* — a mais alta distinção — em Psicologia, em 1967. Então ele se transferiu para a Universidade de Washington, em Seattle, onde obteve o mestrado em reabilitação vocacional, em 1969, e seu Ph.D. em psicologia educacional, em 1973.

Eu poderia fazer as coisas de maneira muito mais fácil que Lee. Mesmo assim, o mestrado faria a escola para cegos parecer um acampamento de férias.

Enquanto aperfeiçoava os ensaios para minha admissão, tive de me submeter a mais uma cirurgia — a última —, embora eu tivesse solicitado que ela fosse realizada antes. Os tecidos conectivos fibrosos que conectam os olhos à ponte do nariz haviam sido seccionados pelo urso, deixando-me com um problema incontornável. Ainda que, no início, a área reconstruída ao redor de meus olhos tivesse ficado razoavelmente simétrica, a força das contrações musculares havia puxado as pálpebras do olho direito para baixo, fazendo com que a prótese ocular naquele lado pendesse mais do que a do lado esquerdo. A prótese parecia ter derretido e escorrido para fora do meu rosto. Além disso, minhas têmporas estavam profundamente encovadas. Devido a uma deficiência na circulação sanguínea, a atrofia produzida nas camadas de gordura que cobrem os músculos naquela região me dava a aparência de um cadáver ambulante.

Se isso incomodava Amber, ela nunca disse, mas me incomodava. A maioria das pessoas dizia que minha aparência era boa, dadas as circunstâncias, mas eu não conseguia entender como. Meu rosto me parecia bizarro: inchado em algumas partes, encovado em outras, com os olhos completamente desalinhados. Não que eu esperasse sair daquilo tudo parecendo um modelo de capa de revista, mas esperava me parecer um pouco menos com um ser alienígena. Embora um cirurgião tão talentoso quanto o Dr. Kallman tivesse feito o melhor possível com um rosto tão avariado como o meu, eu queria parecer o melhor possível para Amber. E não queria que as pessoas com quem tivesse de lidar na faculdade ou em minha futura vida profissional se distraíssem com minha aparência. Então fui submetido à minha cirurgia de número seis, a fim de nivelar os olhos e preencher as têmporas com implantes. Após essa cirurgia, Amber teve de secar as secreções e untar as suturas com um linimento antibiótico, tarefas que a deixavam um tanto aflita e enojada, mas que, de todo modo, ela cumpriu sem se queixar.

Enquanto me recuperava, fiz planos para lidar com dois pré-requisitos que deveriam ser contemplados antes do início de meu programa de mestrado, caso fosse admitido: um curso de desenvolvimento humano e outro de estatística. Eu seria aceito no programa apenas se conseguisse, no mínimo, uma nota "B" em ambos os cursos. Sem muita pressão, nem nada assim... Com o primeiro curso, eu não precisava me preocupar muito, mas estatística? Eu não podia imaginar nada mais visual, com todas aquelas equações, os símbolos, os mapas, os gráficos e as tabelas. O vocabulário, por si só, já me dava dor de cabeça: teorema do limite central, meio de amostragem (barra X), valor p, quantil, coeficiente correlacional...

Enquanto o fantasma da universidade se aproximava, passei meu primeiro Natal com Amber sofrendo de um caso grave de ansiedade mórbida discretamente variável. Com o fogo aceso na lareira, uma caneca quente de rum amanteigado nas mãos e o Grateful Dead tocando no estéreo, nós montamos nossa primeira árvore de Natal, um pinheiro Fraser natural, comprado no "Minnesota Bob" — um dos poucos vendedores de árvores independentes, de beira de estrada, a restarem na cidade —, que garantiu a Amber certa atmosfera familiar. Coloquei a árvore em pé sobre o pedestal, tentando aprumá-la, enquanto Amber me orientava de longe:

— Um pouco mais para a esquerda... Um pouquinho mais... Agora um tantinho para o outro lado... Aí! Não se mova!.

Ela fixou a árvore no lugar desejado, regou-a com um pouco de água e envolveu toda a base com uma borda dourada. Então eu comecei a lhe passar guirlandas de papel laminado e as luzinhas piscantes usadas para envolver toda a árvore com várias voltas. Distribuímos e dependuramos em cada ramo as bolas castanhas e douradas e os ornamentos de contas e pingentes que ela havia comprado em uma loja Fred Meyer. Se ela precisou redistribuir alguns dos adornos que eu pendurei, fez isso depois, furtivamente.

— Parece loucura que eu vá começar a estudar daqui a duas semanas — comentei, enquanto lhe entregava o adorno em forma de cebola que encimaria a árvore.

— Como você está se sentindo a esse respeito? Você se sente preparado? — ela me perguntou, do alto de uma escadinha dobrável, pegando o adorno de minhas mãos e coroando a árvore com ele.

— Não faço ideia de como me sentir preparado. Estou preparado para dar o melhor de mim mesmo, mas o melhor de mim mesmo pode não ser o suficiente. É com isso que eu estou preocupado...

Tentei rir, mas o ruído que produzi soou mais como um nervoso vazamento de gás.

— Então vamos ver no que dá, mas eu não estou preocupada com isso. Sei que você irá se dar bem.

— Espero que você esteja certa. — Afastei-me da árvore e me deixei afundar no sofá, cofiando minha barba enquanto a ansiedade crescia, quase a ponto de fazer meu peito estourar. Amber desceu da escadinha e veio se sentar ao meu lado, colocando a mão em meu joelho.

— Você não pode pensar assim, Dan. Isso só irá te dar um mau começo. Não importa o quanto as coisas se tornem difíceis, você encontrará um jeito de lidar com elas. Já aprendi isso sobre você.

Havia bons motivos para eu me preocupar. Eu ainda era relativamente novato em relação à cegueira e não tinha uma aula de Matemática desde o ensino médio. Nosso futuro dependia do meu bom desempenho no semestre seguinte. Tratava-se de uma prova de fogo: falhar não era uma opção.

Nervoso por me sentir perdido, temendo ficar feito uma barata tonta, passei vários dias e longas horas memorizando e praticando minhas rotas de uma classe para outra, para a biblioteca, para os Serviços de Apoio aos Deficientes, para a livraria, para os quiosques de café, na ida e na volta, vezes e mais vezes — tudo isso para chegar lá no primeiro dia, descobrir que as salas haviam sido trocadas e me encontrar, em pé, no meio de uma aula de engenharia.

A partir daquele momento, as coisas entraram em uma espiral descendente. Ao término de meu primeiro dia de estatística, já me sentia completamente aniquilado. Ao término do segundo dia, dei-me conta de que permanecer sentado em uma classe não iria contribuir com absolutamente nada. A aula inteira baseava-se em transparências projetadas em uma tela ou em explicações escritas e desenhadas em um quadro. Eu não tinha como absorver nada daquilo. Nada. Enquanto a professora e meus colegas de classe trabalhavam em problemas expostos no quadro, eu me sentava ali e tomava notas em meu *laptop*, as quais, mais tarde, não faziam nenhum sentido. O chiado dos marcadores com ponta de feltro nas transparências e os toques do giz sobre o quadro soavam como pontos de exclamação ao final de cada detalhe que eu perdia.

Meu primeiro ataque de pânico em classe se deu na segunda aula. Começou com o som da voz da professora mesclando-se a algo distante, como se ela palestrasse do fundo de uma tubulação de escoamento.

As palmas de minhas mãos começaram a suar, e meu coração soava como cascos de cavalo galopando em um pavimento.

Ah, não. Não aqui. Não agora. Apenas respire, até encontrar seu caminho para fora disto. Respire, respire, respire. Droga, eu preciso sair daqui...

Meus braços e pernas ficaram moles como macarrão cozido. Eu rastejaria, se fosse preciso, a fim de sair por aquela porta e buscar refúgio no banheiro masculino. Então pensei melhor sobre o que estava acontecendo. A última coisa que eu desejava era chamar atenção. Se eu conseguisse ir tão longe quanto o banheiro masculino, eu desfaleceria, bateria a cabeça e estaria morto antes de alguém me encontrar. Se eu estava ali para perder, era melhor manter-me quieto. Assim, me limitei a ficar sentado, com cara de paisagem e a mandíbula travada, com uma fogueira no estômago e meus dedos congelados sobre o *laptop*, na esperança de que ninguém notasse nada.

A pior fase do ataque passou em vinte minutos, porém meus nervos já estavam "torrados". Então a professora encerrou a aula, e eu me recompus o suficiente para me levantar sobre pernas cambaleantes, apanhar minhas coisas e usar a bengala para encontrar o caminho porta afora.

No início da segunda semana, perguntei à professora se poderia estudar o material por conta própria, comparecer para fazer as provas e deixar de ocupar espaço na classe dela. O tempo que eu levava para ir até lá e voltar, raciocinei, poderia ser empregado em estudo. Porém, por mais que ela quisesse me ajudar, aquilo seria impossível, pois o comparecimento presencial às aulas era uma condição do curso. A menos que inventasse uma espécie de plano alternativo, eu iria "bombar".

Em casa, à noite, eu me esforçava bastante com os deveres de casa, com o auxílio de três aparelhos tecnológicos: um computador e uma calculadora falantes e um gravador de áudio, com o qual eu gravava a ordem das operações a fim de localizar o ponto em que me encontrava em cada equação.

A variação é a soma do quadrado do desvio dos pontos a partir da mediatriz, dividido pelo número de pontos menos um.

Mas mesmo a última palavra em tecnologia tem seus limites, e passei a depender demasiadamente de Amber. Ela lia um problema, e eu o gravava. Então tentava resolvê-lo, passo a passo. Eu verificava o ponto em que me encontrava pelo computador e fazia os cálculos com o auxílio da calculadora falante, e Amber me "recordava", digamos, qual seria o valor de "N". Também tive de aprender a lidar com complicados programas de computador a fim de criar mapas, gráficos, tabelas e histogramas. Como Amber era muito melhor do que eu com computadores, eu requisitava seus préstimos para isso também. Ler em voz alta o livro didático de estatística e acompanhar-me em equações verdadeiramente longas eram as últimas atividades que ela desejaria realizar em suas noites e seus fins de semana, mas ela fez isso — embora não de forma muito graciosa. Ela abria mão de seu tempo, mas não era nenhuma mártir. As longas e tediosas sessões de estudo nos tornavam ranzinzas.

— Sabe, você não está sendo uma companhia muito divertida — ela falava quando eu me mostrava indelicado. — Talvez você devesse dar uma boa e longa caminhada. Se você não quiser ir, eu vou.

O semestre tornou-se mais difícil, a quantidade de dever de casa aumentou, e eu comecei a ficar para trás. Quando a frustração chegou a atingir os ossos, passei a ser um frequentador habitual dos Serviços de Apoio aos Deficientes da Universidade do Alasca em Anchorage. Lá, a diretora Kaela Parks atuou como uma incansável advogada de minha causa. Nós experimentamos diferentes estratégias, incluindo um assistente capaz de ver, que me acompanhava às aulas, o que de nada adiantou, e um tutor, que foi de alguma ajuda, mas não o bastante. Com frequência, eu ficava acordado boa parte da noite, tentando dar conta de minha carga de trabalho. Quando conseguia pegar no sono, eu me debatia e berrava. Não sei quantas vezes Amber teve de me sacudir para que eu despertasse: "Querido, acorde. Está tudo bem. Você estava tendo um pesadelo". Eu recobrava a consciência e encontrava as roupas de cama completamente retorcidas ao meu redor, e os lençóis e as fronhas ensopados de suor. Não apenas úmidos, mas ensopados, a ponto de eu ter de virar o travesseiro e colocar toalhas sob meu corpo a fim de passar o restante da noite na cama.

Se isso já não fosse terrível o bastante, ter de usar bengala a fim de encontrar meu caminho para dentro e para fora da classe, em meio a uma perpétua e total escuridão, também me deixava muito tenso. Ouvir passos esmagarem a neve era um gatilho para uma resposta de meu estresse pós-traumático: isso me fazia quase saltar para fora de minha pele. Na Califórnia, eu me preocupava com a possibilidade de ser picado por uma aranha viúva-negra. No Alasca, me preocupava com a possibilidade de ser pisoteado por um alce. Milhares deles vinham passar o inverno na bacia de Anchorage. Eles podiam aparecer a qualquer momento, em qualquer lugar. Certo dia, quase acertei um alce com minha bengala, no caminho da parada de ônibus até em casa, depois da aula. Em outra ocasião, ao retirar a neve acumulada diante de nossa casa com uma pá, eu não me dei conta de que havia um alce bem atrás de mim, até Amber esmurrar a janela e gritar para eu voltar para dentro de casa. Eu estava atirando a neve bem no focinho do bicho. Uma vez ou outra, alguém termina no hospital após ser escoiceado ou pisoteado: certa vez, um garotinho de 6 anos de idade recebeu um coice na cabeça, pouco depois de desembarcar de seu ônibus escolar. Na década de 1990, duas pessoas foram pisoteadas até a morte em Anchorage: uma delas no quintal de uma residência, e outra em pleno *campus* da UAA. E ambas podiam enxergar.

Entre a esmagadora pressão dos estudos e ter de caminhar sem olhos em uma cidade habitada por "minas terrestres" de quinhentos quilos, pela primeira vez desde que deixara o hospital precisei apelar para o uso de antidepressivos, além de remédios homeopáticos, a fim de lidar com o estresse. Eles acalmavam meus nervos e me colocavam a uma certa distância de meus temores, o suficiente para me permitir pensar.

Jurei continuar a experimentar novas estratégias até encontrar uma que funcionasse, uma que me fizesse depender bem menos de Amber. Além do tutor com que eu já contava, arranjei mais um. E depois outro. Trabalhando, àquela altura, com três tutores diferentes — além de ter Amber como apoio —, creio ter dedicado três vezes mais tempo ao material de cada aula que meus colegas de classe.

Quem fez a maior diferença foi o tutor Andy Page, um professor-assistente da Faculdade de Educação da UAA, que oferecera seu tempo voluntariamente e empregara uma abordagem cinestésica do tipo mão na massa, a fim de me ajudar a "ver" histogramas, curvaturas gaussianas e outros gráficos que eu precisava compreender. Ele me explicava as coisas, então me fazia tocar a tela do computador com a ponta de um dedo e, com sua mão guiando a minha, desenhava as linhas e as curvas. Eu precisava convencê-lo de que havia compreendido cem por cento de cada conceito, antes de passarmos ao seguinte, e ele não se dava por satisfeito até que eu pudesse explicar esse conceito com minhas próprias palavras. Ele exigia e me mantinha em um padrão elevado, mas também ficava sempre atento aos sinais de sobrecarga cognitiva que eu emitia — minha inquietação, o travamento da mandíbula, suspiros profundos — e encerrava nossas sessões de estudo antes que meu aprendizado começasse a decair.

A instrutora de estatística, Linda L. D. Smith, supervisionou minhas provas e meus exames e pôde ver como eu fazia meu trabalho. Ela lia as questões, e eu trabalhava nelas com o gravador, a calculadora falante e o *software* de áudio do *laptop*. Fui muito mal no primeiro teste semanal; um pouco melhor no segundo; muito bem no terceiro; e excelente no quarto. Nos exames de meio de semestre, saí de lá sabendo que havia me dado bem. Minhas notas haviam deixado o nível inferior e continuavam a subir.

No final do semestre, Amber e eu conferíamos obsessivamente o *Blackboard* — o *website* da UAA, acessível aos estudantes mediante a inserção de senhas —, esperando a publicação das notas. Amber viu primeiro.

— Uau, Dan! Você conseguiu! Você passou com nota "A"!

— Iá-a-huu! — berrei, socando o ar com um punho. — Isso merece um grande buu-iá-a-aaa! (termo carinhoso que emprestei de Jaha).

A primeira coisa que fiz foi telefonar para meus pais, em Carmel. Em seguida, telefonei para Andy e agradeci profusamente por seu comprometimento comigo. Ele ficou muito emocionado.

— Você merece isso, por todo o trabalho duro que fez — ele me falou. — Sua perseverança e sua disciplina me impressionaram profundamente. Acho que jamais tive um aluno tão determinado.

Quando recebi a carta da UAA informando que eu havia sido aceito para o mestrado, senti-me pronto para a batalha. Ter encontrado o caminho para dominar a estatística me deu a confiança de que eu precisava para passar por um programa de mestrado e mais dois anos de residência como assistente social clínico. Três anos depois de ter entrado na sala de aula errada em meu primeiro dia na UAA, eu saía não apenas com um grau de mestrado, mas com 4.0 de pontuação média.

Durante a cerimônia de graduação, no Auditório Wendy Williamson, da UAA, ouvia-se uma explosão de aplausos após cada nome chamado. Quando chegou a minha vez, segurei o cotovelo de um colega de turma, e caminhamos pelo palco para apanhar meu diploma. Não sei ao certo se porque as pessoas me conhecessem como "o sujeito que foi cegado por um urso" ou se apenas porque estivessem vendo alguém cego receber seu diploma de mestrado, mas uma onda de aplausos extremamente vigorosa dominou o auditório e durou por um longo tempo. Mais tarde, ouvi de Amber que muitas das pessoas da plateia aplaudiram de pé e que algumas delas estavam em prantos. Andy Page era uma dessas pessoas.

Com essa manifestação de apoio fundamental da comunidade, eu soube que meus dias de medo do fracasso haviam terminado. Eu jamais visitaria o quase túmulo de quem eu tinha sido antes.

CAPÍTULO 21

Encontro às cegas com um cão

A bengala branca tem suas vantagens, nenhuma que eu aprecie mais do que a completa ausência de uma bexiga. Encontrar um caminho com o auxílio da bengala pode não ser muito elegante e trata-se de um processo lento, às vezes exasperantemente lento. Mas uma bengala branca não precisa ir para fora, a fim de aliviar-se, várias vezes ao dia, em uma cidade onde as temperaturas e o açoitar dos ventos ignoram de modo solene qualquer tipo de casaco e atacam seus ossos sem a menor cerimônia, nem sucumbe a um ataque espontâneo de diarreia no elevador de um hotel. Além disso, uma bengala branca não é focalizada com precisão, como a bola de beisebol lançada em um espetacular *home run* durante um jogo dos Minnesota Twins com a qual meu futuro sogro me presenteara, e confundida com um brinquedo para morder.

Todavia, depois de usar uma bengala branca para me orientar por mais de dois anos, recebi um telefonema da instituição Cães-Guia para Cegos. Eles me informaram que havia um cão esperando por mim no Oregon. Assim, fui ao campo de treinamento de cães e permaneci ali por quatro semanas ininterruptas, quinze horas por dia, seis dias por semana, no intuito de aprender como conduzir-me com um desses prodigiosos animais. Ter de deixar Amber por um mês seria difícil. Com a aproximação de nosso casamento, havíamos acabado de comprar uma casa e, nela, tivemos uma celebração como novos proprietários, comendo pizza sentados no chão, na noite anterior à minha partida.

Minha família havia começado a procurar por cães-guia quando eu ainda me encontrava hospitalizado, mas, para ter um, primeiro eu precisava conseguir me locomover com razoável habilidade usando uma bengala. A Cães-Guia para Cegos — sem fins lucrativos e mantida com financiamentos privados — é apenas uma de muitas instituições desse gênero, que proporcionam cães para pessoas cegas, ou que sejam consideradas cegas legalmente, de forma gratuita, desde que determinados critérios sejam atendidos, e um dos mais importantes é a afeição por cachorros. Cada cão, ali, representa centenas de horas de trabalho e dedicação: desde os inseminadores voluntários até os criadores de filhotes e treinadores profissionais licenciados. Esses "acadêmicos Rhodes"* do mundo canino são extremamente dedicados a seu trabalho. Por isso, a organização não deseja ver seus cães irem parar nas mãos de pessoas mais propensas a criar vínculos com um sofá do que com um animal.

Após me mudar para o Alasca, preenchi um formulário de candidatura que incluía a pergunta: "Qual foi a causa de sua cegueira?". A versão on-line do questionário apresentava uma lista automática com mais de noventa respostas possíveis, mas "desventura envolvendo um urso" não era uma delas. O próximo passo foi uma entrevista por telefone com mais de uma hora de duração, seguida pelo recebimento de uma visita cuja finalidade era avaliar minha competência para assumir a responsabilidade por um cão. Analisaram minha personalidade, minha vida doméstica, meu nível de atividade e minha autonomia de mobilidade, tendo em vista que cães-guia não sabem consultar o *Google Maps* para traçar rotas. O trabalho é feito em equipe: o cão-guia é o piloto, e o humano é o navegador. A mulher que foi me avaliar me assistiu caminhar pela vizinhança e pelo *campus*, enquanto atestava minhas habilidades e a segurança das rotas que eu percorria.

Recebi uma segunda visita em casa, meses depois, com o objetivo de verificar como eu me sairia com um cão imaginário chamado Juneau. O treinador assumiu o papel do cão. Ele puxava a extremidade de uma coleira que eu segurava. Acompanhá-lo com uma velocidade duas vezes superior à que eu estava acostumado a desenvolver com a bengala não foi uma completa surpresa. Fazer

---

* A *Rhodes Scholarship* — instituída pelo magnata britânico da mineração e político sul-africano Cecil John Rhodes — é um programa internacional de concessão de bolsas de estudo para que estudantes de pós-graduação não britânicos possam cursar a Universidade de Oxford. Concedida exclusivamente por méritos acadêmicos, essa bolsa é considerada uma das mais prestigiosas do mundo. [N. do T.]

um *test-drive* com o cão de outra pessoa é contraindicado, mas eu estava curioso. Assim, ainda na Califórnia, tentei passear com o cão-guia de um amigo por uma curta distância, percorrendo um trecho de calçada em linha reta. Quando eu disse ao cão "em frente", ele se adiantou com tanta rapidez que quase precisei sair correndo, deixando para trás minhas sandálias de dedo.

Durante essa segunda visita, o treinador também analisou a extraordinária Maya, que sempre se dava bem com qualquer outro cão que encontrasse, e o insubordinado Hobbit, que, às vezes, podia agir como um completo canalha. Eu estava bastante disposto a revelar os defeitos de sua personalidade: Hobbit era territorialista quando o assunto era comida e golpeava Maya de forma impiedosa caso ela se interpusesse entre ele e o que quer que fosse atirado ao chão, até mesmo uma pimenta vermelha. Mais tarde, recebi um telefonema por conta disso: Hobbit fora apontado como um potencial problema.

"Caso o *bullying* se tornasse um problema entre Hobbit e seu cão-guia, você estaria disposto a encontrar um novo lar para Hobbit?"

Quase deixei o telefone cair. Minha resposta não foi simplesmente um "não", foi "que diabos, NÃO!" — mas estou certo de ter dito isso de maneira mais delicada. Hobbit era o cachorro de Amber, e os dois vinham juntos, no mesmo pacote. Ela o apanhara no primeiro verão que passara no Alasca, durante uma viagem de carona pela península Kenai. Ele era apenas um lindo filhotinho sem dono. Quando seu lado delinquente aflorou, já era tarde demais, ela já estava comprometida com Hobbit. Aparentemente, minha recusa em me livrar daquela peste não influenciou a questão, pois o telefonema seguinte foi para me informar que eu tinha sido aceito.

Embora a sede da Cães-Guia para Cegos seja em San Rafael, na Califórnia, fiz meu treinamento para condutor no *campus* da organização no Oregon, em uma cidadezinha a sudoeste de Portland, chamada Boring,* nome de um de seus primeiros colonizadores, cuja vida, suponho, não deve ter correspondido ao sobrenome. Eu fazia alguma ideia do que esperar, mas trazer um cão-guia para o seu convívio significa muito mais do que apenas saber o que vai na extremidade da coleira. Um cão-guia altera a maneira de interagir com o mundo, uma vez que o tipo de informação recebida por meio de uma coleira é muito

---

* Um dos significados de *boring*, em inglês, é "tedioso". [N. do T.]

diferente da recebida por meio de uma bengala. Uma bengala responde com sons, texturas e formas. Alguma coisa que faça *ping* ao ser tocada pela ponta de uma bengala cria uma imagem mental, e algo que faça *tumpf* cria outra imagem, como a de um saco de pedras. Quando todos os objetos em determinado ambiente são computados, é possível criar um mapa mental. Há uma máquina copiadora aqui, um saco de pedras não identificado ali. A bengala proporciona uma conexão tátil entre quem a usa e o ambiente, que não se obtém com um cão que guia a pessoa de modo a fazê-la contornar os obstáculos. Assim, você não sabe se acabou de evitar um galho de árvore caído no chão ou um bêbado estendido na calçada. Não que a ausência da percepção desses detalhes seja problemática, é apenas diferente. Na maior parte das vezes, você apenas deseja chegar a algum lugar. Com o auxílio de um cão, em vez de se mover pelo mundo como uma bolinha de fliperama, você caminha como alguém que sabe exatamente aonde pretende ir.

No centro de treinamento, entre meus colegas de aprendizado havia desde um mecânico de automóveis até uma mãe de dois filhos, e todos haviam se tornado cegos devido a uma das mais de noventa causas possíveis constantes daquela lista. Em comum tínhamos o fato de todos já terem caído de escadas, conversado com árvores depois de nosso interlocutor se afastar sem que notássemos e apalpado estranhos por acidente. Certa vez, ao tentar alcançar a maçaneta da porta de um carro, agarrei as nádegas da irmã de Amber, Lynsey, com tanta força que ela gritou de pavor e quase saiu voando. No treinamento, alguns de nós gostávamos de rir, outros haviam esquecido como fazê-lo. Meu companheiro de quarto contava-me histórias sinistras de infidelidade e se recusava a fechar a porta do banheiro quando urinava — o que, às seis horas da manhã, fazia parecer que ele se aliviava bem ao lado de minha cabeça. Isso já bastou para fazer daquele um mês muito, muito longo.

No início, não tivemos contato com os cães. Aprendemos o básico: como cuidar de um cão, como falar com um cão e como ler a mente de um cão. Depois, trabalhamos com cães que não seriam os nossos, assim poderíamos pegar o jeito e sentirmos a comunicação que se dá por meio de uma coleira. Desde o primeiro momento, o trabalho se baseia na confiança. Se você não puder confiar em seu cão, o "casamento" estará fadado ao fracasso.

Cães-guia são espantosamente espertos. Alguns são espertos o bastante para distinguir se a pessoa que segura a coleira é de fato cega ou não. Se não for uma pessoa cega, eles se mostrarão preguiçosos. "Ora, vamos, você não é cego, me dê um tempo." Cães-guia são tão espertos que, às vezes, seus treinadores precisam trabalhar de olhos vendados.

Eles também são espertos o bastante para exercer uma "desobediência inteligente". Eles são programados para ouvir e obedecer, mas, se eu estiver parado em uma calçada e disser "avante" quando avançar significar entrar em rota de colisão com um carrinho de cachorro-quente desgovernado, o cão não irá esboçar nenhum movimento. "Não, eu não vou fazer isso", ele irá informar. Ao me ver a ponto de ser atropelado por um carro ou por um garoto em um *skate*, ele poderá me puxar para trás ou me empurrar para o lado. E meu trabalho pressupõe a aceitação da "palavra" dele nessas situações, porque cães-guia são, primeira e fundamentalmente, cães; e cães têm tanto interesse em salvar a própria pele quanto a minha.

No fim da primeira semana, chegou o "Dia do Cão", o dia em que receberíamos o cão que iria para casa conosco. Tudo o que eu sabia sobre o meu era que se tratava de um labrador *retriever* negro chamado Chandler. Os treinadores nos pediram para deixarmos nossas portas entreabertas naquela tarde e, um por um, levaram nossos cães. Cães que valiam até 80 mil dólares e que receberíamos gratuitamente. Sentei-me em meu quarto e esperei ansiosamente pela minha vez, enquanto ouvi som de unhas tiquetaqueando sobre o linóleo e os outros alunos expressando seu contentamento ao longo do corredor, à medida que encontravam seus parceiros. O ruído de unhas se aproximou de mim. Sentei-me à beira da cama e tamborilei com um pé sobre o chão. Mais som de unhas. Mais sons de contentamento. Um alegre latido de saudação. Então ouvi algumas batidas e uma comoção à minha porta. Meu cão havia chegado — o cão que seria meu "coirmão gêmeo". Ele trotou para dentro do quarto, agitando a cauda alegremente contra os batentes da porta, louco para conhecer alguém novo.

— Dan, este é Chandler — a treinadora falou. — Ele é um garoto bonitão e um grande conversador, não é, Chandler? — Ela passou a coleira para minhas mãos. — Ele é todo seu, e vice-versa. Passem algum tempo conhecendo um ao outro. Nós nos encontraremos daqui a mais ou menos uma hora, a fim de levarmos os cães para fora e recomeçarmos o trabalho.

Assim que ela saiu, sentei-me no chão. Chandler pôs as patas dianteiras em meus ombros e começou a "banhar" meu rosto com a língua. Ele parecia esguio, com pernas bem longas. Segurei sua cabeça entre as mãos, cocei suas orelhas aveludadas, beijei sua fronte e recebi uma focinhada no nariz. *Auu-uuuu* foi tudo que ele teve a dizer a respeito. Não precisei de mais de trinta segundos para me apaixonar por aquele cachorro.

— Chandler, você e eu iremos a muitos lugares — eu lhe disse. — Espero que você goste de sair para pescar...

Ele açoitou o chão com força, com a cauda — o que interpretei como um "a que horas poderemos partir?".

Passamos o restante de nosso tempo juntos no chão, brincando de apanhe e traga de volta, cabo de guerra e derrube o ceguinho e pisoteie a cabeça dele. Então deitei no chão de bruços e comecei a virar a cabeça para um lado e para outro, para cima e para baixo, jogando um jogo chamado escape do lambedor de rostos matador.

Chandler era o cão perfeito para mim: entusiástico, mas calmo e dócil quando tinha de ser, um verdadeiro Joe Cool.* Sendo um cão negro com uma faixa de pelos brancos no peito, ele parecia vestir um *smoking*. Amber e eu iríamos nos casar em um mês, depois que voltássemos para casa, e eu o imaginei usando uma gravata-borboleta na cerimônia.

Jamais me esquecerei da primeira vez em que atravessamos uma rua juntos. Com um treinador por perto, ouvi o ruído do tráfego diminuir, enquanto as luzes do semáforo mudavam de verde para amarelo e para vermelho, até todos os veículos pararem. Quando todos ficaram absolutamente imóveis, dei o comando: "Tudo bem, Chandler, avante".

Descemos do meio-fio em uníssono e seguimos em frente, sem hesitação, percorrendo em linha perfeitamente reta nossa passagem diante dos veículos parados no asfalto batido pelo sol, até Chandler parar, avisando-me que havía-

---

* Joe Cool é um "personagem" interpretado pelo personagem canino Snoopy, na série de histórias em quadrinhos *Peanuts*, de Charles Schultz, na qual o cãozinho pretende se passar pelo cachorro mais descolado do mundo. [N. do T.]

mos chegado ao lado oposto da rua, à qual subimos juntos. Ali, na calçada, fiquei de joelhos e envolvi seu pescoço em meus braços, enterrei meu rosto em seus pelos e chorei. Aquele foi o momento em que, de fato, me dei conta da profunda diferença que aquele cão faria na minha vida.

Minha sensação de magnitude durou pouco. Eu amava Chandler e podia dizer que o sentimento era recíproco. Fora de serviço, quando se sentia muito excitado ele fazia um som de *auu-uuu* totalmente particular, um som que eu jamais ouvira qualquer outro cachorro fazer. À noite, ele tentava rastejar para a cama comigo e, quando eu me sentava no chão, ele pulava para o meu colo. Mas, quando em serviço, ele parecia um tanto apático e distraído. Por alguma razão, ele não parecia motivado o bastante para trabalhar comigo. Aliás, ele deixou isso bastante evidente desde o princípio, durante uma das primeiras sessões de treinamento em um *shopping center*. Caminhamos por uma das laterais de um corredor, passando diante de vitrines e quiosques, contornando carrinhos de bebês, bandos de adolescentes e bancas de ofertas abarrotadas de mercadorias. Estávamos indo muito bem, sem esbarrarmos em qualquer coisa nem em ninguém, quando, subitamente, Chandler fez um desvio, e eu senti um puxão tão forte na coleira que quase precisei correr para acompanhá-lo. Enquanto eu tentava me reorientar, imaginando o que poderia ter acontecido, ouvi o barulho da fonte central do *shopping* tornar-se mais e mais alto. Então entendi que rumávamos diretamente para ela. Talvez Chandler estivesse com sede, talvez quisesse nadar um pouco e pretendesse me levar junto. De todo modo, aquilo não era bom. Pouco tempo depois, fui chamado ao escritório.

— Dan, sabemos que não é o que você gostaria de ouvir, mas achamos que Chandler não é o par ideal para você.

— O quê?

— Ele é um ótimo cão, um doce mesmo. Ele já provou seu valor durante o treinamento por incontáveis vezes, e nós sabemos que ele será um excelente guia para alguém, um dia. Mas não é típico dele parar antes de um meio-fio, ou no meio de um quarteirão, como ele vem fazendo ultimamente.

Meu coração mergulhou fundo no meu estômago.

— O problema sou eu? Estou fazendo alguma coisa errada?

— De modo algum. Não é nada disso. Fazemos o melhor possível para formar pares, mas nem sempre acertamos. Embora seja óbvio que você ame Chandler e que ele ame você, não pudemos detectar uma química no trabalho entre vocês. Sabemos que não será fácil para você, mas não podemos deixar sua segurança depender de um cão que não esteja colocando o coração no trabalho. Nós temos outro cão, um dos melhores deste grupo, e acreditamos que ele pode formar um par muito melhor com você no decorrer do tempo. O que você acha? Está disposto a dar-lhe uma chance?

Eu me senti arrasado, como se todo o ar tivesse sido espremido para fora de meus pulmões.

— Terei de confiar no julgamento de vocês — respondi, afinal. — Eu quero o que for melhor para mim e para Chandler.

— Isso é ótimo. Obrigado por sua compreensão. Sabemos que isso será difícil, mas, por que você não vai apanhá-lo? Traga-o até aqui, e faremos a substituição.

Voltei ao escritório com meu cão e saí de lá, para meu quarto, com uma coleira vazia nas mãos. Perder Chandler foi como receber um soco no estômago. Tentei não levar isso para o lado pessoal, mas senti como se tivesse falhado com ele. O motivo pelo qual as coisas não funcionaram entre nós, penso agora, foi o orgulho de Chandler. Quanto mais tempo você trabalha com um cão-guia, melhor você fica, e eu era um novato. Chandler estava acostumado a andar na companhia de treinadores profissionais. No momento em que assumi o comando, eu mal sabia o que estava fazendo. Talvez ele tivesse achado que merecia coisa melhor, ou talvez eu tenha pisado inadvertidamente em suas patas por vezes demais. Eu jamais saberia, é lógico, mas, seis meses depois, li no jornalzinho da organização sobre sua habilitação para trabalhar com outra pessoa.

Meia hora depois de ter me despedido de Chandler, fui chamado de volta ao escritório a fim de conhecer seu substituto — um corpulento labrador amarelo, com mais de 32 quilos, chamado Anderson. Ele pareceu tão excitado em me conhecer quanto Chandler, e era um lambedor ainda mais entusiástico, do tipo que lamberia seu rosto até consumi-lo como um sorvete caso lhe fosse permitido fazer isso. Ele tinha vindo diretamente dos canis, por isso a primeira coisa que fiz foi levá-lo até a área dos banhos para lavá-lo. Aquele deveria ter sido um momento especial, para que estabelecêssemos um vínculo, mas tenho de ser honesto: não senti a mesma conexão instantânea que tinha sentido com Chandler. Para mim, era difícil me apaixonar por um novo cão quando eu ainda mal havia lamentado a perda do anterior. Em vez de um amor surgido de forma espontânea, eu aprendi a amar Anderson com o tempo.

Ambos eram diferentes de muitas maneiras, tendo cada um deles seus pontos fortes e fracos. Chandler era fantástico ao obedecer os comandos de "achar". Se tivesse estado em determinado lugar por uma ou duas vezes, eu poderia dizer, por exemplo, "Chandler, ache um banheiro", e ele me conduziria por um corredor até os sanitários masculinos, direto até um compartimento desocupado. Com Anderson, era mais provável ele me levar, no banheiro masculino, até um dos urinóis em plena utilização. Por outro lado, se Chandler era como uma *pickup* esportiva, com tração nas quatro rodas, Anderson era uma Ferrari. O primeiro passeio que dei em sua companhia foi algo como *Vrr-ruuuummm*. Eu, praticamente, tive de segurar meu chapéu. Ele adorava esse trabalho e estava ansioso para trabalhar comigo.

Ele também era excelente em testes de distração. Ele simplesmente ignorava um gato à solta e outros anarquistas do reino animal, colocados de propósito em seu caminho para o treinamento. Ele se mantinha calmo em meio a um caos de patos e parecia nem sequer notar a presença de um esquilo irritante. Ele até mesmo mantinha a cabeça erguida ao passar por uma trilha de fatias de presunto defumado, que os treinadores haviam montado para fazê-lo se distrair.

Os treinadores conhecem todos os truques usados para ensinar os estudantes a confiarem em seus cães, como assumir o volante de um carro e fazer de conta que está prestes a nos atropelar. Em uma das sessões, eles vieram para cima de nós de cinco maneiras diferentes, por exemplo passando por um sinal vermelho e também dando marcha a ré a fim de estacionar diante de uma casa. E outras situações muito divertidas. Cães não andam para trás naturalmente, mas cães-guia são capazes de fazer isso. Ou, senão, aceleram com tudo e nos puxam a toda velocidade para longe do dano que poderia ser causado. Anderson saiu-se muito bem em todas as situações.

Ao fim das minhas quatro semanas, a voluntária que o havia criado desde filhotinho, Angela Schwab, veio do Colorado, com seu noivo e seu irmão, assistir à nossa "formatura". É um motivo de orgulho para os criadores verem seus cãezinhos serem graduados como cães-guia, até porque poucos conseguem isso. Os que não conseguem qualificar-se precisam "mudar de carreira": tornam-se cães especializados em serviços de busca e resgate, atuam em terapias com animais de estimação ou apenas voltam a viver com as pessoas que os criaram. Angela contou-me histórias da época em que Anderson era apenas um cãozinho barulhento e desordeiro e me deu um álbum de fotografias de sua infância canina, além de levar para ele seu brinquedo favorito quando filhote: um anel de morder, o qual ele adorava atirar para o alto e, ocasionalmente, fazer com que se encaixasse em seu pescoço. Após ter cuidado dele por um ano, colocá-lo em uma caixa de transporte e enviá-lo à escola de treinamento de cães-guia havia sido uma experiência agridoce. Ela se preocupava quanto a quem iria ficar com ele, mas sentiu-se aliviada ao saber que ele frequentaria uma escola e, depois, acabaria trabalhando comigo, com quem iria percorrer trilhas, acampar e pescar.

Depois da "formatura" ela nos levou para jantar no Olive Garden, onde Anderson portou-se como um autêntico cavalheiro: ele permaneceu quieto o tempo todo, debaixo de nossa mesa. No final da noite, dissemos adeus e voltamos para a escola. Angela e eu nos abraçamos, e ela se agachou para abraçar Anderson pela última vez. Quando viramos para percorrer o longo corredor que levava até meu quarto, pude senti-la parada nos olhando partir.

Levar Anderson para casa mudou a dinâmica da família. Amber é uma dessas mulheres que se sente impelida a se encarregar de tudo e, em certo sentido, sentiu-se deslocada. Quando não usava a bengala, eu me dependurava nos braços dela, como meu meio mais básico de locomoção. Agora seríamos Anderson e eu. Quando ela caminhava em nossa companhia, a menos que estivéssemos em amplo espaço aberto, tinha de ir sempre atrás de nós, pois, de outra maneira, ele iria procurar abrir espaço suficiente para que caminhássemos, os três, lado a lado. Como Amber se distrai com facilidade, às vezes ela me fazia caminhar de encontro às coisas, como embalagens empilhadas em pirâmides nos supermercados. Anderson, eu lhe disse, não faria uma coisa dessas.

— Ótimo — ela respondeu. — Durma com Anderson, então.

Assim, ter um cão-guia demandou certa adaptação. Então, fiz uma série de coisas. Na ausência de uma calçada — o que é comum em muitas partes de Anchorage —, eu teria de caminhar do lado esquerdo, mesmo que estivesse apenas dando um passeio pela vizinhança, porque em situações assim Anderson era treinado a caminhar encarando o tráfego. Eu não pegava o atalho pelo beco nos fundos do quintal para ir à casa de meu vizinho; em vez disso, eu precisava agir de maneira robótica, virando em um ângulo de 90 graus e caminhando em linha reta pela rua.

Esses ajustes foram igualmente difíceis para Anderson. Na escola de treinamento havíamos sido apenas nós dois. Ao trazê-lo para casa, ele pareceu um tanto chocado ao descobrir que eu vinha com um pacote, acompanhado de mais um ser humano e outros dois cães. Nós o apresentamos aos outros lenta e cuidadosamente. Eles trocaram algumas focinhadas e inspecionaram-se de forma mútua nas partes posteriores. Depois de terem trocado informações e tudo parecer bem, Amber foi ao mercado.

A atenção que Anderson me dispensava deve ter irritado Hobbit, pois, assim que fiquei sozinho com eles em casa, ouvi um terrível ganido a meus pés. Hobbit havia saltado sobre Anderson na varanda e lhe estava aplicando uma surra brutal — só para o caso de ele ter alguma dúvida sobre quem mandava ali. Brigas de cães sempre soam muito pior do que de fato são, mas, naquele caso, cheguei a pensar que Anderson estivesse sendo esfolado vivo. Tenho absoluta certeza de que ele nunca tinha se envolvido em uma briga antes, nem passara perto de uma. E não tenho dúvidas de que ele ficou assombrado ao descobrir que outro cão pudesse se comportar daquela maneira. Eu me agachei, agarrei Hobbit por seu pescoço ordinário, puxei-o para longe de Anderson e o conduzi para dentro de casa. Anderson aproveitou a oportunidade e fugiu dali, em disparada.

Eu sabia que ele estava em algum lugar no quintal dos fundos, que era cercado, mas não sabia onde precisamente, e ele não me atendeu quando foi chamado. Tive de esperar Amber voltar para casa. Ela o encontrou no fundo do quintal, todo encolhido em um canto, encostado contra a cerca, sentado com a cabeça caída, olhando fixamente para a casa. Eu me senti mal por isso.

Gostaria de poder dizer que eles se entenderam desde então, mas isso não aconteceu. Anderson apenas aprendeu a evitar o pavio curto de Hobbit, assim como evitaria um carro que viesse em sua direção ou outro perigo potencial. Os dois não são amigos, mas aprenderam a tolerar um ao outro.

Anderson pode até pisar mansinho perto de Hobbit, mas ele é destemido ao enfrentar o trânsito na cidade e vale ouro na hora de atravessar ruas. Ele também é muito bom para antecipar coisas — embora se mostre um tanto frustrado, quase entrando em pânico, quando não consegue fazer isso direito. Em um ambiente com o qual não esteja familiarizado, se não consegue antecipar o que eu quero, começa a mostrar as opções. Ele me leva ao pé de uma escada rolante, por exemplo: "É isto que você está procurando? Não?". Então ele me leva para a frente de uma porta aberta: "Que tal isto?". Se eu não posso satisfazê-lo, ele me deixa saber disso por meio de uma inconfundível expressão corporal: "Tudo bem, isto já está ficando chato. Aonde diabos você quer ir? Não, eu não vou deixar você caminhar direto para uma parede a fim de chegar aonde quer ir. Não, eu não vejo para quê."

Cafeterias e restaurantes cheios de gente, com passagens labirínticas entre mesas e cadeiras, são um problema. Anderson é treinado a passar por onde haja espaço suficiente para que nós dois caminhemos lado a lado, por isso ele não permite que eu ande de lado no intuito de passar entre duas mesas. Se ele não consegue ver uma saída, simplesmente para. Eu lhe digo "avante", e ele me diz "não". Contudo, eu continuo precisando passar e seguir em frente. No momento em que ele telefonaria para um número de emergência, se pudesse, eu largo a coleira, e ele cede instantaneamente. Então vou tateando, abrindo meu caminho em meio ao congestionamento, esperando não tocar de modo inadvertido a cabeça ou as partes íntimas de alguém, e logo sou eu quem assume o comando: o sujeito cego conduzindo seu cão-guia.

Uma renovação no poder do reforço positivo aconteceu uma vez em que estávamos no *campus*, tentando encontrar nosso caminho de um prédio a outro, quando chegamos a uma intersecção de calçadas. Isso já é bem desafiador nas melhores circunstâncias, mas estávamos sob a primeira grande nevasca daquele ano. A neve, que ainda se precipitava, não havia sido retirada do caminho, deixando o *campus* encoberto por um manto de confusão. Fiquei desorientado e comecei a procurar alguma maneira de me localizar. "Anderson, ache um caminho", ordenei. "Encontre alguma coisa que me seja familiar", era o que eu tinha em mente. Ele me levou até a frente de uma porta, mas eu não a reconheci. Ele me levou até outra porta, mas não reconheci aquela também. Ele me conduziu até parar entre alguns postes, por onde outras pessoas deviam ter passado fazia pouco tempo, mas aquele não me pareceu ser o certo. Então ele "jogou a toalha". Estávamos perdidos. Estávamos ali, parados, sob a neve, expostos ao frio. O modo como a neve abafa os sons me impedia de ouvir qualquer coisa ou alguém. Senti-me frustrado e perdi a calma.

— Droga, Anderson! Precisamos ir a algum lugar, não me importa aonde. Apenas, *vamos!*

Senti sua cabeça se abaixar. Esse é o tipo de cão que floresce ao fazer um bom trabalho, e eu havia intimidado seu espírito até quase expulsá-lo de seu corpo. Imediatamente, senti remorsos. Agachei-me e acariciei seu corpo, mas já era um tanto tarde para isso. Cinco minutos se passaram, então dez. Enfim, ouvi passos sobre a neve.

— Ei, você! Desculpe-me incomodá-lo, mas estamos um tanto desorientados. Você se importaria em me dizer como chegar ao prédio da BMH a partir daqui?

Momentos depois, entramos na classe — vinte minutos atrasados para a aula.

Eu me sentia péssimo por ter perdido a paciência com Anderson e estava determinado a compensá-lo. Levei-o de volta ao *campus*, no dia seguinte, com o bolso cheio de agradinhos, com o intuito de fazê-lo praticar naquele percurso, de modo que ele fosse bem-sucedido e que a tarefa fosse divertida para ele. Assim, sua confiança seria reconstruída. A cada vez que ele fazia algo certo, eu o cobria de elogios e afagos. "Anderson, pare", eu dizia. "Anderson, está tudo bem." Essa era a deixa para ele saber que podia parar de ser um cão-guia, por alguns instantes, e que comemorar era legal. Eu coçava suas orelhas e dava tapinhas em seu corpo. Eu o elogiava tanto que logo ele começava a dançar, e eu dançava com ele. Pareceu que Anderson entendeu que aquela era minha maneira de lhe pedir desculpas. Eu era um sujeito cordial, orgulhoso do trabalho que ele fazia e disposto a perdoar suas falhas.

Eu sei que sempre precisarei contornar alguns problemas com Anderson, os quais eu não teria se usasse uma bengala. Ele é um cão e, por isso mesmo, tem suas idiossincrasias. Como recusar-se a satisfazer suas necessidades fisiológicas em qualquer tipo de superfície artificial — e isso é um problema quando viajamos. Certa vez, em Los Angeles, precisei sair do hotel e caminhar vários quarteirões para encontrar um lugar em que ele pudesse se aliviar. Ouvi uns garotos conversarem em uma esquina e caminhei até eles.

— Ei, caras, você sabem onde eu encontro alguma grama?*

— Hãã... Tudo bem, cara, sem problemas. Nós podemos arranjar para você.

Pausa.

— Bem, quero dizer... É para o meu cachorro aqui. Ele precisa mesmo se aliviar.

Silêncio.

— Não, cara... Por aqui? Não... Não sabemos de nenhuma grama por aqui.

Com um cão-guia, é importante ter senso de humor. Quero dizer, o que se pode fazer além de rir quando você descobre que — como aconteceu com um conhecido meu — esteve passeando, em público, com um cão que está com o sutiã de sua namorada enrolado no pescoço?

Há uma velha piada que circula entre quem lida com cães-guia, baseada em uma situação que se repete o tempo todo. As pessoas perguntam:

— Este é um cão cego?

— Na verdade, ele enxerga muito bem. Eu é que sou cego.

Anderson é minha visão, meu companheiro, meu protetor e meu manto de segurança. Como uma pessoa cega, eu sinto um bocado de constrangimento e de ansiedade em situações sociais. A menos que alguém fale comigo, eu me sinto muito solitário fora de casa — sobretudo em recintos cheios de gente. É difícil iniciar uma conversa quando não há contato visual ou, pelo menos, um balanço de aquiescência com a cabeça. Com Anderson a meu lado, sempre tenho um amigo. Quando me sinto sozinho, mesmo cercado por pessoas, sem-

---

* A palavra *grass*, em inglês, além de significar "grama", "capim", também é empregada como gíria para designar "erva" ou "maconha". [N. do T.]

pre posso curvar-me e afagá-lo. Além disso, a própria presença de Anderson faz com que as pessoas iniciem conversas comigo.

— Belo cão. Eu também tenho um labrador em casa. Qual é o nome dele?

Há uma grande diferença entre um homem cego com uma bengala e um homem cego com um cão. Quando as pessoas veem um cego com uma bengala, tateando a lateral de um prédio, logo pressupõem que ele precise de ajuda. Quando uso uma bengala, estranhos agarram meus braços o tempo todo e tentam me levar a algum lugar, como se eles fossem carregadores e eu o carrinho de bagagens. Com Anderson, isso nunca acontece. Ele me leva direto a uma porta ou desce comigo por uma calçada, sem deixar-me trombar com placas de anúncios, parquímetros ou vasos de flores. As pessoas não me veem mais como um cego com uma bengala que precisa de ajuda, elas me veem como um cego com um cão que se vira muito bem.

Meu cão-guia, Anderson, e eu, 2012.

Um belo dia de pescaria de salmões-rei, com Jeremy "Jaha" Anderson e meu irmão, Brian Bigley, 2011.

Com Alden no Lago Tahoe, 2008.

Na praia com Acacia, próximo da casa de meus pais, em Carmel, Califórnia, 2010.

CAPÍTULO 22

Pai de família no escuro

Dizem que ver a noiva no dia do casamento, antes de ela chegar ao altar, atrai má sorte. Se isso for verdade, parece lógico supor que *nunca* poder ver a noiva atrairá a melhor sorte que alguém possa desejar. Além disso, ter de apelar às mãos para "ver" a mulher que se ama em um vestido acetinado colado à pele não é algo tão ruim assim.

    Amber e eu escolhemos o dia 7 de julho para nosso casamento. O local da cerimônia era óbvio, Arboleda, que fora não apenas o centro de minha jornada de cura, mas também o lugar onde voltamos a nos apaixonar, por telefone. Na semana anterior à cerimônia, familiares e amigos começaram a chegar, viajando do Alasca até a Flórida, além de muitos outros pontos entre esses extremos, para celebrarem conosco o que apenas três anos antes ninguém teria achado possível — muito menos eu. Cloey, o cão de guarda de Arboleda, anunciava cada chegada assim que ouvia o cascalho ser pressionado por pneus no alto da estradinha que levava à propriedade. Então ele corria para investigar, e os cães da vizinhança lhe davam cobertura. Para muitos de meu círculo de amizades, aquela era a primeira vez que nos víamos desde nossos dias em Prescott, onde eu era conhecido como "Cedro", o rapaz com uma natureza cronicamente sorridente, que não tinha uma só célula de preocupação no corpo todo. Naquela época eu preferiria assistir ao pôr do sol do que a um filme qualquer e me disporia a dormir na cabine de minha caminhonete no estacionamento de uma área de esqui apenas para ser o primeiro a deslizar sobre a neve fresca pulverizada pela noite. Após os cumprimentos, os que não haviam estado comigo desde o incidente com o urso permaneciam em minha companhia por mais tempo que os outros.

Com o afluxo crescente de convivas, começamos a treinar para o grande dia com afinco, iniciando as manhãs com *bloody marys* e terminando as noites com festins e sessões improvisadas de música perto de um poço de pedras no qual era assado o churrasco. Ainda sorrio ao me recordar de minha festa de despedida de solteiro, a bordo de uma monstruosa limusine Hummer na estrada de Arboleda até San Francisco — com paradas no Pier 23, para um *happy hour*, e no Blowfish, para um jantar de *sushi*. A festa terminou oito horas depois, com meu terno de linho branco completamente amarrotado, comigo dependurado nos ombros de Chris Van Ness, com um de meus amigos sendo regurgitado pela limusine vestindo o paletó de alguém e outro dando pela falta de seus sapatos.

No dia anterior ao casamento, uma empresa de aluguel de equipamentos para festas descarregou mesas, cadeiras e outros utensílios, bem como as partes de uma pista de dança desmontável e de um palco. Havíamos contratado um septeto, chamado Vinyl, para se encarregar da música durante a recepção. Lee e Christy Hagmeier, que dirigiram de sua nova casa em Lacy, Washington, até lá, chegaram naquela tarde. Embora tivéssemos trocado e-mails e falado por telefone uma porção de vezes, aquela era a primeira vez que Lee e eu nos encontrávamos pessoalmente, desde o período em que eu ainda tentava limpar de minha mente as teias de aranha do coma.

— Olá, Dan. É Christy — sua esposa se adiantou para me dar um abraço. — É muito bom conhecer você, afinal.

Então, com a mão por trás do braço de Lee, ela o guiou gentilmente para a frente, nos ajudando a nos encontrar. Procurei a mão dele, apertei-a, puxei-o para mim e lancei um braço sobre o ombro dele, dando-lhe um meio abraço com tapinhas nas costas — um abraço um tanto constrangido, porque avaliamos mal a estatura um do outro: ele com pouco mais de 1,70 m de altura, e eu com pouco mais de 1,90 m. Além de ser mais baixo do que eu imaginava, ele também era mais magro, ainda que isso não fosse propriamente uma surpresa, pois, aos 64 anos de idade, ele era um dedicado praticante de caminhadas e corridas. Estar ali, cara a cara, com a única pessoa que sabia exatamente pelo que eu havia passado foi como poder ver, em um *flash*, quão longe eu havia chegado desde o dia em que havíamos nos conhecido, momento no qual eu me sentia tão fraco que só consegui erguer um polegar em sinal de aprovação.

"Ainda há muitos motivos pelos quais a vida vale a pena ser vivida" — ele havia me dito no hospital. "Neste exato momento pode não parecer, mas você ainda tem um bocado de coisas pelas quais esperar."

E ali estava eu, menos de três anos depois, na véspera do meu casamento, para provar que ele estava certo.

Na manhã seguinte, todo o lugar zumbia com os preparativos. O pessoal da comida chegou e tomou conta da cozinha. O bar foi montado, e o vinho foi entregue. Barris de cerveja foram lançados em tinas cheias de gelo. Amigos e familiares ajudaram a organizar a área para a recepção, que aconteceria sob uma cobertura de copas de carvalhos e velhíssimos sicômoros. Cadeiras e mesas foram espalhadas. As mesas foram decoradas com toalhas de linho e arranjos no centro. Com o auxílio de uma escada de mão, um eletricista estendeu fios com lâmpadas pelas copas das árvores e pelo caminho que percorreríamos, enquanto meu amigo Kevin Gregory, que cuida do som no palco durante as apresentações ao vivo da Yonder Mountain String Band, instalou e deixou preparado o sistema de som para a festa. O homem que logo se tornaria meu sogro evocou uma antiga e festiva tradição matrimonial eslovena ao distribuir charutos e cantar polcas, e seguiu assim até bem depois de a banda ter dado a noite por encerrada.

Amber e eu havíamos armado acampamento no dormitório principal, no piso superior, mas nos preparávamos em quartos separados, acompanhados por nossas respectivas comitivas, que incluíam nossos melhores amigos Jay McCollum, como padrinho, e Bekkie Volino Robinson — que passou a se chamar assim ao se casar com um dos integrantes dos Photonz —, como dama de honra. Concordei, sem maiores problemas, com um terno escuro e fui obrigado a concordar com sapatos, após perder a batalha das vontades para Amber, a rainha dos sapatos. Então, nada de sandálias de dedo para mim.

No meio da tarde, Amber e eu nos encontramos no Jardim Secreto, um gramado cor de jade, com videiras, árvores frutíferas e arbustos de lavanda ao fundo, que emprestavam uma tonalidade purpúrea ao lugar. Blair Carter, meu amigo da Prescott e mentor espiritual, presidiu nossa cerimônia particular, assim como havia feito na visão que eu tive no rio Russian, com as pessoas a quem eu mais amava me envolvendo em um círculo a partir do momento em que tomei a decisão de continuar a viver. Foi lá, no "lugar azul", que me dei conta de que nós jamais estamos sozinhos e que quem nos ama é onipresente em alguma dimensão alternativa, ou como quer que se queira chamar a isso. Eles estiveram comigo à soleira da morte. Eles me guiaram de volta. Blair e Martha McCord, sua namorada desde os tempos da faculdade, também estavam, como espíritos guardiães, no circo psicodélico do meu coma induzido por drogas. Ficar com Amber diante daqueles dois sobre um gramado cheio de familiares e amigos fez com que eu me sentisse levado pelo mesmo turbilhão de amor que manteve meu coração pulsando na noite do urso.

Enquanto Blair e Martha enchiam a atmosfera com os tons harmoniosos de tigelas cantantes do Tibete e Jamie Berggren, meu ex-companheiro de quarto, tocava um *didgeridoo*, instrumento de sopro aborígene, da Austrália, Amber e eu trocávamos juras secretas. Compartilhamos aquele momento apenas entre nós dois, expressando o amor que sentíamos um pelo outro, segurando as mãos um do outro e nos aproximando para sussurrarmos ao ouvido palavras que só tinham significado para nós.

Sempre houve algo familiar em você, Amber, como se nos conhecêssemos desde sempre, como se tivéssemos nos amado em outra vida e estivéssemos predestinados a nos encontrar novamente nesta. Eu te adoro e te louvo e farei tudo que puder para criar a melhor vida possível para você, para nós e para a família que, espero, venhamos a construir. Eu serei, para sempre, fiel a seus melhores interesses e apoiarei você na jornada de sua vida. Ninguém sabe melhor que nós quão incerta a vida pode ser, mas há uma coisa sobre a qual tenho certeza: vou amar você amanhã mais do que amo hoje. Eu te amo, Amber Takavitz, te amo com cada célula do meu corpo.

Dois meses após o casamento, eu estava recostado na cama, com minha xícara de café matinal nas mãos, quando ouvi Amber me chamar, do banheiro:

— Hããã... Querido?

Nós não nos desviaríamos de nosso caminho por uma gravidez. Nós não nos desviaríamos de nosso caminho no intuito de evitar uma gravidez. Já havíamos discutido muito sobre nossas esperanças de termos filhos algum dia, mas, nessa proposição, "algum dia" era a expressão-chave. Só porque queríamos que isso acontecesse não significava que isso, de fato, iria acontecer. Tínhamos vários amigos que haviam tentado, muitas e muitas vezes, sem sucesso, por isso não esperávamos que as coisas fossem diferentes conosco. Nós estávamos tão convencidos de que "algum dia" ainda demoraria muito para chegar que estocávamos testes de gravidez, do tipo que é vendido livremente em farmácias.

Amber se preparava para o trabalho naquela manhã, quando, sentindo-se um tanto enjoada, resolveu experimentar um dos testes. Deixou o teste na pia, abriu a torneira, lavou as mãos e, ao dar uma olhada casual para ele, arregalou os olhos, incrédula, diante do sinal positivo que o teste mostrava. Ela piscou os olhos com força e apanhou o objeto a fim de inspecioná-lo mais de perto. Instantaneamente sentiu a cabeça girar.

— Você não vai acreditar nisto — ela me disse pondo a cabeça para fora da porta do banheiro. — Esta coisa diz que eu estou grávida!

De súbito, aprumei o corpo na cama, quase derramando o café no colo.

— O quê?! Você está falando sério? Tem certeza?

— Tenho absoluta certeza. Este é um sinal positivo, não negativo. Isso significa que estamos grávidos!

— Nós vamos ter um bebê? Nós? Você e eu? Um bebê! Cacetada!

Ficamos ao mesmo tempo muito excitados e apavorados, como paraquedista de primeira viagem deve se sentir ao dar o último passo para fora do avião e lançar-se em pleno ar. Levantei as cobertas, e Amber voltou para a cama, no intuito de ficar ao meu lado. Nós nos abraçamos e tentamos imaginar como nossa vida seria com cadeirinhas e carrinhos de bebê. Cerca de uma hora mais tarde, Amber já tinha saído para trabalhar, e o telefone tocou.

— Você consegue acreditar que eu esteja grávida? Eu. Grávida.

— Não, não consigo, mas isso é fantástico. Eu não poderia estar mais feliz.

A gravidez de Amber veio tão pouco tempo depois do casamento que nossas famílias puseram-se a fazer cálculos. Tanto os pais dela quanto os meus preocupavam-se com a possibilidade de eu vir a ser pai. Tipo, como é que um pai "sem olhos" poderá ficar de olho em seus filhos? E como é que um pai cego pode evitar empurrar os filhos escada abaixo por um descuido? (Este, como se revelou, era um bom motivo para preocupações. Infelizmente, ouvi o característico som de *tum-tum-tum* uma ou duas vezes.) Ambas as famílias sabiam que iríamos enfrentar grandes desafios — sobretudo Amber, que teria de suportar uma carga mais pesada do que deveria. Apesar disso, todos se sentiram entusiasmados e felizes por nós.

Amber e eu frequentamos, juntos, aulas sobre cuidados pré-natais e partos. Nós lemos uma pilha de livros sobre o nascimento de crianças e pais de primeira viagem. Amber e eu praticamos exercícios físicos para gestantes, fizemos yoga pré-natal, massagem e quiropraxia. Ela bebeu chá de folhas de framboesa em quantidade suficiente para permitir a flutuação de um barco. Quando soubemos que nosso bebê era um menino, demos a ele o nome Alden, que significa "velho amigo". Todas as noites, antes de dormir, eu me enfiava por baixo das cobertas e me encolhia até poder falar junto ao umbigo de Amber.

"Espero que você deixe sua mamãe dormir esta noite, Alden. Nada de jogar futebol aí dentro. Até amanhã pela manhã, está bem, amigão? Mal posso esperar para conhecer você. Boa noite, Alden. Eu te amo."

Amber, uma dessas mulheres que rebrilham e se regozijam com cada aspecto da experiência, havia decidido dar à luz em casa, com o auxílio de uma parteira, além de auto-hipnose e orientação imagética para o controle da dor. Cerca de uma semana antes do prazo previsto para Alden nascer, estávamos sentados à mesa de jantar da casa de Bekkie e Ben Robinson, quando Amber se levantou de modo súbito e desapareceu banheiro adentro. Esperamos um bocado por ela. Comi uma garfada de salada e, depois, fiquei brincando com o garfo. Então comi outra garfada.

— Ei, Amber. Está tudo bem, aí?

— Ahh... Bekkie, você pode vir aqui um minutinho?

Bekkie afastou sua cadeira, levantou-se e foi ao banheiro.

— Eu sinto muito mesmo, mas fiz uma grande bagunça aqui.

— Ah, meu Deus, Amber! Sua bolsa se rompeu!

— Eu fiz uma bagunça. O que posso usar para limpar tudo?

— Sobre o que você está falando? Não se preocupe com isso. Você vai ter um bebê!

Ao ouvir essa conversa da mesa de jantar, larguei o garfo e ri alto, não só porque era típico de Amber não querer ser inconveniente, mas porque dali a poucas horas poderíamos segurar nosso filho nos braços. Amber ainda não sentia as contrações, então ela limpou tudo e voltou à mesa, transformando o jantar em uma celebração. Nós comemos tudo que pudemos, pois não sabíamos quando conseguiríamos comer novamente. Depois telefonamos para Laura Gore, nossa parteira.

— Seria melhor vocês irem para casa e tentarem descansar um pouco — ela nos aconselhou. — Vocês precisarão estar bem descansados quando o momento chegar.

Ao chegar em casa, estávamos excitados demais para dormir. Em vez disso, tentamos várias técnicas de indução do parto — incluindo fazer com que Amber subisse e descesse a escada, desse uma volta pelo quarteirão e, depois, tornasse a subir e descer a escada mais algumas vezes. Por horas a fio, tentamos tudo o que havíamos aprendido com os livros — e sem eles também —, na tentativa de convencer Alden a se movimentar, a fim de que nascesse em casa. Mas não era para ser assim. Vinte e quatro horas depois do rompimento da bolsa, não tivemos outra escolha a não ser irmos ao hospital, pois havia risco de infecção. Amber estava em prantos. Depois de se decidir inflexivelmente por um parto natural e caseiro, ela teria de passar pela experiência da maternidade de maneira diferente da pretendida.

— Eu me sinto um fracasso — ela soluçou.

— Ah, Amber, não. Por favor, não pense assim — eu lhe disse, massageando suas costas. — Essa é a última coisa que você poderia ser. Isso apenas não estava nas cartas, e é tudo.

No hospital, após oito horas de oxitocina por via intravenosa, Amber se contorcia com as contrações uterinas, mas Alden ainda se recusava a sair de onde se escondia. De repente, o número de pessoas que a atendiam passou de uma para três, e logo para o que me pareceu uma multidão, todos falando em jargão médico, com vozes cujos tons denunciavam grande tensão.

— Dan, precisamos pedir para você se afastar um pouco.

Amber e eu estávamos de mãos dadas, e ela apertou tanto minha mão durante as contrações que eu a sentia doer. Deixei que o pessoal fizesse seu trabalho e me afastei com alguns passos.

— Vai ficar tudo bem, querida — eu lhe assegurei. — Você está em boas mãos.

— Bem, eis o que está acontecendo — explicou o médico. — As contrações de Amber estão se tornando mais fortes, mas o bebê não sai de sua posição. As contrações o estão espremendo, e seus batimentos cardíacos caíram a um nível muito baixo, de modo que achamos melhor interferir e retirá-lo de lá.

Mantive meu pânico sob "panos quentes", eu tinha um bocado de prática. Afastei-me um pouco mais e permaneci a um canto, enquanto todo o pessoal no recinto se agitou. Eu ouvi o farfalhar de lençóis sendo estendidos e o estalido de luvas de látex sendo colocadas. E ouvi Amber soluçar. Alguém trouxe papéis para ela assinar, autorizando a realização de uma cesariana. Puxei minha barba com força e mordi meu lábio inferior.

Na sala de cirurgia, desinfetado e vestido com um avental, uma touca e proteções para os sapatos, tudo de papel, pude ficar ao lado de Amber e segurar sua mão entre as minhas. Sentada na mesa de operações, ela gemeu quando a agulha da injeção de anestesia peridural atingiu sua espinha. Uma enfermeira a ajudou a se deitar de costas. Com uma máscara de oxigênio no rosto, ela não podia falar. Então arrancou a máscara, virou a cabeça para o lado e vomitou.

— Aguente firme, Amber. Estamos quase lá.

A próxima coisa que ouvi foi um potente choro. *Nosso filho!* No instante em que ouvi Amber chorar também, minha garganta pareceu inchar, e eu não consegui dizer nada.

— Ele é lindo. Um verdadeiro campeão, papai — ouvi alguém dizer. — Dez dedinhos nas mãos, dez dedinhos nos pés e tão rosado quanto só ele pode ser. Ele é perfeito.

Uma enfermeira pegou Alden das mãos do médico, o limpou e o envolveu em um cobertor. Então ouvi o ruído das solas macias de seus sapatos vindo na minha direção. Estendi os braços, pensando: *"Você vai mesmo me dar isso? Mas... é um bebê! Eu não sei o que fazer com um bebê!"* Quando senti o peso e o calor do corpinho dele em meus braços, comecei a chorar.

— Ei! Olá, garotinho... — falei, quase sussurrando, enquanto o embalava delicadamente. — Olá, Alden. Nós estamos muito felizes em conhecer você. É ótimo que você esteja aqui afinal. A mamãe e o papai te amam muito.

Amber havia sido levada a um quarto, em uma cadeira de rodas, para recuperar-se. Segurei Alden até o momento de ele ser levado ao berçário, a fim de receber sua injeção de vitamina K e cumprir a rotina-padrão de todos os recém-nascidos. Nossa parteira, que havia permanecido conosco durante todo o parto, ofereceu-me seu cotovelo. Eu me apoiei nele, e ela me guiou de volta ao meu filho. Enquanto passávamos pelas portas do berçário, ouvi alguém cantar, e minha garganta travou novamente.

"Parabéns a você, nesta data querida, parabéns para o Alden, muitos anos de vida..."*

Nossa parteira guiou-me até uma cadeira de balanço. Quando me instalei, ela retirou Alden delicadamente de sob as luzes de aquecimento, envolveu-o em um cobertor e o trouxe a mim. Eu tirei minha camisa, desembrulhei Alden de seu cobertor e segurei o pequenino corpo perfeito do meu filho contra o meu, marcado por muitas cicatrizes.

Quando concluí meu programa de mestrado, Amber estava no sétimo mês de gestação do nosso segundo bebê, nossa filha Acacia, cujo nome foi tomado de empréstimo às árvores entre as quais Amber tinha vivido na África. Eu já havia passado por dois períodos de residência: um com a Comunidade para a Saúde Mental de Anchorage e outro com meu antigo empregador pré-urso, os Serviços Infantis do Alasca. Entrei para a disputa no mercado de trabalho com transcrições que haviam conquistado uma série de notas "A" e uma reluzente carta de recomendação da Dra. Elizabeth Sirles, diretora da Escola de Serviços Sociais da UAA:

"Não é exagero dizer que Dan é o melhor aluno com o qual já trabalhei em meus catorze anos de atividade na UAA. Ele possui excelentes habilida-

---

* A letra original desta famosa canção popular limita-se a repetir o verso *"happy birthday to you"*, mas *birthday*, em inglês, além de "aniversário", significa "dia do nascimento". [N. do T.]

des de comunicação e para relacionamentos interpessoais, um comportamento absolutamente profissional, uma mente inquisitiva e noções sólidas das teorias e da base de conhecimento clínico para o desempenho de serviços sociais. Ele emergiu como um líder entre seus pares e é igualmente respeitado pelos corpos discente e docente da faculdade."

Assim, no papel, eu parecia ser bastante bom. Mas os potenciais empregadores queriam saber como eu realizava, de fato, o trabalho, mesmo tendo Anderson como meus olhos, pois nenhum deles dispunha de recursos ou tinha o desejo de desempenhar essa função para mim. Eu lhes assegurei que me acomodar em seu quadro de funcionários não seria um problema e que eu levaria ao trabalho toda a mobilidade e o apoio técnico de que viesse a necessitar por meio da Divisão de Reabilitação Vocacional e do Centro para Cegos e Deficientes Visuais do Alasca. O pessoal dessas instituições tornaria tudo perfeitamente acessível para mim e me ajudaria a encontrar os caminhos pelo escritório, desde minha caixa de correspondência até a máquina copiadora e o forno de micro-ondas na cozinha. Meu técnico de computadores me orientaria em tudo que fosse necessário para eu lidar com a papelada e outras tarefas de maneira eficiente. Os que me consideraram como uma opção viável devem ter gostado do que ouviram, pois antes mesmo de eu apanhar meu diploma já havia recebido duas ofertas de emprego. Uma semana depois de caminhar pelo palco na cerimônia de minha graduação, iniciei minha nova carreira como clínico junto aos Serviços Familiares de Denali, trabalhando com alguns dos casos mais difíceis de garotos emocionalmente perturbados de todo o Estado.

Em casa, Alden fazia um trabalho brilhante ao me ensinar, na prática, as melhores maneiras de um pai cego lidar com os filhos, de modo que eu já conhecia uma porção de truques quando Acacia nasceu em julho. No entanto, a arte de trocar fraldas não era uma das habilidades que eu havia desenvolvido. Tentar fazer isso, às vezes, era como tentar embrulhar para presente, no escuro, um salmão recém-pescado. A fim de racionalizar meus fracassos nessa atividade, basta dizer que minhas tentativas em geral terminavam com a necessidade imperativa de um de nós, ou de ambos, tomar um banho de chuveiro.

Àquela altura, eu já havia desenvolvido uma tolerância à cacofonia e sobrevivido a inúmeros quase ataques cardíacos, o suficiente para saber que uma criança pode soar como se estivesse realizando um teste para um filme roteirizado por Stephen King sem que, necessariamente, tenha sido gravemente ferida com seriedade. Um dos piores episódios desse tipo ocorreu certo dia em que Amber não estava em casa. Eu dava um banho em Alden quando ele, de modo inesperado, pulou, escorregando de minhas mãos para a frente e batendo de cara na torneira. A princípio, houve um silêncio horripilante, mas apenas pelo tempo necessário para ele acumular energia e emitir um som semelhante ao do lançamento de um míssil. Então ele liberou toda a sua fúria, com força suficiente para propelir os pulmões para fora do peito.

— Ah, Alden, eu sinto muito, muito mesmo... Ah, meu Deus, você está bem, amiguinho? Ah, cara...

Tateei seu rosto com a ponta dos dedos, a fim de verificar se havia sangramento. Mas ele estava todo molhado, e não era possível saber se se tratava da água do banho ou de sangue. Eu o sequei, enxuguei seu rosto tão delicadamente quanto pude. Não havia sangue, nem qualquer concavidade anatômica. A pancada no rosto havia doído, mas não representava nenhuma ameaça à sua vida. Na verdade, não exigia sequer um curativo. Há alguma coisa em ser triturado até ficar bem perto da morte que traz consigo certa perspectiva em relação a esses incidentes da vida.

᎗

Ao completar dois anos de vida, Alden já tinha se dado conta de que havia algo diferente em mim. Na convenção da Federação Nacional de Cegos, em Dallas, ao compartilhar a hospedagem em um hotel com duas mil pessoas cegas e deficientes visuais, ele fazia as pessoas rirem ao caminhar de encontro a uma parede e, em seguida, rir histericamente, sem parar. Antes de completar três anos, ele já tinha aprendido — assim como os três cães que tínhamos em casa — que deveria sair do caminho ao me ver indo em sua direção. Ou, ao menos, avisar-me antes de eu me aproximar demais.

— Estou aqui, papai.

— Bom trabalho, Alden. Obrigado por me informar.

Ele sabia que minha maneira de ver as coisas se dava por meio das mãos.

— Papai, eu ganhei um carrinho muito bacana.

— Sério? Bacana? Posso vê-lo?

Então ele pegava o brinquedo e o depositava em minhas mãos.

— Uau! Este é um carro bacana mesmo! Veja só estes pneus... Fantástico. Não é à toa que você gosta tanto dele. De que cor ele é?

Alden também sabia que eu precisava de ajuda para encontrar as coisas.

— Ei, Alden, é hora de irmos andando. Onde estão seus sapatos?

— Aqui estão eles, papai — ele falava, levando-os até mim.

Nada disso me causava sofrimento, até ele começar a perguntar por que eu não podia ver.

— Como é que seus olhos não funcionam? Eles estão quebrados?

— É... Os olhos do papai estão quebrados. O papai não pode ver do mesmo jeito que as outras pessoas.

— Se usar seus óculos escuros você consegue ver?

— Não... Meus óculos escuros não me ajudam a ver.

— Pode ser que amanhã você consiga ver?

— Não. O papai nunca mais voltará a ver. Isso se chama ser cego. Feche seus olhos. Feche-os com força. Eles estão bem fechados?

— Sim.

— Você não está espiando, nem um pouquinho? Você cobriu seus olhos fechados com as mãos?

— Sim, papai. Eu juro.

— Então, é assim que as coisas são para mim. Eu não posso ver nada. Nadinha de nada. É como andar com os olhos fechados o tempo todo. O que você acha disso?

Eu quase podia ouvir uma expressão de preocupação tomar forma em seu semblante. E podia dizer que ele não tinha uma boa opinião a respeito de tudo isso. Certa noite, eu o colocava para dormir, deitado na cama sobre seu edredom decorado com desenhos de dinossauros, quando ele me disse o que queria ser quando crescesse.

— Eu vou ser um bombeiro bem grandão, assim vou poder ajudar você, porque você é cego — ele falou, pousando sua mão em minha bochecha. — Se tiver um incêndio, eu posso salvar você. Ou eu posso salvar você quando subir em uma árvore e não conseguir descer sozinho, porque eu vou ser um bombeiro bem grandão.

Eu tive de rir. Mas ele continuava a perguntar por que eu era cego, e logo minhas respostas não o satisfaziam mais. Ele queria saber o que havia acontecido comigo. Àquela altura, eu já havia estudado muito sobre como manter conversas difíceis com crianças, mas não sabia o que dizer ao meu próprio filho. Eu não queria inventar nenhuma história, como a da Fada dos Olhos que teria esquecido de trazer um par para mim, ou que eu tivesse perdido os meus em um jogo de pôquer. Então decidi ser tão honesto quanto possível, sem provocar-lhe pesadelos.

— Por que você é cego, papai?

— Bem, aconteceu assim. Eu estava pescando, um dia, quando vi uma mamãe ursa parda. Ela pensou que eu fosse perigoso e se assustou comigo. Ela pensou que eu pudesse machucar os filhotinhos dela. Eu não faria isso, mas ela pensou que eu pudesse fazer e, então, ela me bateu. Ela só estava protegendo seus filhotes. Do mesmo jeito que a mamãe protege você, aquela ursa tentou manter seus bebês protegidos também.

Alden ficou em silêncio por algum tempo.

— Quer dizer que a ursa machucou você porque ficou louca da vida, e foi assim que você ficou cego?

Ele havia chegado perto o bastante da verdade, e eu não quis dar-lhe mais detalhes do que o necessário.

— Humm... Isso mesmo. Uma ursa assustou-se comigo e me bateu. Foi assim que eu fiquei cego.

Como acredito que a honestidade é a melhor política — ainda que, neste caso, administrada em pequenas doses —, eu não poderia ter feito nada diferente. Mas o resultado foi que Alden passou a temer não apenas os monstros que se escondiam dentro dos armários, mas também os ursos que viviam nas matas. Às vezes, ele tinha medo de ir para a cama, à noite, preocupado com o que poderia estar se movendo furtivamente lá fora, diante da janela de seu quarto.

— Tem um urso lá fora, papai. E ele vai me bater bem nos olhos.

No verão em que ele completou três anos de idade, nós o acompanhamos a um treinamento de futebol. De repente, ele abandonou o time no meio de uma partida. Amber o viu atravessar o campo e dirigir-se até a cerca que havia ao redor da área. Ele apoiou a testa nos elos de uma corrente e pôs-se a perscrutar o bosque vizinho.

— Alden, o que você está fazendo, amiguinho? — ela lhe perguntou, aproximando-se. — Você não quer ir lá jogar?

— Não, eu não quero jogar. Estou à procura de ursos.

O mundo não é um lugar seguro. Não importa quão bom você seja para os outros, não importa todo o bem que você tente fazer na vida, coisas ruins às vezes acontecem. Às vezes, coisas verdadeiramente horríveis. Eu aprendi isso aos 25 anos de idade, e desejei que Alden não tivesse de aprender isso aos três.

Minha família: Amber, Acacia e Alden, 2011.

CAPÍTULO 23

Observando baleias às cegas

Tenha cuidado com o que você irriga seus sonhos. Irrigue-os com preocupações e medo e você produzirá ervas que farão expirar a vida de seus sonhos. Irrigue-os com otimismo e soluções e você cultivará o sucesso. Esteja sempre atento à procura de maneiras de transformar um problema em uma oportunidade para o sucesso. Esteja sempre atento à procura de maneiras para nutrir seus sonhos.

— Lao Tzu

Há momentos em que me esqueço que sou cego. Eu saio para esquiar com os garotos e logo me impulsiono fortemente com os bastões, com o sempre vigilante Anderson correndo atrás de mim, como um *border collie* que tenta reconduzir ao rebanho uma ovelha desgarrada. Às vezes saio correndo, exatamente como fiz com Jay nas encostas do rio Vermelho, mais cego pela inconsequência da juventude do que na realidade, quando quase nos lançamos por um despenhadeiro abaixo. Ou tomo a mão de Alden e disparamos, os dois, por um campo aberto, como uma dupla de garotos de 4 anos de idade. Em ocasiões como essas, sinto como se tivesse criado asas. Então a realidade põe seu horrível pé para fora e o estende diante de mim, fazendo-me tropeçar. Ao brincar com pistolas de água com Alden, certa vez, dei apenas três passos e bati em uma cadeira de jardim que estava no caminho. Foi o que bastou para terminar caído no chão, todo ensanguentado e ferido.

A cegueira é uma professora cruel e insensível, que usa a dor e o constrangimento como poderosos fatores de motivação. Mas eu não sou um estudante modelo no que diz respeito a isso. Eu ainda bato a cabeça ou dou de cara com coisas, produzindo estragos equivalentes a um murro de um sujeito de 180 quilos. Às vezes me machuco tão gravemente que tenho de voltar para a cama pelo resto do dia. Certa manhã, enquanto me enxugava após uma chuveirada, curvei-me para apanhar as roupas do chão e bati a testa contra a beirada da pia do banheiro, com tanta força que minha cabeça foi jogada para trás com tudo.

Por outro lado, conquistei faixa preta em paciência, por praticar muito o ato de esperar. Eu espero por caronas, espero que Amber encontre algo de que eu precise, espero que pessoas venham falar comigo em festas. Estou sempre esperando.

Coisas estranhas acontecem a quem espera por um tempo excessivamente longo. As pessoas acham que você não tem nada melhor para fazer além de ficar ali, sentado, esperando — e nada poderia estar mais longe da verdade. Certo dia de inverno, quando ainda estava na faculdade, eu esperava o término de uma reunião de conselho no intuito de pegar uma carona de volta ao *campus*. Não havia lugar para sentar ali, então me sentei no chão, no saguão do prédio, com as pernas cruzadas e o *laptop* no colo, ao lado de Anderson. Eu podia ouvir o som de portas abrindo e fechando e sentir lufadas de ar frio. Pessoas iam e vinham, e ouvi um homem sair do elevador falando ao celular. Seu monólogo foi se tornando mais alto e mais incômodo à medida que ele se aproximava de mim, até ele parar bem à minha frente. Eu ergui a cabeça. "Espere um momento", ele falou à pessoa na outra extremidade da linha. Então se curvou e enfiou uma cédula de cinco dólares na minha mão. "Aqui, pegue. Por que você não vai comprar um hambúrguer?" Ele retomou a conversa ao telefone e saiu porta afora. Fiquei ali, paralisado por um momento, com a cédula queimando a palma de minha mão.

Aquele sujeito me deu dinheiro? Eu sou cego, então ele acha que eu preciso de um hambúrguer?

— Isso é loucura — eu disse a Anderson. — Que tal ir lá fora e arrancar a perna daquele cara? — A cauda de Anderson começou a açoitar o chão. Enfiei a cédula no bolso e, mais tarde, repassei-a a um garoto da vizinhança que arrecadava dinheiro para custear uma viagem estudantil.

A cegueira não reestruturou apenas minha relação com o tempo, ela também reestruturou minha percepção do espaço e tudo que está contido nele. Eu vivo em um mundo de vozes incorpóreas e de pessoas sem rosto. Mesmo Amber, com quem interajo diariamente, é apenas uma presença, uma voz e uma energia que amo, em vez de uma mulher com pernas longas e uma silhueta curvilínea, com olhos azuis e um fetiche por sapatos. Tenho consciência de onde ela está em um ambiente, mas não preciso visualizá-la para sentir uma conexão. Eu guardo isso para ocasiões especiais, como quando ela usa sapatos de salto altos e aquele vestidinho preto dela, e põe um colar de pérolas no pescoço. Em ocasiões assim, com minhas mãos em seus quadris, eu posso vê-la nitidamente.

Eu vejo o rosto dela quando ela explode em uma gargalhada. Vejo seu rosto quando ela lê uma história ao lado da cama de nossos filhos na hora de dormir. Ao jogar uma pequena rede a fim de apanhar salmões vermelhos na foz do rio Kenai, eu vejo seu rosto toda vez que ela consegue pegar um e grita "Iú-u--huuu!". Rostos tendem a se apagar da memória com o tempo, mas desenvolvi uma técnica para recordar-me do dela. Para mim, Amber terá sempre 23 anos de idade.

Meu relacionamento com meu próprio rosto é conturbado. Nós nos distanciamos. Depois de todos esses anos, eu ainda tenho algumas zonas mortas, em termos neurológicos, e ainda sinto dores fantasmas em meus olhos não existentes. Às vezes, tenho a sensação de que há sangue escorrendo no lado direito de minha face, mas quando vou limpá-lo constato que não há nada ali. Nossos corpos são resilientes, mas eles também podem "guardar mágoas". Sinto falta de meu antigo eu, como se fosse um irmão gêmeo perdido, mas não vejo sentido em tentar me lembrar de um rosto que não existe mais. Quando inspeciono os danos com as pontas dos dedos, da ponte do nariz, feita de titânio, às bordas metálicas de minhas cavidades oculares e a colcha de retalhos que há sobre minha testa, o que sinto é distanciamento.

Marlene Buccione, uma das enfermeiras presentes na última cirurgia a que me submeti, é uma das poucas pessoas que sabe como meu rosto é por dentro. Ela me reconheceu — e minhas cicatrizes — à beira da piscina, certa noite, enquanto eu passava alguns dias em família na estação de esqui Alyeska. Ela foi até mim, apresentou-se e me contou que, em seus 36 anos de profissão como enfermeira cirúrgica, eu fora o único paciente a lhe fazer chorar. Ela jamais tinha visto tanto *hardware* dentro de uma só cabeça. A imagem de minha tomografia computadorizada se parecia com um retrato do RoboCop, e, no entanto, lá estava eu, no quarto, em recuperação após a cirurgia, dirigindo-lhe um sorriso e erguendo o polegar em sinal de positivo.

Em casos de trauma facial tão severos quanto o meu, a recuperação é um processo para a vida toda, com cicatrizes que se remodelam constantemente. A região ao redor de minhas próteses oculares ainda está em pleno movimento, afundando em alguns lugares, protuberando em outros. Felizmente, consigo ocultar esse caos com óculos escuros, o que faço sempre que estou em público ou na companhia de gente a quem não conheça bem. O Dr. Kallman — ou apenas Dr. K, como eu o chamo agora que mantemos uma verdadeira relação de amizade, muito mais do que de médico e paciente — não perde uma oportunidade de tentar melhorar minha aparência.

— Quando olho para você, minha reação imediata é "eu queria ter podido fazer mais, realmente queria isso" — ele me disse certa tarde de sábado, no Café Amsterdam, não muito distante do lugar onde nos encontramos pela primeira vez, em uma sala de atendimento de emergência. — Às vezes eu me sinto desapontado. O processo de cura ocasionou algumas distorções em seus traços faciais que não existiam no início. O pedaço de osso que falta em sua testa, aquele que os caras em San Francisco retiraram porque tornou-se inviável, eu gostaria de substituí-lo por algum tipo de implante — não apenas no intuito de restabelecer o contorno estético, mas a fim de proteger seu cérebro. E eu gostaria de ajustar suas pálpebras também. O tecido delas está morto e, com o passar do tempo, elas começaram a cair um pouco. Imagino que poderíamos te consertar indefinidamente, tentando melhorar um pouquinho aqui e ali. Quando se trata de traumas faciais, há uma quantidade quase infinita de ajustes que podemos fazer.

Não tenho dúvidas de que ele poderia me tornar mais apresentável ao público em geral, mas já tive minha quota de anestesias, bisturis, pontos, grampos, bandagens e drogas capazes de me fazerem ficar fora do ar. Minha família me ama do jeito que eu sou. Meus amigos e colegas de trabalho conseguem me ver para além de minha aparência externa. A menos que surja algum imperativo de ordem médica, não tenho interesse em ter minha cabeça aberta outra vez.

Com o tempo, recuperei um pouco do olfato. O Dr. Kallman, que é intimamente familiarizado com a obliteração de minha anatomia nasal, não consegue explicar isso. Não obstante, juro que posso sentir o aroma de café sendo coado e de hambúrgueres sendo grelhados. Mas um vidro de repolho em conserva pode ser aberto sob meu nariz sem que eu jamais saiba disso. Gasolina, amônia ou um gambá morto no meio da estrada passam despercebidos. Não me importo que isso não faça sentido; se tudo que eu puder ter é o equivalente a um dedal em um mundo repleto de aromas, não vou abrir mão dele.

Além de jamais ter visto meus próprios filhos, o que mais me incomoda em relação à cegueira, entre todos os outros ferimentos que sofri, são pessoas que não me conhecem, mas pressupõem que eu seja um incapaz. Por exemplo, quando tentam afivelar um cinto de segurança para mim. Quando perguntam se eu preciso de ajuda para colocar a coleira em Anderson... Certa tarde, desci os degraus da varanda carregando um saco de lixo, caminhei pelo calçamento até a lixeira, levantei a tampa, joguei o saco ali dentro e recoloquei a tampa, quando ouvi um vizinho aproximar-se.

— Cara, como é que você faz isso? Nós estávamos olhando você, e eu apostei 5 paus como você iria cair de cara no chão.

— Hummm, bem... Eu só estava... trazendo o lixo... para fora. — O que eu queria ter dito, mas jamais diria era: "Você deveria me ver mascando chicletes e investindo no mercado de ações ao mesmo tempo". Ou melhor ainda: "Você deveria me ver preparando um fundo de pensão multimilionário".

A análise de orçamentos e investimentos é parte do trabalho que faço hoje em dia. Após pouco mais de um ano trabalhando como clínico, fui promovido a diretor do departamento que cuida da concessão de pensões terapêuticas e, hoje, superviso 60 lares para os Serviços Familiares de Denali, o maior provedor de pensões terapêuticas de todo o Estado. Os beneficiários são garotos que tiraram o palitinho menor na vida. Alguns nasceram mal conectados, ou com síndrome alcoólica fetal, ou viciados em *crack* desde a existência uterina. Um número demasiadamente elevado deles conviveu, por muito tempo, com adultos que produziam e traficavam metanfetaminas, cometeram suicídio, foram assassinados ou sentenciados à prisão. Os traumas dessas crianças, causados pelas pessoas nas quais elas mais deveriam confiar, põem em seu devido lugar o ataque casual sofrido por obra de uma mamãe ursa superprotetora.

Tenho sido reconhecido por ser um lutador, não apenas por minha vida, mas pela minha qualidade de vida. Cinco anos depois do ataque que sofri, o Comitê Governamental para o Emprego e a Reabilitação de Pessoas Portadoras de Deficiências conferiu-me o prêmio de Cidadão Alasquiano do Ano. A Faculdade Prescott e a Universidade do Alasca conferiram-me as honras de Aluno Excepcional. Porque eu construí uma vida rica e plena para mim mesmo, as pessoas se dirigem a mim como se eu fosse alguém especial. Eu apenas faço o que tenho de fazer. A alternativa a isso seria viver vestindo a camisa de força da miséria. A vida não é tão curta para vivê-la assim, ao contrário, ela se torna demasiadamente longa. O mesmo espírito e a força de vontade que me impeliram à beira do rio Russian ainda me impelem hoje. O urso levou meu rosto e meus olhos, mas não minha dignidade e minha capacidade de sonhar, e de sonhar grande.

— De modo geral, pacientes que sofrem severas lesões faciais veem suas vidas implodirem, e se retiram do mundo — o Dr. Kallman me disse certa vez. — O que diferencia você da média dos pacientes é que, na minha concepção, nós fizemos o melhor possível para lhe dar uma nova chance, e você a agarrou com unhas e dentes.

A primeira vez em que ouvi alguém dizer que eu era uma "inspiração", ainda me encontrava envolto em bandagens, incapacitado de falar, caminhando como um velho, usando uma bengala com quatro pontos de apoio. Além disso, parecia que alguém havia usado uma pua para abrir um buraco no meio de minha testa. Eu vivia em um hotel, com meus pais no quarto adjacente ao meu. Enfermeiras entravam e saíam a todo momento. Eu ainda tentava compreender o que havia acontecido comigo, mas, principalmente, estava em "modo de sobrevivência", e tentava fazer o que era exigido de mim a cada dia — e isso significava passar grande parte do tempo deitado em uma cama. Por isso, quando uma de minhas enfermeiras me disse que eu era uma "inspiração", não entendi muito bem.

Estou muito feliz por meu infortúnio ser uma inspiração para você. Fico muito contente de saber que minha dor, meu sofrimento e a perda de meus olhos façam com que você se sinta serenamente acalentada por dentro.

Embora eu jamais tenha reencontrado aquela mulher, ela se tornou uma de minhas "professoras" na vida e parte integrante de minha jornada de cura. A amargura que senti naquele dia jogou um foco de luz no tipo de homem que eu não gostaria de ser. Revoltar-me contra o mundo ou deixar-me tragar pela areia movediça do "por que eu" poderia, potencialmente, arruinar minha vida de um modo muito mais devastador do que os danos causados pelo urso.

Terminar um dia excepcional de pescaria em um momento e despertar cego no momento seguinte forçou-me, da maneira mais fundamental, a examinar para onde minha vida rumava e a considerar que espécie de homem eu pretendia ser. Aquilo me forçou a reavaliar e reordenar minhas prioridades. O autor alasquiano Kim Heacox escreve, em seu comovente livro de memórias *The Only Kayak* ["O Único Caiaque"]: "Viver uma vida sem autoavaliação é muito mais arriscado que adormecer em uma praia com ursos".

Meus olhos não estavam mais ali e não voltariam mais, então eu resolvi abraçar a aceitação. Uma vez que não podia mais contar como certa a próxima respiração, concentrei minha atenção em ser grato pelo que eu tinha: minha esposa, meus filhos, meus amigos, meu trabalho, minha comunidade, meu potencial para ajudar os outros a encontrarem forças e a terem esperança. Não fosse pelo urso, eu, sem dúvida, teria continuado a ser um aventureiro errante e um "artista da fuga", no que diz respeito a assumir um relacionamento sério. Amber teria me considerado uma causa perdida e seguido outro rumo em sua vida. Alden e Acacia jamais teriam nascido.

Em relação ao homem que me tornei depois do urso, posso dizer com certeza que ser um marido e um pai me trouxe alegrias maiores do que qualquer pico que eu tenha escalado ou quaisquer curvas que tenha percorrido com esquis na neve solta em trilhas pelos campos afora. A carreira que escolhi seguir me desafia e me recompensa de maneiras que eu jamais teria imaginado. Aprendi a aceitar o que a vida me oferece e descobri que um infortúnio pode levar a coisas e situações muito afortunadas.

Minha filha, Acacia, tem agora a idade que Alden tinha quando começou a fazer perguntas sobre meus olhos. Recentemente, ela começou a me chamar de seu "grande papai cego", embora ainda não saiba bem o que isso signifique.

— Papai, você é cego? — ela me perguntou, outro dia.

— Sim, eu sou cego.

— Você é feliz?

— Sim, eu sou feliz.

Ela fez uma pausa e, em seguida, perguntou:

— Então você é cego e você é feliz *também*?

Manter o otimismo requer vigilância constante. Requer trabalho duro e senso de humor. Eu estaria perdido sem minha habilidade de rir de mim mesmo. Uma vez, enquanto empurrava um carrinho de compras pelos corredores de uma loja de materiais de construção, pois pretendia fazer algumas reformas em casa, ouvi pelo sistema de alto-falantes: "*Serviço de atendimento ao consumidor solicitado na área de corte cego*". Virei-me para Amber e disse: "Rápido, vamos para a área de corte cego. Lá deve haver o emprego perfeito para mim!".

Posso rir ao me lembrar de uma ocasião em que, em um acampamento, eu estava quase pegando no sono, quando Acacia começou a explorar meu rosto com suas mãozinhas e uma de minhas próteses oculares saltou para fora da cavidade. Imediatamente ela a apanhou e gritou, exultante: "Eu peguei o olho do papai!".

Posso rir da vez em que eu estava me vestindo depois de uma sessão de ginástica no Alaska Club e não conseguia compreender por que minhas cuecas estavam tão apertadas, quando me dei conta de que havia aberto o armário errado no vestiário e tentava vestir as cuecas de outra pessoa.

É mais difícil rir por ter tocado os seios de uma colega de trabalho por acidente. Duas vezes. Ou do dia em que fui liderar uma sessão de terapia em grupo com adolescentes problemáticos sem notar que havia um bocado de cocô de cachorro em meus sapatos e minhas calças, porque eu não podia ver nem sentir o cheiro daquilo.

Sinto falta da maneira como eu costumava me divertir pelos grandes espaços abertos. Sinto tanta falta disso que chega a doer. Para mim, não há mais as cores psicodélicas do nascer do sol no campo, nem nuvens de pássaros na praia, brincando de chicotinho queimado. Mas eu ainda posso mergulhar nas sensações e nos sons do mundo natural. Agora, enquanto flutuo em um barco, adoro ouvir as águias trinando lá no alto, ou as gaivotas que disputam os melhores pontos de pescaria, e o rumorejar das águas que sustentam a embarcação. Quando passei férias no México, com minha família, adorei sair para o mar aberto e observar baleias. Senti-me tão entusiasmado quanto qualquer um a bordo, como se estivesse mesmo vendo as baleias. Porque eu *estava vendo* as baleias. Eu as ouvia expelir potentes jatos de água do alto da cabeça e agitarem a superfície com a cauda. Eu *vi* cada uma daquelas baleias. Da maneira que eu escolhi pensar nisso, o urso que me cegou me deu uma nova maneira de ver.

Lee Hagmeier continua a me inspirar. Aos setenta anos de idade, ele ainda viaja pelo mundo — infelizmente, na maior parte das vezes sem a companhia de Christy, cujo estado de saúde limita o que ela pode fazer. Somente nos últimos anos, ele navegou e percorreu trilhas pelo Grand Canyon e visitou a Guatemala, o Equador, o rio Amazonas, as Ilhas Galápagos e mais alguns lugares. Ele andou pelas ruínas Maias, visitou catedrais ornamentadas e percorreu mais de vinte quilômetros de trilhas ao redor de um vulcão. Ele desfrutou da companhia de condores, que surfavam em correntes termais ao longo de um desfiladeiro e conheceu uma tartaruga-gigante, chamada Jorge Solitário, cujo casco alcançava a altura da metade de sua coxa. "Segurar uma tarântula em minha mão foi uma novidade", ele me escreveu há pouco tempo. "Ela mostrou-se muito bem educada." A fim de se manter em forma para as viagens, além de correr e caminhar ele sobe e desce dez andares de escadarias, vinte vezes a cada sessão, com um saco contendo 12 quilos de farinha na mochila — seu "bebê", como ele a chama.

Assim como Lee, eu me recuso a permitir que a cegueira me impeça de ver o mundo.

Frequentemente sou convidado a contar minha história. Faço isso em assembleias, encontros e conferências para uma grande variedade de grupos e organizações, dentro e fora do Alasca. Já falei aos garotos do centro McLaughlin de detenção para menores infratores, em Anchorage. Falei aos delegados norte-americanos e canadenses do Fórum de Liderança do Lions. E contei minha história aos meus iguais atendidos pelos Serviços Estaduais de Minnesota para Cegos. A despeito do que a vida nos atira, eu lhes disse, nós temos o poder de nos elevarmos acima de qualquer coisa. Certa vez, ouvi uma frase durante uma sessão de treinamento, que tento passar adiante, sempre que tenho uma oportunidade: "Quanto maior é a minha vida, menor é a minha deficiência".

Por ter divulgado minha história e servido por dois anos como presidente da seção centro-sul do Alasca da Federação Nacional de Cegos, eu obtenho retorno das pessoas. Eu ouço a voz de gente que ficou ou está em vias de se tornar cega. Ouço sobreviventes de doenças devastadoras e de acidentes horríveis. De vez em quando, ouço algum outro sobrevivente de um ataque de urso. Entre esses últimos inclui-se Allena Hansen, uma mulher da Califórnia gravemente ferida pelo ataque predatório de um urso negro, enquanto ela trabalhava em seu rancho, ao sul das Sierras. Além de outros ferimentos devastadores, o urso também lhe afetou a visão.

"Nós somos curiosidades, você e eu, sobrevivemos ao que ninguém mais sobreviveria, quando a maioria dos outros desafortunados, ao longo da História, vendo-se em circunstâncias similares, fez o que, talvez, fosse a coisa mais racional a ser feita, simplesmente deixar as coisas acontecerem", ela me escreveu. "Por certo teria sido muito mais fácil morrer, quando tivemos a chance de fazê-lo, em vez de suportarmos o tormento advindo do questionamento por nossa decisão, sem falar das consequências físicas, todos os dias."

"Analisando em retrospecto, o ataque em si parece ter sido a parte mais fácil. A reconstrução física e as sequelas psicológicas parecem ser o maior desafio."

É verdade que somos, e sempre seremos, curiosidades, mas eu jamais questionei minha decisão de viver. Permaneci fiel à promessa que fiz a mim mesmo no rio Russian, naquela noite, de jamais olhar para trás com arrependimento.

Em meus dias na Prescott, eu passava um bocado de tempo me embrenhando pelas florestas de Big Sur, percorrendo trilhas e pulando a fim de atravessar rios a vau. Certa vez, deparei-me com os resquícios de uma sequoia que, evidentemente, havia sido queimada em um incêndio florestal, quebrada e, por fim, arrastada pela correnteza da enchente de um rio, até parar engastando-se entre duas rochas, no meio das águas, desfiladeiro abaixo. As águas da enchente já haviam retrocedido, de modo que os resquícios queimados, quebrados, levados por uma enchente e encaixados entre duas pedras agora se encontravam a mais de um metro acima do nível da correnteza do rio. E a partir daqueles resquícios brotara uma nova sequoia, uma árvore com cerca de quinze metros de altura, que pairava a um metro acima do leito do rio. Gosto de pensar nela como uma reação da árvore que, embora muito ferida, se recusara a morrer e se erguia para o céu como um punho cerrado.

Quando penso para onde o urso me levou, lembro-me daquela sequoia pairando sobre o rio. A partir dos resquícios de meu antigo eu, continuo a crescer. Estou alcançando o céu.

Dan como jogador mirim de beisebol.

Foto de família

Dan e Acacia.

Martha McCord Photography

Dan e o irmão Brian.

Martha McCord Photograph

Dan em Red Rocks, 1998.

Foto de família

Em seus dias na Prescott, Pico Branco.

Martha McCord Photography

Dan no cavalinho.

Martha McCord Photography.

Juras secretas.

Chris Purdy

Agradecimentos

Dan Bigley

Há gente demais a quem eu gostaria de reconhecer e agradecer pelos papéis desempenhados e pelas contribuições à história da minha vida para que eu possa listar todos os nomes aqui. Eu não estaria vivo e bem se não fosse pelas muitas pessoas envolvidas em meu heroico resgate e em minhas cirurgias, envolvidas com os cuidados que recebi durante minha recuperação, minha reabilitação e meu treinamento como cego — além dos cuidados dispensados ao meu psiquismo —, e pelas pessoas que ajudaram a curar minha alma, evitando que eu escorregasse para a amargura. Minha própria sobrevivência não teria sido possível não fosse por seus atos de coragem, seu comprometimento com o serviço à humanidade, sua doação compassiva e sua bondade para com os outros. Os papéis desempenhados por vocês na história da minha vida galvanizaram minha fé no espírito humano, e não há palavras suficientes para que eu possa expressar minha gratidão e minha apreciação.

Gostaria de agradecer ao maravilhoso povo do Alasca e de outras partes, por suas preces, seus pensamentos, suas cartas de apoio e muito mais. Gostaria de agradecer ao homem que ofereceu um de seus próprios olhos, na esperança de que eu pudesse voltar a ver. À minha família e a meus amigos, que deixaram sua vida para trás apenas para estarem a meu lado, quando ainda não estava claro se eu sobreviveria; e àqueles que permaneceram a meu lado até que eu criasse asas e tivesse um coração inteiro outra vez.

Obrigado à minha amiga e coautora, Deb McKinney, por sua dedicação a este projeto e por ter me ajudado a contar a história da minha vida. Aos meus pais e ao meu irmão, agradeço por terem mantido sua vigilância 24 horas por dia sobre mim. O amor que vocês trouxeram e com o qual me cercaram talvez tenha sido a variável mais importante para o desfecho de minha jornada de cura. À minha bela esposa, Amber, e meus filhos, Alden e Acacia: vocês são a vida do meu coração e a alegria da minha alma. A vida que compartilhamos como uma família é meu maior sonho realizado.

Debra McKinney
Sou profundamente grata a Jim Welch, que, inadvertidamente, pôs em andamento o projeto deste livro. Não fosse por ele, eu não teria conhecido Dan Bigley. Devo um mundo de agradecimentos a Dan, pela confiança depositada em mim para ajudá-lo a contar sua história. Sou grata a toda a família Bigley e ao sofá de Dan e Amber, no qual despertei tantas manhãs, após sessões de trabalho que avançaram por noites adentro.

Seria uma tarefa intimidadora tentar listar aqui todos os professores, instrutores, escritores, editores e incentivadores, além dos "exterminadores de verborragia" que me inspiraram e guiaram meu trabalho, mas insisto em saudar especialmente o falecido John Forssen, meu professor de jornalismo na Hellgate High, em Missoula, Montana, o homem que deu início ao processo de fazer de mim uma escritora. Outro "recadinho para o céu" é destinado a Foster Davis, meu instrutor de redação no Poynter Institute, que se tornou um amigo querido. Inesgotáveis agradecimentos são devidos a Kathleen McCoy e a outros trabalhadores da equipe do *Anchorage Daily News*, os quais contribuíram para meu crescimento profissional.

Obrigado à minha família de Fairbanks, Kathy Lenniger, Pam Weaver, Mike Bowman, Barb Sivin e Ron Harper, por sua sabedoria e seu imorredouro entusiasmo com este projeto. Isso também vale para minha filha, Genia Cliffton, e para Richard Murphy, Dori McDannold, Jill Crosby, Gina Hollomon, Fran Durner, Douglass Bourne, Geoff Penrose, Lara Stone Penrose e tantos outros. Agradecimentos aos meus judiciosos conselheiros e leitores: Tom Kizzia, Craig Medred, Peter Hoople, Barbara Hunt, Linda Billington, Jamie Berggren, Lynn Hallquist, Chris Volk e Shelia Toomey, apesar da propensão desta última a deletar páginas inteiras. E a Jeff Fair, não apenas por suas críticas, mas por me proporcionar o "Glossário de Termos de Edição da Mamãe

Yukon" e outros motivos para risos nos momentos em que eu mais precisava deles.

Sou grata a muita gente por compartilhar informações específicas de suas áreas de conhecimento, o que inclui Dr. James Kallman, Dr. Carl Rosen, Stephen Herrero, Joel Reynolds, Carol Ann Woody e Evelyn Hemmingsen. Ofereço um brinde a Kirsten Schultz Brogan e a Crystal Bailey, do Hospital Providence, por sua ajuda para rastrear detalhes, e outro a Martha McCord e a Carl Battreall.

Sou grata a Lee Hagmeier por compartilhar sua história notável, e a meu pai e minha madrasta, Walter e Carol McKinney, pelo encorajamento incansável e por terem me proporcionado um "retiro", durante o qual pude escrever em sua varanda, com vista para o Oceano Pacífico. Isso também vale para Michael Miller, meu "guru" de computadores, que sempre atendeu minhas ligações, em pânico, quer fosse dia ou noite, e para meu extraordinário *webmaster*, Alan ElSheshai.

À nossa agente literária, Elizabeth Evans, que nos brindou com seus sábios conselhos, generosos investimentos e inabalável crença em nosso trabalho. E um grande obrigado a todos os que atuaram "nos bastidores" da Agência Literária Jean V. Naggar. Calorosos agradecimentos, também, a Holly Rubino, por ter encontrado um lar para nós na Globe Pequot/Lyons Press, e a Janice Goldklang, David Legere, Sheryl Kober, Justin Marciano e o restante da equipe participante do projeto *Depois do Urso*.

Só o estou mencionando por último porque isso me deixa muito chorosa: meu marido, Paul Morley, que merece uma braçada de medalhas de mérito por seu inquebrantável apoio ao longo de todo o projeto, desde me servir o jantar ao lado do computador, até me arrastar para fora de casa e me fazer contemplar o pôr do sol. Seu amor, sua paciência e a fé que você deposita em mim são dádivas pelas quais jamais poderei agradecer o bastante.